JN246535

実践から考える

金融教育の現在と未来

東京学芸大学・みずほフィナンシャルグループ 金融教育共同研究プロジェクト

編者代表　大澤克美・松尾直博・東條憲二

東信堂

はじめに

　学校教育に関して12年間にわたり、企業と大学が密接に連携して取り組んだ共同研究というのは珍しいのではないでしょうか。共同研究の目的と枠組みを維持しつつ、人事異動によるメンバーの出入りがあっても、当初の理念を皆が共有し着実に活動を継続させるのは容易なことではありません。

　2006年4月に始まる東京学芸大学・みずほフィナンシャルグループ金融教育共同研究プロジェクトを量的な側面から見ると、2017年夏時点で配布したテキストは16,000冊以上、実施した公開講座は12回（参加者1,185名）、出張授業400回以上（参加者約19,000名）、東京学芸大学に開設した金融教育の授業の履修者は10年間で1,110名。このほか教育委員会等による教員の研修会や講習会、広報誌「金融教育通信」の受信等々、このプロジェクトと接点を持った方々は膨大な数になります。

　今、こうした共同研究プロジェクトの歩みを振り返ると、そこには「子どもと教師のための金融教育」の充実・発展を目指してきた教育研究としてのあしあとを認めることができます。しかし同時に、大学や学校の教員と企業の社員が時にぶつかりつつ、相互の理解と連携を深めてきた異文化交流としてのあしあととも認めることができます。そしてこれらのあしあとが、時に立ち止まりながらも歩幅と向きを揃えていたからこそ、教育研究を活性化し、12年間にわたる長い共同研究を実現できたことに改めて気づかされるのです。

　これまでのあしあとを、いわば二つの物語として見直し、編み直すことは、金融教育の発展にとっても、産学連携の進展にとっても意味あることではないでしょうか。そうした想いに駆られ、共同研究の締めくくりとなる本書を、教育研究の面からだけでなく、それを支えた産学連携への取り組みという面からも振り返ってみようと思います。

　なお、本稿中の意見に関する記述は、執筆者の個人的見解に基づくものであり、所属する組織・団体を代表するものではありません。

目次／実践から考える金融教育の現在と未来

はじめに………………………………………………………………………………… i

序　章　金融教育共同研究プロジェクトの歩み

大澤克美・東條憲二 ………………………………………………… 3

第1部　金融教育における取り組みと成果　13

第1章　子どもの金融意識調査とカリキュラムの展望 ……… 14

第1節　子どもの金融意識調査　松尾直博・林安紀子 ………14

第2節　意識調査を踏まえた金融教育カリキュラムの開発
大澤克美・大竹美登利・和井内良樹 ………………23

第2章　多様な子どもの現実と新たなテキストの開発 ……… 45

第1節　テキストの開発　大澤克美 …………………………45

第2節　特別支援教育の観点を活かしたテキスト　伊藤友彦…51

第3章　授業実践に探るこれからの金融教育 ………………… 62

第1節　社会科の実践　根本徹・古家正暢 …………………62

第2節　家庭科の実践
佐藤麻子・大竹美登利・石津みどり・藤田智子 ……72

第3節　道徳科の実践　松尾直博・遠藤信幸・和井内良樹・
永田繁雄 ………………………………………………83

第4節　キャリア教育の実践　眞鍋倫子 ……………………93

第5節　特別支援教育の実践　小金井俊夫 …………………97

第6節　海外の実践　鄭暁静・夏鵬翔 …………………… 105

第4章 金融教育を多角的に追究する教科横断的な連携・協働研究 ················· 115

　第1節　家庭科と社会科との連携　大竹美登利 ·············· 115

　第2節　ユニバーサルデザインの授業　池尻加奈子 ········ 121

第5章 学習指導要領の改訂と金融リテラシーの育成 ········ 128

　第1節　新しい教育課程の実施とこれからの金融教育
　　　　　永田繁雄 ·································· 128

　第2節　新学習指導要領における金融教育：教科教育に
　　　　　焦点を当てて　藤田智子 ···················· 136

第2部　企業のCSRと大学等における教育実践　145

第6章 共同研究に見た金融と教育という異文化交流の意義
　　　　　 ···························· 146

　第1節　みずほフィナンシャルグループから　東條憲二 ··· 146

　第2節　大学から　山名淳 ·························· 153

第7章 大学における金融教育－学芸フロンティア科目D
　　　　　清水幸治 ·································· 161

　第1節　大学生向け金融教育講義の開講とその変遷 ········ 161

　第2節　現行「学芸フロンティア科目D」の実際と成果 ····· 166

第8章 金融機関における金融教育実践　東條憲二 ··········· 179

第3部　教育と金融の観点から探る金融教育の未来　187

第9章 金融関係者の立場から見た金融教育への課題と期待
　　　　　東條憲二 ·································· 188

第10章　教育関係者の立場から見た金融教育への課題と期待
大澤克美・松尾直博・大竹美登利・伊藤友彦・永田繁雄・
林安紀子 ················· 197

終　章　金融教育の新たな展開 ················· 213

第1節　国際比較調査と国際シンポジウムをもとに
山名淳 ················· 213

第2節　インクルーシブな社会と金融教育　林安紀子 ······ 222

第3節　金融教育の未来へ
山名淳・東條憲二・大竹美登利・大澤克美・松尾直博・
伊藤友彦 ················· 232

おわりに ················· 249

実践から考える
金融教育の現在と未来

序章　金融教育共同研究プロジェクトの歩み

1　金融教育共同研究プロジェクト立ち上げに始まる異文化交流

　1996年に金融システム改革、いわゆる「日本版金融ビッグバン」が実行されると、金融教育の必要性が話題にのぼるようになりました。その後、金融広報中央委員会はペイオフが全面解禁となった2005年を「金融教育元年」と位置付け、学校における金融教育の推進に力を入れるようになります。

　同年、事業戦略『"Channel to Discovery"Plan』を発表したみずほフィナンシャルグループ（以下、「みずほFG」）は、CSR活動の重点分野の一つとして「金融教育の支援」を位置付け、初等・中等教育における支援の方法を探っていました。金融教育の健全な発展に貢献していくために、職員による講義形式の授業では不十分と考えたみずほFGは、教員養成の基幹大学である東京学芸大学に共同研究の申し入れを行います。

　この申し入れに対し、大学は教育という立場からお金・金融をめぐる問題の多様化・複雑化、金融制度の自由化の中で、お金・金融に関するリテラシーの育成が課題となっているとの基本認識をみずほFGに伝えました。ここから両者の間で準備交渉が始められ、金融教育に関する共同研究の目的・内容・方法、組織・資金など、プロジェクトの概要が固まっていきます。大学側には新たな産学連携への期待と共に、いわゆる「お金」の問題に触れることが避けられがちであった教育の世界で、金融界の働きかけに応じて金融教育に踏み出すことへの危惧が残っていたことも確かです。

　金融教育は、小学校・中学校・高等学校の教育課程における多くの教科・

本共同研究プロジェクトと金融教育及び社会の動向

1996年	・金融システム改革（いわゆる「日本版金融ビッグバン」）実行へ
2002年	・金融庁、文部科学省に対し「学校教育における金融教育の一層の促進」を要請
2005年	・ペイオフの全面解禁 →金融広報中央委員会が2005年を「金融教育元年」と位置付け、学校における金融教育を推進 ・みずほフィナンシャルグループが『"Channel to Discovery"Plan』を発表 →CSR推進強化を打ち出し、重点分野の一つとして「金融教育の支援」を位置付け ・日米の関係者による「経済教育サミット」が開催されるなど、金融経済教育への関心が高まる
2006年	・本共同研究プロジェクト立ち上げ

　領域、さらには消費者教育、経済教育、キャリア教育等々、既存の多様な教育領域と重なりをもつことから、それに対応できるよう大学教員と附属学校教員が参加することになりました。また、みずほFGでも主担当となるCSR推進室だけでなく、それまでこの共同研究を推進してきた経営企画部（当時）、さらにはグループ内で教育に関する専門性を有するみずほ総合研究所の教育事業部（当時）の社員が参加することになりました。

　1年弱の準備期間を経て、2006年4月に共同研究が始まると、急ぎテキスト等の教材を作成し、それを披露する場を設定して具体的な成果をつくろうとするみずほFG側のメンバーと、教材作成や授業実践を慎重に進めようとする大学側のメンバーの間で早速意見の相違が生じました。正確さと厳密さを旨とする銀行員と、おおらかさと柔軟さを旨とする教員では、課題や時間に対する意識の違いもあり、数年間は研究計画や活動内容をめぐって意見が対立する場面が少なくありませんでした。

　もちろん今も意見対立がなくなったわけではありませんが、公開講座やテキスト作成、協力した授業づくり等々を重ねる中で、相手の考えを理解し、折り合いのつけ方を学んできたことは間違いありません。これは妥協というよりも、相互の信頼に基づき意見や立場を理解しようと努めたり、前向きによりよい解決の道を探ったりすることが当たり前になったからでしょう。異

2007年	・金融広報中央委員会、『金融教育プログラム−社会の中で生きる力を育む授業とは−』を発行
	・東京学芸大学教育学部に「学芸フロンティア科目Ｄ」を開講
2008年	・小学校及び中学校学習指導要領の改訂 （「生きる力」の育成を継続し、能力等の育成、道徳教育の充実などを重点とする）
	・リーマンショック
	・特別支援学校向けテキスト『くらしとお金』作成
2009年	・高等学校学習指導要領の改訂 （金融、企業、契約等を中心とした消費者の権利と責任が重視される）
2011年	・テキスト『考えてみよう これからのくらしとお金』及び授業支援DVDを作成 →第8回「消費者教育教材資料表彰」で優秀賞を受賞（財団法人消費者教育支援センター主催）

文化交流という点では、専門とする教科・領域の異なる教員間にも似たような状況が認められ、こうした変化がプロジェクトを支えてきたといえます。

2　共同研究プロジェクトにおける特別支援教育の意義

東京学芸大学で2007年から毎年後期に開講している金融教育の授業には、専攻等の異なる多くの学生が参加しています。その最終レポートには教員はもとより賢い生活者、市民となるためにお金・金融について学び、生活に活かすことの大切さがわかったという記述が大変多く見受けられます。

これは金融教育にとって重要な成果ですが、感想を読みながら気にかかるのは、例えば障がいなどにより自立に向けて多様なハードルを乗り越えなければならない人々の存在です。自立した社会生活を送るためには、生活者としての経済的自立が前提となるはずですが、インクルーシブ教育が求められる現在でも、学習者の多様性を前提とした金融教育が充実しているとはいえません。そうした現状に鑑みると、みずほFGと東京学芸大学が共同研究の一つの柱に特別支援教育を位置づけたのは卓見であったといえます。

本共同研究では、附属特別支援学校などでの実践研究を経て2008年に特別支援学校の高等部在学生を対象としたテキスト『くらしとお金』を刊行し

2012年	・PISAで「読解力」等に加え、新たに金融リテラシーの調査が実施される（日本は参加せず）
	・アンケート調査を実施（お金や金融に関する意識とその発達を調査、小2・小5、中2を対象に実施） →『子どもたちのお金・金融に関する意識とその発達に関する調査報告書（中間まとめ）を作成
	・OECD/INFE、「金融教育のための国家戦略に関するハイレベル原則」を作成（同年6月、G20ロスカボス・サミットで承認）
	・金融庁、「金融経済教育研究会」を開催 →2013年4月、計7回の開催を経て、研究会報告書を公表 →2013年6月、金融広報中央委員会、「金融経済教育推進会議」を設置 　（上記報告書方針の推進にあたり、検討課題への取り組みについて審議することを目的として設置）
	・消費者庁、「消費者教育の推進に関する法律」（消費者教育推進法）を施行

ました。このテキストは、特別支援学校から多くの送付希望の連絡をいただき、増刷を繰り返しています。しかし、私たちが驚いたのは、特別支援を必要とするお子さんの保護者や関連団体からの希望も大変多く、一般の方々からも連絡をいただいたことでした。これは金融教育における多様な学び手とそれを支える人々の現実を考えるきっかけとなり、先の授業感想でも触れたように、その後の共同研究の取り組みにも大きな影響を与えていきます。

3　教員と銀行員が協働して取り組む授業づくりと実践研究

　私たちの共同研究の特徴は、研究授業、出張授業などによる実践研究を重視していることです。実践研究は、主に社会科、家庭科、道徳、特別支援教育、総合学習の枠組みで実施され、金融教育と関連の深いキャリア教育においても度々行われてきました。実践研究の報告は、2007年以降の公開講座やシンポジウムで継続的に行われており、一部分ではありますが当日配布された小冊子や分科会資料などからその成果と課題がわかります。

　実践研究には、教科・領域のグループごとに附属学校や公立学校の教員が所定の実践課題に基づき実施し、グループメンバーで検討するいわば研究と

2014年	・アンケート調査を海外（ブータン王国、中国、韓国）で実施
	・「文部科学省における 金融経済教育の取組について」 （学習指導要領における金融や消費者教育に関する主な内容等）が公表される
2015年	・金融経済教育推進会議より『金融リテラシーマップ』（『学校における金融教育の年齢層別目標』を踏まえ検討）が公表
	・（アンケート調査の結果を踏まえた）カリキュラム試案を公表
2016年	・金融広報中央委員会、『金融教育プログラム－社会の中で生きる力を育む授業とは－』の全面改訂版を発行
	・お金・金融に対する中国・韓国の子どもの意識調査をまとめた『日本・中国・韓国の比較調査（中間報告書）』を作成
2017年	・金融庁、「家計の安定的な資産形成に関する有識者会議」を設置
	・金融庁、「顧客本位の業務運営に関する原則」を公表
	・小学校及び中学校学習指導要領の改訂 （主体的で協働的な深い学びによる資質・能力の確かな育成、教科横断的な学習や道徳教育の更なる充実などを重点とする）
	・テキスト『考えてみよう これからのくらしとお金』、特別支援学校向けテキスト『くらしとお金』を改訂 ・（アンケート結果を踏まえた）金融教育カリキュラムを作成

開発のための授業と、依頼によりみずほFGのメンバーや他の職員がゲストティーチャーとなって金融教育の授業を体験してもらう出張授業があります。出張授業では、多様な教材や実践事例など共同研究の成果を活用し、必要に応じて大学教員も参画します。同じく映像教材等の成果物を活用する本・支店での職場体験も加えると、共同研究の裾野は確かな広がりを見せています。

　私たちの共同研究が実践研究を重視するのは、多様性に富む地域や学校、子どもや教員の学びの事実を通して、担当メンバー間の、さらには授業依頼者とメンバーなどとの連携による学習プランを検証し、その改善を図っていくことが金融教育の発展に不可欠であると考えているからです。そのため意図や内容が定かでない授業依頼、いわゆる授業の丸投げは、プロジェクトとして基本的にお受けしないことにしてきました。

　このような実践研究の過程で注目すべきは、やはりみずほFGのメンバーや職員の取り組みです。学習指導に関する専門知識やスキルを持たない銀行

員が、共同研究の成果に基づくとはいえ依頼した学校、教員と協力して授業や体験活動を実施するのは簡単ではありません。そうした中で個々の教育経験を汎用性のある形で蓄積し、多くの社員に教育への理解を広げて授業等を可能にしていくといった企業としての組織力や教育力が、共同研究を広くサポートしたのは確かです。

4　テキスト『考えてみよう これからのくらしとお金』とDVDの作成

　2011年4月、共同研究プロジェクトは、これまでの5年間にわたる実践研究の成果と課題を踏まえ、テキスト『考えてみよう これからのくらしとお金』を刊行しました。このテキストを作るにあたっては、その理念から内容、紙面構成、さらには学校種別、教科別といった形態まで実に様々な問題について議論を重ねました。例えば、知識のわかりやすい解説より、学習活動を通して子どもたちが主体的に知恵を育むことを大切にしたいといっても、そのストーリーを限られた頁数と紙面構成でいかに見せるかは、教科等の特性もありなかなか難しい問題だったのです。

　ただ、テキスト作成の最大の山場は、できあがった原稿の校正段階に現れました。附属学校と大学の教員が執筆した小学校から高等学校まで19本の原稿を何日かに分けて校正したのですが、大学とみずほFGの全メンバーによる編集会議は朝方から夕方以降まで続くことが多く、昼過ぎに始まった会議が終電の時刻を気にするまで続くことも何度かありました。

　テキストの構想から作成までの過程で、理想のテキスト像として改めて意識されるようになったのが、学びたい時に「いつでも・どこでも・だれでも」活用できるテキストというものです。そこには、できるだけ沢山の子どもや教員に使って欲しいというだけでなく、家庭教育にも配慮するといった特別支援教育からの発想や目線が活きていたのだと思います。

　そして、こうした想いをより具体的に実現するものとして開発したのが、テキストの内容をICTの諸機能を利用し、より使いやすくパソコン用に再

構成した授業支援DVDでした。特に文章を読むのが苦手な子どもだけでなく、日本語に不慣れな子どもたちにも役立つテキストをという意図から、当時は珍しかった人工音声による読み上げ機能を付けたのが特色です。このテキスト及びDVDは、2012年3月に財団法人消費者教育支援センターにより第8回「消費者教育教材資料表彰」で優秀賞に選ばれました。

5　お金・金融の意識調査からカリキュラム試案の作成へ

　先に述べた実践研究を重視した共同研究では、何を教えるかにとどまらず多様な子どもの状況を踏まえて、お金・金融に関する生きて働く知恵や価値観・倫理観など、経済社会を生きる力の育成を意図してきました。そのため授業づくりなどにおいても、学習者の生活経験やお金・金融に関する認識の把握に努めてきたつもりです。しかしながら、研究が8年目に入った頃から現代社会を生きる子どもたちのお金・金融に関する意識とその発達を、個々の実践研究を超えて、より客観的・縦断的・総合的に把握する必要性を感じるようになりました。

　そこで私たちは2012年から2013年にかけて、選択式による量的側面から子どもの意識と発達に迫る「A調査」と、自由記述により質的側面から子どもの意識と発達に迫る「B調査」という2種類のアンケートを実施することで、お金・金融に対する相互補完的な実態把握を試みることにしたのです。意識調査の詳細と結果は、第1章で紹介しますが、全体的な結果から見ると、これまでの子ども理解が裏付けられたところと、あまり予想していなかったところが混在している状況といえるでしょう。この調査は、お金・金融の意識とその発達に対する経験的な理解を相対化し、私たちに子どもの現実の多様性や金融教育上の課題などを考えさせるものとなりました。

　共同研究は、そうした調査の結果とこれまでの実践研究の成果を踏まえて金融教育のカリキュラム試案の検討へと進んでいくことになります。私たちは、2015年に金融経済教育推進会議が示した『金融リテラシーマップ』や、

学習指導要領などを検討しながら、これまでの実践研究をカリキュラムの新たな枠組みに位置づけ直すと共に、調査結果に対応した実践研究上の課題も位置づけることにしました。

6 海外での意識調査の実施と国際シンポジウムの開催

カリキュラムの検討を進める中、メンバーから「他の研究でブータン王国に行くので、お金・金融に関する意識をあちらでも調査したらどうか」という提案がありました。ブータン王国では急速に情報化と市場経済化が進み始めていたので、日本とブータン王国の子どもたちにどのような違いが出るのかを試してみようということなり、小学生だけですが意識調査を行うことにしました。

幸せの国ブータン王国ではお金に関心を示さないかも…、という予想を裏切り、お金はたくさんあるほどよいと答える子どもは日本よりも圧倒的に多く、起業などへの関心も大変高いことがわかりました。しかし、好きなもの・ほしいものにお金を使うことは大切かには、「いいえ」と答える子どももまた日本より圧倒的に多いという結果でした。そうした結果を受け、私たちは東アジアを中心に意識調査を実施することから、日本の子どもの状況、特徴を相対的に知ると共に、金融教育での更なる共同、連携の道を探ってみることにしました。

2014年から2015年に中国と韓国で意識調査を実施した後、2016年の公開講座で「グローバル化と各国・諸地域で期待される金融教育の構築」というテーマによる国際シンポジウムを開催し、合わせて調査対象国の子どもの金融意識に基づく授業実践についての報告と協議を行いました。中国と韓国の調査で協力いただいた学校教育と経済教育の研究者を招いて語り合う中では、調査結果の比較から見えてきた各国の経済的・社会文化的な状況と子どもたちの金融意識との関わり、各国における今後の金融教育の課題などが話題となり、有意義な公開講座になったと思います。

7　終了に向けた金融教育のさらなる追究とそれを支える想い

　振り返りとまとめを行う2017年度は、これまでに刊行したテキスト『くらしとお金』(2008年)、同じく『考えてみよう これからのくらしとお金』(2011年)を改訂し、新たな単元を追加することで一層の充実を図りました。先述したように、利用いただく方の状況から見ると、利用者をこちらが特定すべきではないと考えており、その意味で今回も「いつでも・どこでも・だれでも」使えるテキストを指針としています。加えて、今年までの金融教育の調査と研究を活かしたカリキュラムの加筆・修正も行い、改訂された小学校・中学校学習指導要領との関連に配慮しつつ、教科・領域の枠を超えた金融リテラシーの育成に寄与するものを年度内に提案する予定です。これまでを振り返る本書の刊行も、総括における主要な課題でありました。

　企業と大学、異なる研究教科・領域で繰り返される異文化交流により、共同研究が活性化されるほど研究対象は広がり、望む到達度も高くなるため、常に楽しさや充実感が苦しさや緊張感と同居している感覚がありました。ゴールを前にして振り返るとその同居感覚こそが、共同研究を推進するダイナミズムだったのであろうと改めて実感しています。極論すると楽しくて苦しいプロジェクト、これが私たちの共同研究の正体だった気がしてきます。

（大澤　克美・東條　憲二）

第1部
金融教育における取り組みと成果

第1章　子どもの金融意識調査とカリキュラムの展望

　　第1節　子どもの金融意識調査

　　第2節　意識調査を踏まえた金融教育カリキュラムの開発

第2章　多様な子どもの現実と新たなテキストの開発

　　第1節　テキストの開発

　　第2節　特別支援教育の観点を活かしたテキスト

第3章　授業実践に探るこれからの金融教育

　　第1節　社会科の実践

　　第2節　家庭科の実践

　　第3節　道徳科の実践

　　第4節　キャリア教育の実践

　　第5節　特別支援教育の実践

　　第6節　海外の実践

第4章　金融教育を多角的に追究する教科横断的な連携・協働研究

　　第1節　家庭科と社会科との連携

　　第2節　ユニバーサルデザインの授業

第5章　学習指導要領の改訂と金融リテラシーの育成

　　第1節　新しい教育課程の実施とこれからの金融教育

　　第2節　新学習指導要領における金融教育：教科教育に焦点を当てて

第1章　子どもの金融意識調査とカリキュラムの展望

第1節　子どもの金融意識調査

1　なぜ意識調査を行おうと考えたのか

　我々のプロジェクトは、実践研究を重視した共同研究を目指して様々な研究を積み重ねていきました。いわゆる研究のための研究ではなく、教育実践に直結する研究、児童・生徒の成長や、それを促す教員のための研究を志してきました。したがって、まず基礎研究から始めるのではなく、金融教育に関する授業研究を行い、それらの成果を基にテキストを開発するということを最優先で研究を進めました。そのことについては第2章に書かれています。

　テキストが完成したタイミングで、子どもたちを対象とした意識調査を行うことが検討され始めました。お金や金融に対する子どもたちの実態把握（知識や経験、関心等の理解）は当初からの授業研究でも大事にしてきたところでありましたが、それを改めて客観的、縦断的、総合的に把握する研究を行ってはどうかという考えからです。それは、テキストが児童・生徒の意識にあったものなのかを検討し、今後さらによいものにするための材料とするという目的からです。もう一つの目的としては、テキストなどを使った授業実践をよりよくする上で、児童・生徒の金融に対する意識を明らかにしておきたいというものでした。

　会議を積み重ねて、調査を行うことになりました。研究メンバーの意見や関連する研究などを参考に、調査内容を決めていきました。最終的に、質問

項目に対して、「はい」「いいえ」（項目によっては（どちらともいえない）の選択肢もある）のいずれかを選ぶ方法で回答する「A調査」、自由記述や多肢選択式で回答する「B調査」の2種類を実施することになりました。A調査では、学年等による回答傾向の違いを量的に比較することを目的としました。B調査では、自由記述で得られた回答を分類するという質的な分析を重視しました。両方の調査により、相互補完的に子どもの金融意識の特徴を明らかにできると考えたからです。　　　　　　　　　　　　　　　　　（松尾　直博）

2　A調査の概要と結果

(1) 目的

　児童・生徒の金銭・金融に関する行動、価値観、関心について、主に発達的観点から量的な比較を行うことが主な目的です。現代の子どものお金に関する実態について把握し、金融教育の意義や今後の改善点などについて知見を得ることを意図して調査を計画しました。

(2) 方法

1) 対象

　公立小学校22校、公立中学校11校の児童・生徒合計3,858名。これでまでにプロジェクトの研究に協力いただいた学校、プロジェクトチームのメンバーと関わりのある学校に打診し、承諾を得た学校に調査を依頼しました。

　なお、今回の調査の主な対象となる学年は、小学2年生（1,100名）、小学5年生（1,244名）、中学2年生（1,230名）でした。

2) 質問紙の構成

　①お金に関する行動について：お金に関する実際の行動や経験について質問する9項目から構成されています。「はい」「いいえ」のいずれかを選択する2件法で回答を求めました。

　②お金に関する価値観について：お金に関してどのようなことを大切と思

うかなどについて質問する7項目から構成されています。「はい」「どちらともいえない」「いいえ」のいずれかを選択する3件法で回答を求めました。

③お金に関する関心について：お金に関する様々な事柄に関心があるかについて質問する12項目から構成されています（一部の項目は、小学5年生と中学2年生のみ実施しました）。

3) 調査手続き

郵送にて調査を依頼し、各学校で実施後、郵送にて回収を行いました。

4) 分析

各項目について学年、性別ごとに「はい」（「どちらともいえない」）「いいえ」と回答した割合を示し、その差を比較することで発達的な特徴を探ることを行いました。ここでは主な結果のみを示しています（P.252「成果物一覧」18参照）。

(3) 結果

行動については、文房具などを一人で買いに行くことがある子どもは小学校低学年では非常に少ないことが分かりました。お金について家の人、あるいは学校の先生から教わったことがあるかについては、小学5年生が最も多いことが分かりました。

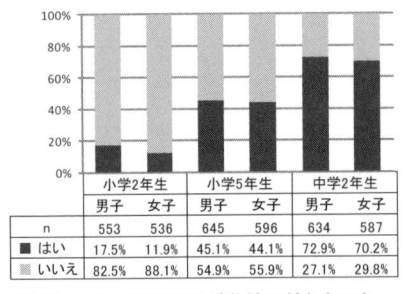

	小学2年生		小学5年生		中学2年生	
	男子	女子	男子	女子	男子	女子
n	553	536	645	596	634	587
■ はい	17.5%	11.9%	45.1%	44.1%	72.9%	70.2%
▨ いいえ	82.5%	88.1%	54.9%	55.9%	27.1%	29.8%

図表1-1-1　文房具など学校で使うものを一人で買いに行くことはありますか

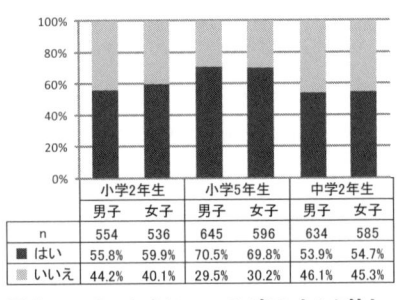

	小学2年生		小学5年生		中学2年生	
	男子	女子	男子	女子	男子	女子
n	554	536	645	596	634	585
■ はい	55.8%	59.9%	70.5%	69.8%	53.9%	54.7%
▨ いいえ	44.2%	40.1%	29.5%	30.2%	46.1%	45.3%

図表1-1-2　お金について、家の人から教わったことはありますか

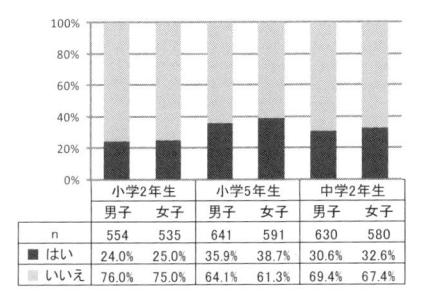

	小学2年生		小学5年生		中学2年生	
	男子	女子	男子	女子	男子	女子
n	554	535	641	591	630	580
■ はい	24.0%	25.0%	35.9%	38.7%	30.6%	32.6%
▨ いいえ	76.0%	75.0%	64.1%	61.3%	69.4%	67.4%

図表1-1-3　お金について、学校の先生から教わったことはありますか

　価値観については、お金はたくさんあればあるほどいいことだと思う、好きなもの・欲しいものにお金を使うことは大切だと思う、の項目については、小学5年生が「はい」と答える割合が低いことが明らかになりました。

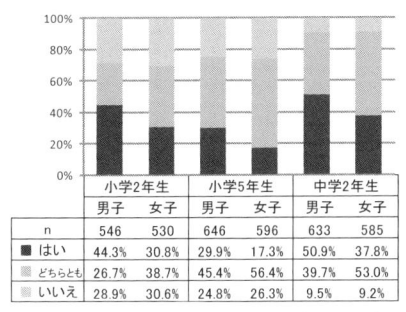

	小学2年生		小学5年生		中学2年生	
	男子	女子	男子	女子	男子	女子
n	546	530	646	596	633	585
■ はい	44.3%	30.8%	29.9%	17.3%	50.9%	37.8%
▨ どちらとも	26.7%	38.7%	45.4%	56.4%	39.7%	53.0%
▨ いいえ	28.9%	30.6%	24.8%	26.3%	9.5%	9.2%

図表1-1-4　お金はたくさんあればあるほど、いいことだと思いますか

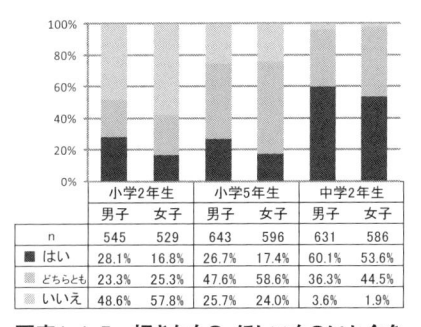

	小学2年生		小学5年生		中学2年生	
	男子	女子	男子	女子	男子	女子
n	545	529	643	596	631	586
■ はい	28.1%	16.8%	26.7%	17.4%	60.1%	53.6%
▨ どちらとも	23.3%	25.3%	47.6%	58.6%	36.3%	44.5%
▨ いいえ	48.6%	57.8%	25.7%	24.0%	3.6%	1.9%

図表1-1-5　好きなもの、ほしいものにお金を使うことは、大切なことだと思いますか

　お金や金融についての関心では、経済や金融、株について知りたいかという項目については、小学5年生から中学2年生にかけて、女子のみに下降傾向があるという特徴がみられました。金融意識の発達において、ジェンダーの影響が考えられるという結果でした。

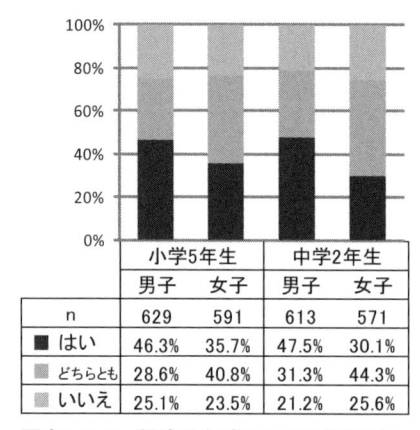

	小学5年生		中学2年生	
	男子	女子	男子	女子
n	629	591	613	571
■ はい	46.3%	35.7%	47.5%	30.1%
▨ どちらとも	28.6%	40.8%	31.3%	44.3%
▨ いいえ	25.1%	23.5%	21.2%	25.6%

図表1-1-6　経済や金融について、知りたいですか

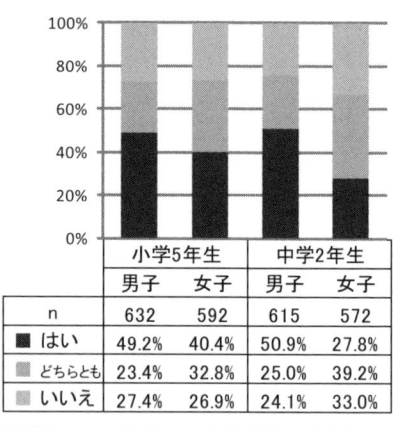

	小学5年生		中学2年生	
	男子	女子	男子	女子
n	632	592	615	572
■ はい	49.2%	40.4%	50.9%	27.8%
▨ どちらとも	23.4%	32.8%	25.0%	39.2%
▨ いいえ	27.4%	26.9%	24.1%	33.0%

図表1-1-7　株について、知りたいですか

　A調査の全体からは、子どもたちは学校でお金について学んだという意識が低いこと、小学5年生は小学2年生や中学2年生と比較してたくさんのお金を所有したり、お金を使ったりすることへの抵抗を感じています。一部の項目において男女差が大きく、金融に関する意識の発達においてジェンダーが影響していることが推察されました。

（松尾　直博）

3　B調査の概要と結果

(1) 目的

　B調査では、児童・生徒の金銭や金融との関わりの実態や意識について、自由記述や多肢選択による回答を求め、その発達を質的側面から検討することを目的としました。なお、A調査に比べ回答方式や分析手続きが複雑であるため、調査対象学年を小学5年生と中学2年生の2群とし、対象人数はA調査の1～2割程度の小規模で実施しました。

(2) 方法

1) 対象

　A調査と同様に公立小学校2校、中学校1校の協力を得て、小学5年生247名、中学2年生168名を対象としました。

　2) 質問紙の構成

　大きく8問からなる質問に、多肢選択式あるいは自由記述式で回答を求めました。各問の主なねらいは以下の3項目です。

　①日常生活における金銭との関わりの実態や意識について

　②お金への興味・関心について

　③金銭・金融用語の知識や親密さの度合いについて

　3) 調査手続き

　A調査と同様に、郵送にて調査を依頼し、各学校で実施後、郵送にて回収を行いました。

　4) 分析

　自由記述式で求めた回答については、類似したものを整理してカテゴリーを生成しました。多肢選択式の回答、カテゴリーに含まれる回答の割合について、学年と性別の比較を行いました。

(3) 結果

　日常生活における金銭との関わりの実態や意識については、自分のお金の使い途、お金を使うときに気をつけていること、お金についてのネガティブな経験などについて質問しました。その結果、学年が上がるとお金を使用する機会やその目的が拡大していきますが、募金等への意識は低下する傾向がみられました (図表1-1-8)。お金を使うときは、学年に関わりなく無駄使いなどに気をつけていることがわかりますが、学年が上がると自己管理に基づく計画的なお金の使い方に意識が向けられるようになるようです (図表1-1-9)。また、お金に関して嫌なことや困ったことを経験したことがあると回答した児童・生徒の割合は、小学5年生は9%、中学2年生は22%と2倍以上増加し、学年が上がると、使いすぎや貸し借りのトラブルなどを経験する子どもが増えることがわかりました。

　お金への興味・関心については、どちらかというとお金持ちになりたいと思う割合は、小学5年生では47％なのに対し、中学2年生になると68％に増加しました。お金持ちになりたい理由として、小学5年生では「豪邸や宇宙旅行」「寄付」のような自分の夢や人助けの観点からの回答が多く、中学2年生になると「お金があったらあったで困らない、裕福な暮らしができる」というようなより現実的な回答が挙げられました（図表1-1-10）。また、お金の悪いところについての自由記述では、学年に関わりなく「悪用や犯罪」に関することが多いものの、中学2年生になると「欲が出る・人間関係を壊す・

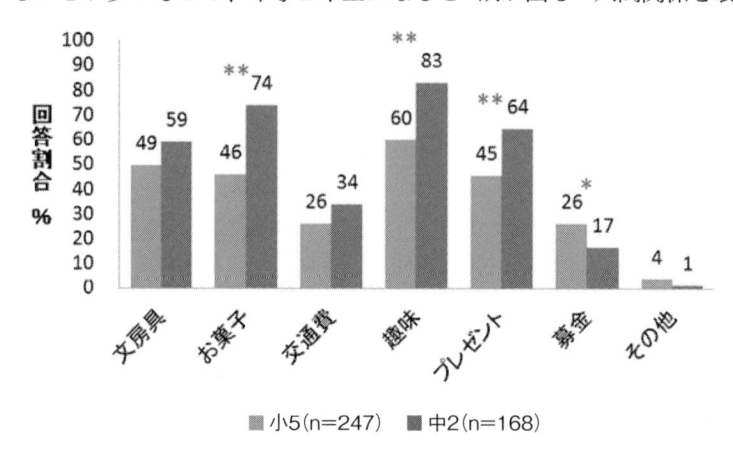

図表1-1-8　自分のお金を使う（学年比較）

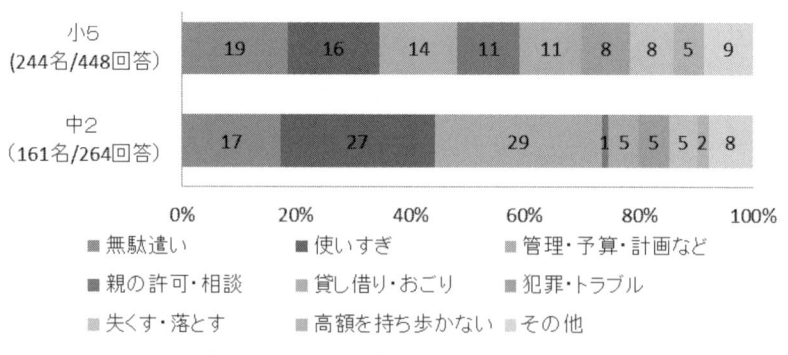

図表1-1-9　お金を使うとき気をつけること

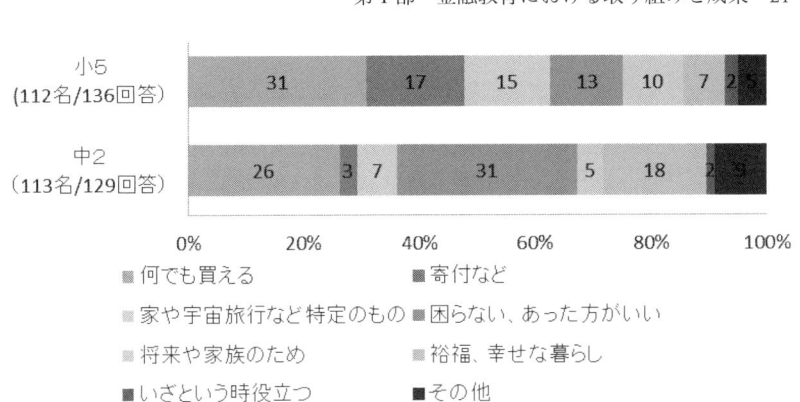

図表1-1-10　お金持ちになりたいと思う理由

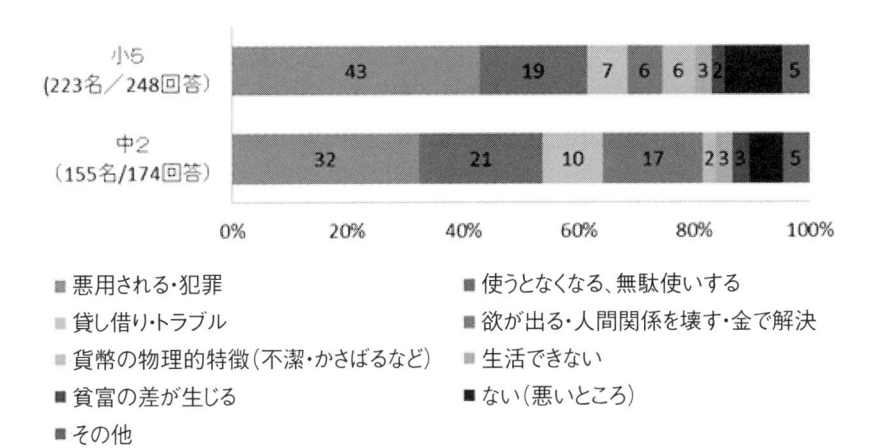

図表1-1-11　お金の悪いところ

何でもお金で解決しようとする」などモラルとの関係に気づいていることが窺えました（図表1-1-11）。

（林　安紀子）

4　調査全体に見るお金・金融に関する意識・発達の傾向について

A調査とB調査の結果を基に、お金・金融に関する意識について学年ごと

| イノセントな
(純粋無垢な)
小学2年生 | ロマンティストの
(理想主義の)
小学5年生 | リアリストの
(現実主義の)
中学2年生 |

図表1-1-12　お金・金融に関する意識の発達傾向

の発達的な特徴から、「イノセントな(純粋無垢な)小学2年生」「ロマンティストの(理想主義の)小学5年生」「リアリストの(現実主義の)中学2年生」と名付けてみました。

　小学2年生は、金銭管理は主にまだ保護者ですが、お金について知りたいという気持ちが強く、純粋無垢な知的好奇心が高い発達段階です。小学5年生は、お金にまつわる知識が増えてくるとともに、お金を重視する価値観に疑問を感じやすい発達段階なのか、たくさんのお金を所有したり、お金を使ったりすることへの抵抗を感じています。中学2年生は、自立心・自律性の高まりや、それに合わせた保護者の教育方針などにより、お金の所有、お金の使用についての実体験が増える時期です。

　プロジェクトチームのメンバーが関っている学校に調査を依頼したということから、サンプリングには限界はありますが、全国各地の多くの学校からデータを得られたため、結果はある程度意義あるものだと思われます。このような調査結果は、第2節で述べられている金融教育カリキュラムの開発の際の参考となりました。また、他の国の子どもと比較してみると日本の子どもの特徴や課題が明らかになるのではというアイディアや、また海外の子どもたちも同じような特徴があるのだろうかという疑問も生まれ、終章第1節で述べられているような国際比較調査へとつながりました。

(松尾　直博・林　安紀子)

第2節　意識調査を踏まえた金融教育カリキュラムの開発

1　『金融リテラシー・マップ』と金融教育カリキュラム

　実践研究を重視した共同研究において、私たちはお金・金融に関する知識や経験が子どもによって異なる点に早くから着目し、子どもの実態を考慮した学習プランの作成に努めてきました。そうした授業実践の積み重ねによる経験的な子どもへの理解を、より客観的・縦断的・総合的に把握するために実施したのが金融意識の調査です。結果の分析・考察では、それまでの理解が検証されたところもありましたが、新たな発見も多くありました。

　例えば小学2年生では、多くの子どもが貯蓄はしていても一人で買い物をするといったお金を使う体験が思いのほか少ないにもかかわらず、お金に対する関心は総じて高く、お金について学ぶ大切さを感じ、お金を大切に思う価値観も持っているといったことです。

　小学5年生では、自らおこづかいで物を買うようになりお金を使う・貯めるという実体験は増加しても、お金の無駄づかいや貸し借りといった問題を避けるための家庭と学校による管理・指導の影響もあってか、お金に対する認識は総じて抑制的・理想的になる傾向が認められ、自分たちあるいはその生活とお金の関わりについて自主的に考える機会は多くないと推察されます。

　中学2年生では、裕福な暮らしがしたいという現実的な考え方と、好きな物にお金を使うことを肯定する価値観が強まり、将来の生活にかかるお金や収入及び稼ぎ方、経済の仕組みに対する関心が高まっています。ただ、女子は小学5年生からこの時期にかけて経済や金融、投資、税金や社会保障、起業等への関心が著しく低下しており、お金・金融意識の発達におけるジェンダーバイアスの存在が示唆されたことに留意する必要があります。

　調査結果の要点を踏まえ、私たちは社会科・生活科、家庭科、道徳の学習指導要領の内容項目及び実践してきた授業内容をスコープとし、調査から見い出された「イノセント（純粋無垢）」「ロマンティスト（理想主義）」「リアリス

ト（現実主義）」をシーケンスとして、生きて働く金融リテラシーの育成をめざしたカリキュラム試案をつくりました。3か月後の2015年6月、金融経済教育推進会議から『金融リテラシー・マップ』が公表されたことを受け、「マップの主な内容」に示された4分野と先のカリキュラム試案との関連を検討し、先の試案を改善した「カリキュラム案Ⅰ」のまとめ作業に取り組みます。この作業は共同研究が社会科・生活科、家庭科、道徳で実践した、あるいは今後の課題としている実践が、共通化された4分野の枠組みのどこに位置付くのかを総括的・関連的に把握する作業でもありました。

　右頁からの「カリキュラム案」は、「マップの主な内容」の「家計管理」「生活設計」「金融知識及び金融経済事情の理解と適切な金融商品の利用選択」「外部の知見の適切な活用」という4分野の下位項目と平成29年版学習指導要領、各教科の授業実践・計画の関係を一覧表にまとめたものです。各項目冒頭のアルファベットや印は、下記のような関連や意味を示しています。

- ・「平成29年版学習指導要領の内容」「授業実践及び今後の課題」欄のa、b等は、「項目欄」との関連を示す。
- ・「授業実践及び今後の課題」欄の各記号は次の通り。
  - ・学習指導要領との関連から設定された実践課題の中で、実践済みのもの（○）、未実践のもの（●）
  - ・本共同研究独自の実践課題の中で実践済みのもの（☆）、未実践のもの（★）
  - ・テキスト『考えてみよう　これからのくらしとお金』の学習モデルのもとになった実践事例（□）

　カリキュラムを概観すると、社会科が項目のdを中心に、家庭科がa、b、c、eを中心に、道徳がb、dを中心に授業実践が検討されており、教科の特性に応じた役割分担がなされているのがわかります。

（大澤　克美）

カリキュラム案

「授業実践及び今後の課題」欄の各記号は次の通り。
- 学習指導要領との関連から設定された実践課題の中で、実践済みのもの（○）、未実践のもの（●）
- 本共同研究独自の実践課題の中で実践済みのもの（☆）、未実践のもの（★）
- テキスト『考えてみよう これからのくらしとお金』とにになった学習モデルのもとになった実践事例（□）

分野	項目	イノセント（小学校 低・中学年）学習指導要領の内容	授業実践及び今後の課題
家計管理	a 必要なもの（ニーズ）と欲しいもの（ウォンツ）を区別し、計画を立てて買い物ができる	<生活> a b ◎自分たちの生活は、地域の人々や様々な場所とかかわっていることが分かり、それらに親しみをもち、人々と適切に接することや安全に生活することができる。	<生活> a b ★秋を生かしたお店屋さんごっこ：店と買い手の活動を通してお金の必要性を理解し、商品の価値を考え売る値段を決める。（□おみせやさんごっこをした）。
	b 働くことを通してお金を得ることおよび将来を考え金銭を計画的に使うことの大切さを理解し、貯蓄する態度を身に付ける		a b お店屋さんごっこ：活動の振り返りから、買い物の仕方やお金の大切さ、購入者の意味について考える。 ＊家庭との連携を図り、実際の買い物などを大切に使う方に気づかせるようにしておく。
生活設計			a b ☆学級園の大根の販売：自分たちが育てた大根をいくらで売るか、お店の様子などを観察して相談し、販売する。
金融知識及び金融経済事情の理解と適切な金融商品の利用選択	c 小学生が巻き込まれる金融トラブルの実態について知り、消費生活に関する情報を活用して比較・選択する力を身に付ける	<社会> d e ◎地域に見られる生産と販売の仕事について、携わっている人々の仕事の様子を捉え、地域の人々の生活との関連を考え、理解する。（3年）	<社会> d ☆スーパーの売り上げを増やす販売の工夫：消費者の多様な願いを踏まえた商品の選定、サービス等と価格の意味について考える。（3年）
	d 暮らしを通じて生じる様々な働きを理解する	◎地域の安全を守る働きについて、施設・設備、関係機関の連携や体制に着目し、関係機関や地域の人々の諸活動を捉え、相互の関連を考え、理解する。（3年）	e ☆災害への備え：火災の防止について理解する過程で火災の物的被害や人的被害について考えたり、事故の防止について理解する過程で救急車の1本の売値やコストなどについて考えたりする。
	e 事故や疾病等が生活に大きな影響を与えることを理解し、自らも安全に行動する 不測の事態に備える方法として貯蓄以外に保険があることを理解する		

イノセント（小学校　低・中学年）			
分野	項目	学習指導要領の内容	授業実践及び今後の課題
金融知識及び金融経済事情の理解と適切な金融商品の利用選択	f 子ども同士でお金の貸し借りはしないようにする		＜家庭＞ a ★物やお金には限りがあることを知り、物や金銭の大切さを学ぶ。 a b ☆お菓子やジュースなどを題材に、本当に必要なものかどうか、自分が持っているお金で買えるかなどを考える。 b ★お小遣い帳のつけかたや、貯金箱にためる意味を理解することを通して計画的な使い方を学ぶ。
	g 金利計算（単利）などを通じて、主な預金商品とその利息の違いについて理解する		
外部の知見の適切な活用	h 困ったときにはすぐに身近な人に相談する態度を身に付ける	〈道徳〉b　c　d　（a　f） ○節度、節制 ○善悪の判断、自律、自由と責任 ○正直、誠実 ○規則の尊重 ○希望と勇気　努力と強い意志 ○勤労、公共の精神 ○家族愛、家庭生活の充実 ○親切、思いやり ○公正、公平、社会正義	〈道徳〉 a b ○ものや金銭を大切につかって、自分の生活をよりよくしていこうとする（お金を上手に使う「よくかんがえて」）。 b c ●お金について善悪を区別し、よいことを自信を持って行おうとする。 c d ●お金をごまかすことなく、健全な感覚をもって生活しようとする。 f ●お金に関する約束や決まりについて知り、それを大切にしようとする。 b ●親の愛情を受け止め、買い物の手伝いなどをして健全なお金の感覚を育む。 b ★自立的、創造的な生活のための内容・題材。 d ★日常生活に健全に生かすお金の感覚を育む題材。

分野	項目	ロマンティスト（小学校　中・高学年）学習指導要領の内容 （ｂ　ｅ）	授業実践及び今後の課題
家計管理	a 必要なもの（ニーズ）と欲しいもの（ウォンツ）を区別し、計画を立てて買物ができる		
生活設計	b 働くことを通してお金を得ることおよび将来を考えて金銭を計画的に使うことの大切さを理解し、貯蓄する態度を身に付ける	<社会> ◎人々の健康や生活環境を支える事業について、県内外の事業の仕組み・経路・再利用、事業の様子に着目して、人々の協力などに果たす役割を考え、理解する（4年）。	<社会> d ◎生活を支える地域の公共事業（水道・電気・ガス、ゴミ・下水）：水道事業にかかる費用について理解し、料金とコスト、料金のあり方について考える（4年）。
	c 小学生が巻き込まれる金融トラブルの実態について知り、消費生活に関する情報を活用する力を身に付け、比較・選択する方法があることを理解する	◎我が国の食料生産に関わる人々について、生産工程、協力関係、価格や費用などに着目して、生産性や品質の向上、輸送方法や販売の工夫をとらえ、その働きを考え、理解する（5年）。	b d ◎日本の農業・水産業：代表的な農水産業の販売経路や輸送等を理解し、商品の価格と費用、需要と供給について考える（5年）（□魚の価格はどのように決まるのか）。 b d ◎日本の工業：自動車の販売・購買を通して、商品の価格・需要と供給はどのように決まるのか。（□工業製品の価格はどのようなものか）。
	d 暮らしを通じてお金の様々な働きを理解する	◎我が国の工業生産に関わる人々について、製造工程、協力関係、優れた技術などに着目して、消費者の需要や社会の変化に対応した製品を生産する工夫や努力を支えていることを理解する（5年）。	＊平成29年版学習指導要領では工業に関する学習について、bとの関連に気づかせる ★価格として、労働と報酬の関係にも意義がある。
金融知識及び金融経済事情の理解と適切な金融商品の利用選択	e 事故や疾病等が生活に大きな影響を与えることを理解し、自らも安全に行動するとともに、不測の事態に備えて貯蓄以外に保険があることを理解する	◎我が国の産業と情報との関わりについて、情報の種類、活用の仕方などに着目して、産業における情報活用の現状を捉え、情報を生かして発展する産業が国民生活に果たす役割を理解する（5年）。	a c ◎持続可能な生産・販売や情報に見る信頼と付加価値：情報化社会のために必要な商品や情報の発信や、商品開発や情報の重要性について、・活用における付加価値の発信・活用・消費者・ユーザー・生産者の立場から考える
	f 子ども同士でお金の貸し借りはしないようにする	◎我が国の自然環境と国民生活との関連について、自然災害の状況・国土の自然環境・公害防止の取り組みを捉え、国土の自然条件や公害防止の働きを考え、理解する（5年）。	d e ◎政治の働きと税金：公害などの環境汚染や自然災害を理解し、地域の環境問題、防災対策を取り上げてコストを含めいかに生活環境を維持していくかを当事者と自治体の立場から考える（5年）。
	g 金利計算（単利）などとその利息の違いについて理解する	◎我が国の政治の働きについて、政策の内容や計画から実施する過程、法令や予算との関わりなどに着目して、国や地方公共団体の政治の取組を捉え、国民生活における政治の働きを理解する。	● 生活環境の保全：公害など地域の環境問題、自然災害の事例から理解し、 ● 自然災害：法令に限らず予算との関わりなどに着目して社会保障、自然災害からの復旧、地域の開発を中心に考える（6年）。
外部の知見の適切な活用	h 困ったときにはすぐに身近な人に相談する態度を身に付ける		d ◎政治の働きと税金：税金の目的・意味を理解し、限られた予算の使い方について考える。

ロマンティスト（小学校　中・高学年）			
分野	項目	学習指導要領の内容	授業実践及び今後の課題
外部の知見の適切な活用	h困ったときにはすぐに身近な人に相談する態度を身に付ける	＜家庭＞　a　b　c（e 〜 g） ・買う前に本当に必要かどうかをよく考えること、買った後に十分に活用して最後まで使い切ること、必要なものを分だけ買うことを理解し実践できること。 ・家庭で扱う金銭（家庭の収入）は家族が働くことによって得られた限りあるものであり、物や金銭が自分と家族の生活を支えていることから、それらを有効に使うことの重要性を理解できるようにする。 ・買物は売買契約であり、その成立条件と買う人（消費者）と売る人の義務を理解できるようにする。 ・衣食住などの生活で使う身近なものに着目し、有効な活用と購入について、購入時期や場所なども含めて考える。 ・購入しようとする物の品質や価格、品質、売り方などの情報を集めて整理し選び方や買い方を考える。 ・電子マネーやプリペイドカードの仕組みと計画的なお金の使い方（目に見えないお金も含めて計画的に使う）。 ・食品などにつけられた表示やマークを確かめ、目的に合った品質のものを購入する。 ・身近な消費生活についての課題を把握し解決する。 ・買物で困ったことが起きた場合には、家族や先生などの大人に相談することや、保護者と共に消費生活センターなどの相談機関を利用することも取り上げる。 　自分や家族の消費生活が環境などに与える影響についても考え、自分の生活と身近な環境とのかかわりに気付き、物の使い方などを工夫する。 ・環境に配慮した商品を購入する。	＜家庭＞ a○衣食住などの生活で使う身近なものに着目し、有効な活用と購入について、購入時期や場所なども含めて考える（□家計のバランスを考えよう）。 a○購入しようとする物の品質や価格の情報を集めて選び方や買い方を考える（□家計のバランスを考えよう）。 a○食品などにつけられた表示やマークを確かめ、目的に合った品質のものを購入する（□環境に優しい買い物ができる店）。 a c○環境に配慮した商品を購入する（□環境に優しい買い物ができる店）。 b e○長期的なお金の管理と必要な物の購入について考える生活設計（□家計のバランスを考えよう）。 a b○お菓子やジュースなどを題材に、本当に必要なものかどうか、自分が持っているお金で買えるかなどを考える（□遠足のおやつ何を選ぶか？）。 b○収入と支出のバランスを考え、自分の使える範囲のお金を基にした収支計画を考える生活設計（□家計のバランスを考えよう）。 g○小遣いなど児童に扱いが任された金銭に着目し、お菓子など身近なものを金額や品質を考えて適切に購入する（□遠足のおやつ何を選ぶか？）。 b●自分の使える範囲のお金を基にした収支計画を考える生活設計。 b●家庭で扱う金銭は家族が働くことで得られた限りあることに気づく。 a●物や金銭が自分と家族の生活を支えていることから、それらを有効に使うことの重要性に気付くようにする。 f●貯蓄や無駄のない使い方を考える。 c●電子マネーやプリペイドカードの仕組みと計画的なお金の使い方（目に見えないお金も含めて計画的に使う）。 c●通信販売も含めた物やサービスの購入の仕方を考える。

ロマンティスト（小学校　中・高学年）			
分野	項目	学習指導要領の内容	授業実践及び今後の課題
外部の知見の適切な活用	h 困ったときにはすぐに身近な人に相談する態度を身に付ける	〈道徳〉b　d（a　c　e　f） ○節度、節制、 ○善悪の判断、自律、自由と責任 ○正直、誠実 ○規則の尊重 ○希望と勇気　努力と強い意志 ○勤労、公共の精神 ○家族愛、家庭生活の充実 ○よりよい学校生活、集団生活の充実 ○よりよく生きる喜び ○親切、思いやり ○相互理解、寛容	〈道徳〉 ｂｄ○みんなのために働くことの大切さを理解し、進んで働こうとする（みんなのために「かじ屋のそうべえ」）。 ｄ○相手の立場に立って考え、誰に対しても思いやりの心をもって接しようとする（気持ちを形に「三枚の銀貨」）。 ｂ●お金について自ら管理し、計画的に生かそうとする。 ａｂ●自己のお金について責任をもって、自らの意志で適切に用いようとする。 ｃ●お金に関する権利や義務について理解を深め、互いの権利を大切にしつつ義務を果たそうとする。 ｄ●貧富の差、経済的な課題に関心を持って、よりよい社会の実現へ考えを深める。 ｂ●社会で働くこと、公共に奉仕することなどに関心をもって可能なことは実践しようとする。 ｅｆ★お金に関するトラブルなど生徒指導上の課題を生かした題材。

リスト（中学校）

分野	項目	学習指導要領の内容	授業実践及び今後の課題
家計管理	a 家計の収入・支出について理解を深め、学校活動等を通じて収支管理を実践する	<社会>　地理的分野　d ◎「世界の諸地域」では、各州に暮らす人々の生活を基に、地域で見られる課題の要因や影響を、州という地域の広がりや地域内の結び付きなどに着目して、それらの地域的特色と関連付けて多面的・多角的に考察し、世界各地で地球的課題の現れ方が異なることを理解する。	<社会>　地理的分野 d○アジア：西アジアから中央アジアに広がる砂漠地域の遊牧民の生活の様子を取り上げ、ラクダや山羊などの飼育による生産物がオアシス農民との交易、都市生活者などで流通していることや、市民生活の生活にも流通している生活用具、テレビや遊牧民の生活の生活にも現代化する地域的特色が入り込み、消費生活の都市化など、経済的視点からも地域的特色を考察する。
生活設計	b 勤労に関する理解を深めるとともに、生活設計の必要性を理解し、自分の価値観に基づいて生活設計を立ててみる		d○ヨーロッパ：EU加盟国の人々が日常生活で自由に域内の国境を越えて買い物や仕事をしている様子、多様な産業が域内の地域に展開している様子、人々の移動、EU内の交通機関による結び付きなど追究し、ものや人の自由な移動を中心にヨーロッパにおける地域的特色を考察する。 d★ヨーロッパ：シリア難民等の理由と今後の展開を、経済的視点と政治的視点の両面から調査し、考察する。 イギリスのEU離脱の視点と政治的視点の両面から考察する。
	c 契約の基本を理解し、悪質商法等を見分け、被害に遭わないようにする		d○アフリカ：アフリカ諸国の主要生産品、主要国の経済状況と生産物、貿易の様子を、主要産品とアフリカに暮らす人々の生活との関連、旧宗主国など先進国との結び付きを追究し、経済史的な視点からアフリカの地域的特色を考察する。
	d お金や金融・経済の基本的な役割を理解する		
金融知識及び金融経済事情の理解と適切な金融商品の利用選択	e リスクを予測して行動するとともに、人を負傷させたり、人の物を壊した場合には弁償しなければならないことを理解する　事故や病気のリスクや負担を軽減させる手段があることを理解する		
	f ローン等の仕組みや留意点について理解する		

分野	項目	リアリスト（中学校）学習指導要領の内容	授業実践及び今後の課題
	g リスクとリターンの関係について理解する　金利計算（複利）を理解して貯蓄・運用に取り組む態度を身に付ける	◎「日本の諸地域」では、主に「産業」「人口や都市・村落」を中核とし、中核となる事象の成立条件を、地域の広がりや地域内の結び付きに着目し、人々の対応などに関連付けて多面的・多角的に考察し、地域の特色や課題を理解する。 ＜社会＞ 歴史的分野　d（e）　＊知識の項目のみを記載 ◎「中世の日本」では、元寇、日明貿易、琉球の国際的な役割などを取り上げ、東アジア世界との密接な関わりを理解する。 ◎「近世の日本」では、産業や交通の発達、教育の普及と文化の広がりなどを基に、町人文化が都市を中心に形成されたことや、各地方に生活文化が生まれたことを理解する。 ◎幕府の政治改革、新しい学問・思想の動きなどを基に、政治が行き詰まりをみせたことを理解する。	d ●中部地方：産業に関する特色ある地域的事象と、立地に関わる自然環境や社会環境、消費地や原料供給地との関係など、その産業を成立させている各地理的諸条件と経済的諸条件を関連付けて地域的特色を経済的視点から考察する。 ＊地域再生の事例を経済的視点から考察する課題である。 ＜社会＞ 歴史的分野 d ○東アジアの動き：東アジアと密接な関わりに見る経済的関係や、それが国内に及ぼした影響を考察する。 d ☆世界との結び付き：「ヨーロッパ人来航、長崎での「オランダ」清との交易、中国とも関わる琉球の国際的な役割、蝦夷地で独自の文化を築いていったアイヌの人々による「北方との交易」に着目させ、鎖国という統制下における文交流について、背景や経済システムの統合、経済的意味を考察する。 d ★幕政改革：財政危機、藩政改革等の諸改革を、幕府の弱体化について考察する。
外部の知見の適切な活用	h トラブルに遭ったときの相談窓口に、必要に応じて連絡する方法を身に付ける	◎「近代の日本と世界」では、経済の世界的な混乱（世界恐慌）と社会問題の発生、戦時下の国民の生活を取り上げ、軍部の台頭から戦争までの経過と、大戦が人類に全体に及ぼしたことを理解する。 ◎「現代の日本と世界」では、高度経済成長、国際社会とのかかわり、冷戦の終結などを通して、我が国の経済や科学技術が急速に発展して国民生活が向上し、国際社会において我が国の役割が大きくなってきたことを理解する。	d（e）○世界恐慌：経済の混乱に対する各国の対策と対立の深刻化、我が国経済の混乱と社会不安の広がりから経済と生活の関わりを考察する。 d（e）●戦時下の生活：戦争によって経済と国民の生活がどう変わったかを身近な地域事例から理解し、平和な社会と生活の大切さについて考察する。 d（e）▲高度経済成長：戦後の経済活動の指標や事象的な技術革新の進展、生活の変化を示す事例から、日本の経済や科学技術の著しい発展と、それらに伴う生活の向上を理解し、それを背景とする経済大国への急速な成長と「石油危機」が経済に及ぼした影響などについて考察する。

リアリスト（中学校）

分野	項目	学習指導要領の内容	授業実践及び今後の課題
家計管理	a 家計の収入・支出について理解を深め、学校活動等を通じて収支管理を実践する	＜社会＞　公民的分野　d（b　e） ○「私たち生活と経済」では、現代の日本の特色である少子高齢化、情報化、グローバル化など、それらが政治、経済、国際関係に影響を与える影響について考察する。 ○「私たちと公正などに着目した現代社会の追究で対立と合意、効率と公正などに着目した課題の追究や解決を目指す活動などを現代社会における課題の理解の仕方について理解し、契約の重要性やそれを守ることの意義及び個人の責任について理解する。	＜社会＞　公民的分野 b　d　e　★投資・金融に関する問題とその対応：貯蓄とリスク、復興支援と市民ファンド、情報化と金融犯罪など々を調べし、お金から見た市場経済システムとのつながりや変化、市場経済の多様な活用方法とリスクマネジメント、金・金融の多様な活用方法を自分のお金・経済の多様な活用方法とリスクマネジメント、経済社会における効率と公正等々について考察する。
生活設計	b 勤労に関する理解を深めるとともに、生活設計の必要性を理解し、自分の価値観に基づいて生活設計を立ててみる	○「私たちと経済」の「市場の働きと経済」では、対立と合意、効率と公正、分業と交換、希少性などに着目して課題を追究し、消費生活を中心にした経済活動の意義、価格の決定や資源の配分を中心にした市場経済の基本的な考え方、現代の生産や金融などの仕組みや働き、勤労の権利と義務、労働組合の意義及び労働基準法の精神を理解し、職業の意義、個人や企業の経済活動における役割と責任、雇用と労働条件の改善について考察する。	d ○銀行の仕組みと働き：預金と貸出金を中心に、信用の意味について、銀行の業務や機能を調べ、紙幣の発行やインフレ・デフレを考察するとともに、金融政策から日銀の役割を理解する（口銀行の仕組み）。 d ○外国為替の原因から：円高・円安の意味を理解すると共に、市場メカニズムや基軸通貨を通して為替変動のシミュレーションゲームを通し消費者への影響について考察する（口外国為替の仕組み）。
	c 契約の基本を理解し、悪質商法等を見分け、被害に遭わないようにする		
	d お金や金融・経済の基本的な役割を理解する	○「私たちと政治」の「国民の生活と政府の役割」では、対立と合意、効率と公正、分業と交換、希少性などに着目した課題を追究し、社会資本の充実、公害の防止など環境の保全、社会保障及び公共福祉の役割、社会保障の充実、消費者の保護、財政及び租税の役割について考察する。	b　d　★女性と職業労働の現状を理解し、そこに見られる問題点について対応に向け自分たちの対応について効率と公正、対立と合意の観点から考察する。 ＊（調査結果より）中2男子の関心が低いことに留意し、女性の働き方や男性の意識について考察する。
金融知識及び金融経済事情の理解と適切な金融商品の利用選択	e リスクを予測して行動するとともに、人や物を傷つけない場合には弁償しなければならないことを理解する。事故や病気のリスクや負担を軽減させる手段のひとつに保険があることを理解する	○「私たちと国際社会の諸課題」では、地球環境、資源・エネルギー、貧困などの課題の解決のために経済的、技術的な協力などが大切であることを理解し、国際社会における我が国の役割について考察する。	d ○国や自治体の税収等による子算について考察すると共に、広がる経済格差と相対的貧困、社会的弱者への支援について憲法学習と関連させて考察したり、少子高齢化社会における社会保障政策について考察する。
	f ローン等の仕組みや留意点について理解する	○「私たちの政治」では、個人の尊重と法の支配、人間尊重の考え方を基本に人権を中心に深め、政治が日本国憲法に基づき行われている意義について考察する。少子高齢化と国際社会の諸課題について考察する。（調査結果より）中2女子の関心が低いことに留意し、女性の働き方やそれを支える社会システムや男性の意識について考察する。	b　d　☆貧困者向け金融：バングラディシュの利用例から貧困の現実、小規模金融サービスを考察し、貧困の改善策を考察する（口グラミンのしくみ）。

リアリスト（中学校）

分野	項目	学習指導要領の内容	授業実践及び今後の課題
	g リスクとリターンの関係について理解する 金利計算（複利）を理解する 継続して貯蓄・運用に取り組む態度を身に付ける		d ●これまでの学習を振り返り、自分たちが生きていく上で不可欠な地球環境の保全や、経済開発・資源・エネルギーの活用、南北問題等と複雑に関連していることを理解し、ODAやNPO・NGOの協力のあり方について調査し、国や個人としての参画について考える。 <家庭> f g ●二者間契約を中心とした支払方法の特徴を理解する（プリペイド型電子マネーも含む）（□通信販売の仕組み）。 f g ●二者間、三者間契約の特徴（ローカードによる支払いの特徴）。 c ●販売方法による特徴（無店舗販売、通信販売、訪問販売）について知り、利点や問題点について考える（□通信販売の仕組み）。 e ●サービス（交通費、カラオケ、携帯電話など）の選択と購入。 d ●品質、機能、価格、アフターサービス、環境への配慮などの視点をふまえ、選択、品質表示マークといった表示を理解し、購入の際に活用する（□同じ野菜の価格が違うわけ）。 e ●消費者センターやクーリング・オフ制度の理解（□通信販売の仕組み）。 e ●商品購入は権利と同時に責任があることを理解する（□通信販売の仕組み）。 e ●商品が生産流通する上で消費される環境やエネルギーを考慮し、自分たちの消費生活が環境や社会に及ぼす影響を考える（□同じ野菜を作るわけ）。 b ●勤労に関する理解を深めるとともに、生活設計の必要性を理解し、自分の価値観に基づくキャリアプランを立ててみる（□100円商品から生活設計を考える）。 b ●使えるお金には限度があることを自覚する。 b ●計画的な支出を行う。 e ●消費者基本法の主旨を理解する。
外部の知見の適切な活用	h トラブルに遭ったときの相談窓口に、必要に応じて連絡する方法を身に付ける	<家庭> (1)「金銭の管理と購入」 ・収支のバランスを図るための、多様な支払い方法に応じた計画的な金銭管理 ・売買契約の仕組み ・キャッシュレス化に伴って多様化した購入方法、ならびに支払い時期や二者間契約、契約による支払いの特徴 ・販売方法の特徴（無店舗販売、通信販売、訪問販売）について知り、利点や問題点について考える。 ・消費者被害等の背景とその対応 ・消費生活センターなどの各種相談機関やクーリング・オフ制度による消費者支援の仕組み。 ・サービス、品質、機能、価格、アフターサービス、品質表示マークなどの表示やチラシ、CM等の選択に必要な情報を収集整理し、選択に活用する。 (2)消費者の権利と責任 ・国際消費者機構（CI）が提唱する八つの権利と五つの責任を取り上げ、権利の行使には責任の遂行が伴うことに気付く。 (3)環境への影響を考えた消費生活 ・自分や家族の消費生活が環境や社会に及ぼす影響について理解する。 ・電気・ガス・水などをはじめ、衣食住の資源であり、それらを有効に活用することの重要性に気付くようにする。 ・持続可能な社会の構築等の視点から、自覚のある消費行動を考え工夫する。	

リアリスト（中学校）

分野	項目	学習指導要領の内容　b　d　e（c）	授業実践及び今後の課題
		〈道徳〉b　d　e（c） ○節度、節制 ○自主、自律、自由と責任 ○遵法精神、公徳心 ○希望と勇気、克己と強い意志 ○勤労 ○家族愛、家庭生活の充実 ○よりよい学校生活、集団生活の充実 ○よりよく生きる喜び ○思いやり、感謝 ○相互理解、寛容 ○公正、公平、社会正義 ○社会参画、公共の精神	〈道徳〉 b　d　○勤労の意義を理解し、奉仕の心で公共の福祉と社会の発展に努めようとする（社会のために「ウィンウィフィルの夢」）。 b　●お金を貯蓄するなど適切に管理し、調和のある生活づくりに役立てる。 b　●自己の向上や充実した生き方の実現のためにお金を有効に用いようとする。 e　●相手のことを深く考えてお金を工夫して使おうとする。 c　●お金に関する不正な行為を許さず法の中で社会の秩序と安定があることに考えを深める。 d　e　●富裕と貧困、社会保障の問題などに関心を深め、お金の有効な生かし方への考えをもつ。 e　★お金に関する人間関係上の問題など生徒指導上の問題を織り交ぜた題材。 d　★お金の社会的役割に視野を広げ、公共の福祉などにも心を広げられる題材。 b　★お金を生かした見通しのある生活と、夢の実現やキャリア形成につなげられる題材。
外部の知見の適切な活用	h トラブルに遭ったときの相談窓口に、必要に応じて連絡する方法を身に付ける		

2　社会科カリキュラム

(1) 調査結果に見る社会科カリキュラムの課題

　調査では、成長に伴いお金の使い方やそれに関わる問題がわかってくるため特に勉強は必要ないという意識や、自分で対応したいという意欲が認められました。ただ、これは家庭生活など身近な範囲のことであり、自己と社会の結びつきや多様な経済システムを視野に入れたものではなく、わかったつもりになっている子どもも多そうです。お金・金融についてわかるほどわからないことが増えてくるという意識を育むためには、学年が上がるほどわかったつもりの子どもたちの目を、具体的な教材と追究的な活動を通して社会に向けさせ、個々に抱いている金融・経済への些細な関心や疑問を、経済社会、消費社会の理解につなげていくことが期待されます。

　また、学校などでお金について学んだ経験は、お金の勉強が大切、上手なお金の使い方を知りたいという意識を高めていると推察されますが、学校での金融経済教育の経験が、必ずしも金融や経済への関心の喚起に繋がっていない現状も認められます。身近なお金の問題から社会の経済システムまでを対象とする社会科としては、まず小学校からお金・金融に関する学習経験をより豊かで確かなものにし、そうした経験を拠り所として中学校においても、公民的分野のみならず地理的分野・歴史的分野を含めた学習で、自分たちと社会の経済的な繋がりをより主体的・多角的に追究し、自己と社会の福利を実現する金融リテラシーを育むカリキュラムが期待されています。

(2) カリキュラムのポイント

　上記の課題に対応するには、先ず発達に応じたお金・金融の学習経験を着実に積み重ねることが大切であると考えます。社会科は小学3年生から始まるため、低学年に設定された生活科の中で無理なく学べる単元を検討し、子どもたちが好きな「お店やさんごっこ」の販売という面から、お金の学習経験を充実させることにしました。ここでは値段の決め方やお金の働きについ

て考える学習を、ごっこ活動の中で経験することが意図されています。

　それを受け小学3年生では、「地域の生産と販売」で扱うスーパーマーケット等の授業で、仕入れ、広告、サービス、価格設定、利益などを具体事例から考え、消費者の多様な願いと販売の工夫をより深く追究する学習を記載しました。さらに小学4年生では、「健康や生活環境を支える事業」である飲料水や廃棄物処理の授業で、事業の費用と料金などを自分が暮らす地域の実例から調べ、事業の維持・発展と料金のあり方を考える学習を設定しています。

　小学5年生では、「食料生産」と「工業生産」に位置づく授業で、野菜や魚、自動車の価格を具体事例から考える学習を開発しました。授業実践を踏まえたテキストでは、先に学ぶ水産業で子どもにわかりやすい価格と費用を主に取り上げ、自動車産業で価格と需要・供給を重点的に取り上げています。平成29年版学習指導要領では工業学習から価格と費用が削除されましたが、これまでの実践研究から、産業学習で教材を工夫し価格と需要・供給の基本的な関係を学ぶことは重要なので、発展的な教材研究が課題となります。小学6年生では、政治の働きで税金と予算を具体的に取り上げ、政治は予算なしには機能せず、その使い方は国民生活と深く関わることを考える学習を構想しています。

　中学校地理的分野の「世界の諸地域」では、近代化、情報化、都市化、生活・労働・産業構造の変化、経済圏化などが進む地域の具体事例を取り上げ、経済的視点からも地域的特色を考察する多様な学習の実施が課題です。「日本の諸地域」では、地域的特色の一般的な理解にとどまらず、情報化による地方の新たな生産活動や地域経済の活性化など、少子高齢化が進む地方の持続可能性を経済的視点から考察する学習が今後に向けた新たな課題です。

　歴史的分野の学習には、全体を通して金融経済に関わる内容が多くありますが、それらを時代の移り変わりの中で関連的に取り上げ、歴史における経済的事象についてその意味、背景、変化、関係などを考察する学習はあまり行われていないことから、カリキュラムではその点の改善を試みました。

　公民的分野の学習では、当然金融経済に関わる内容が数多く取り上げられていますが、知識を重視することでとかく解説的な授業が多くなりがちでした。そのため私たちは経済社会を生きる知恵を育むことを大切にし、絞り込んだ資料の調査やゲーム等の活動を設定し、それを基に話し合って振り返る学習のあり方を探究し、カリキュラムへ生かしてきました。その意味で本研究は、先行的にアクティブ・ラーニングを模索していたともいえます。

　小学校について詳しく記載したのは、意識的に探れば金融経済の一端に気づく、自分と経済社会の関わりを知る機会が小学校にも多くあり、そうした学習経験が中学校での金融経済学習の基盤となるからです。カリキュラムからは地理的分野・歴史的分野の学習もまた公民的分野の学習を支える基盤づくりに不可欠なものであることがわかります。さらに家庭科や道徳の記載内容にも関連する部分が多くあり、カリキュラム全体を縦横斜めに見てその関係を捉え、意図的に関連付けを図る授業の必要性も明らかになっています。

（大澤　克美）

3　家庭科カリキュラム

　家庭科における金融教育のカリキュラムの特徴を以下の5点にまとめることができます。

(1) 家庭科は金融教育の主たる担い手になり得る

　現在、金融教育と並んで消費者教育も進められています。家庭科は生活に必要な財・サービスを購入する消費者の立場からお金の流れや生産の仕組みを見ており、したがって消費者教育には馴染みがありますが、金融教育からは少し離れた教科であると受け取られてきました。しかし、「金融リテラシー・マップ」ではその柱として、「A生活設計・家計管理に関する分野」「C消費生活・金融トラブル防止に関する分野(a自立した消費者、b金融トラブル・多重債務)」「Dキャリア教育に関する分野(a働く意義と職業選択、b生きる意欲と活力)」を取

り上げており、家庭科教育の中で取り組まれている授業実践が、そのまま金融教育として位置づけられることを確認しました。そこで、小学校・中学校の学習指導要領の「消費・環境」領域にそって行われた授業実践をそのまま「A生活設計・家計管理に関する分野」「C消費生活・金融トラブル防止に関する分野」の実践として位置づけました。

(2) 金融教育調査を踏まえた新たな授業実践の広がり

　本プロジェクトで行った金融教育に関する調査結果を踏まえて、①家庭科が行われていない小学校低学年での学習導入の提案や、②小学校での収入や支出などの家計管理の学習、③中学校でのクレジット学習の導入などを提案しました。

　例えば、一人で買いに行く行動は、小学2年生では文房具が4割程度、お菓子やジュースは5〜6割程度と、買いものは身近な活動であり、特にお菓子やジュースは日常活動になっていました。一方、お金に関する学習意欲は小学5年生で5割をピークに学年進行に伴い減少します。このことから、小学校低学年でも、ジュースやお菓子といった身近な教材を取り上げ、学習意欲の高いうちに授業を行うことは有効と考え、家庭科の学習の無い低学年での学習を提案しました。

　また、小学2年生で「お金は大切」と9割近くが考え、8割の児童が「上手なお金の使い方」を知りたいと考えています。家庭科では「計画的な使い方」は中学校や高等学校の学習に組み込まれていますが、関心が高い小学校でも取り上げることを提案したいと思います。なお、平成29年版学習指導要領では、収入と支出のバランスといった計画的なお金の使い方が小学校の学習に導入されました。

　「電子マネーとクレジットカード」の利用方法を知りたいと思う割合は小学2年生で約6割、中学2年生で約5割と、学年が高くなるにしたがって低くなる傾向にありました。家庭科では、「販売方法・支払い方法の特徴」に関して、調査時では中学校で二者間の取引(プリペイドカードやデビットカード)

を学び、三者間の取引（クレジットカードなどの信用取引）は高等学校で学ぶこと
になっていましたが、関心が高い早い時期に学習に組み入れることを提案し、
中学校で授業を実践しました。なお、平成29年版学習指導要領では中学校
に三者間取引（クレジットカード）の学習が入り、本実践は先取りした取り組み
といえます。

(3) 高等学校の生活設計にキャリア教育を含めて小中学校から学ぶ

　高等学校の家庭科学習の中心は「生活設計」であり、キャリア学習も組み
込まれています。これに関連して、小・中学生とも、現在の生活費について
は6割前後が、将来の生活費については7割前後が知りたいと思っており、
生涯を見通した生活設計への関心が高いことを示していました。本プロジェ
クトでは高等学校の学習で生活設計の授業実践を取り入れていますが、小学
生や中学生での関心の高さを生かす学習も考えたいと思います。なお、本プ
ロジェクトでは中学校でキャリアに関する授業を行いました。

(4) 財・サービスの購入から金融商品の購入へシフトする消費者

　家庭科では高等学校で「生活経済の管理や計画」の学習を行います。これ
に関連する内容として、「お小遣いを貯める」ことは小・中・高校生とも8割
以上が、「銀行や郵便局への預貯金」も7割が取り組んでおり、金銭管理は子
どもたちの日常になっていました。高等学校の家庭科では世帯の家計管理の
学習が中心ですが、平成29年版学習指導要領で小学校に収入と支出のバラ
ンスに関する学習が導入されたことを受けて、小学校からお小遣いなどを題
材に、身近なお金の管理の学習を取り入れていく必要があります。

　さらに家庭科では、高等学校の家計管理の一環としてリスク管理もその中
心的な学習内容です。近年の消費者は財・サービスだけでなく金融商品を購
入するようになりつつあり、逆にそのことが多重債務などの新たな消費者問
題を生んでおり、今後重要性を増す学習内容です。今回はそれらの授業実践
を充分に提案しきれませんでしたが、今後の検討が必要となるでしょう。

(5) 他教科の連携による金融教育の充実

　消費者問題は社会経済の問題でもあり、したがって日常生活と社会の仕組みをつなげていく学習の展開が望まれます。今回3つの教科をマトリックスに並べたことで他教科とのリンクの可能性が見えてきました。後述するように、社会科と家庭科の連携授業を試みました。まだ十分な連携はできていませんが、一定の成果も生まれました。今後はこうした他教科と連携した教科横断的な授業の展開も必要です。　　　　　　　　　　（大竹　美登利）

4　道徳科カリキュラム

　平成29年版学習指導要領の告示により、これまでの道徳の時間は、小学校は平成30年度より、中学校は平成31年度より、「特別の教科　道徳」となります。道徳科の目標には、道徳的諸価値についての理解を基にしながら、3つの特質が示されています。自己を見つめること、物事を(広い視野から)多面的・多角的に考えること、自己の(人間としての)生き方についての考えを深めること、これらの学習を通して豊かな道徳性を育んでいくのです(括弧は中学校)。

　金融教育では、子どもの各成長の段階に応じて、必要とされる金融リテラシーの育成を目指します。道徳科カリキュラムでは、社会科や家庭科などとは異なり、金融に関する知識や技能の獲得を直接目指すものではありませんが、子どもが自己の生き方と向き合い、人間としての成長を遂げていく中で、金融リテラシー育成の素地となる道徳性を育んでいくところを目指しています。例えば、「善悪の判断」「正直、誠実」「親切、思いやり」「規則の尊重」「公正、公平、社会正義」などは、健全な金融に関する行動や態度を支える大事な内容と考えられます。

　以上のことを踏まえながら、道徳科カリキュラムの作成の意図について、述べたいと思います。

(1) イノセント（小学校　低・中学年）

　道徳科の内容項目として、主として自分自身に関することの中に「節度、節制」があります。小学校低学年では「健康や安全に気を付け、物や金銭を大切にし、身の回りを整え、わがままをしないで、規則正しい生活をすること。」とあり、金銭について直接扱っています。金銭教育の面から、お金を無駄に使わないことなどが取り上げられてきました。小学校低学年の子どもの実態として、一人で買い物をする体験が少なく、授業場面でも、自由に自分の好きな物を買うことへの抵抗感が伺えました。したがって、お金を有効に計画的に使うことのよさに気付くようにしながら、お金の大切さについて自分との関わりで考えるようにしました。また、「家族愛、家庭生活の充実」では、進んで家の手伝いなどをして家族の役に立つことや、家族みんなで協力し合って楽しい家庭をつくることが内容となっています。ここでは、父母、祖父母の愛情を受け止め、買い物などの手伝いをして健全なお金の感覚を育みながら、お金の大切さについて多面的・多角的に考えるようにすることも有効です。さらに、内容項目「善悪の判断」や「正直、誠実」の指導では、お金についての善悪を区別する判断力を育てたり、お金をごまかすことなく健全な金銭感覚をもって明朗に生活する態度を養ったりすることも考えられます。

(2) ロマンティスト（小学校　中・高学年）

　実際に自分でお金を使ったりする機会が増える一方で、お金を巡るトラブルを避けようとする傾向から、自由にお金を使うことへ抵抗を感じたり、問題解決の手段としてのお金の役割に疑問をもつなどの様子が伺えます。主として集団や社会との関わりに関することの中に、「勤労、公共の精神」があり、働くことや社会に奉仕することの充実感を味わいながら勤労の意義について理解することなどが内容として扱われます。労働の対価としてのお金の価値、そして、社会で働くこと、公共に奉仕することなどの意味について、自分との関わり、さらには自己の生き方との関わりの中で考えるようにしました。

　また、主として人との関わりに関することの中にある「親切、思いやり」では、誰に対しても思いやりの心をもって相手の立場に立って親切にすることが内容として扱われます。お金に関するトラブルなど生徒指導上の課題には配慮しながらも、例えば、お見舞い、ご祝儀、お年玉など、相手のことを考えたお金の使い方について理解を深めながら、お金に関する肯定感を保ちつつ自己を見つめることも考えられます。さらに、内容項目「規則の尊重」では、お金に関する権利や義務についての理解を深め、互いの権利を大切にしつつ義務を果たそうとする態度を養うことも考えられます。

(3) リアリスト（中学校）

　自分の好きな物に関して計画的にお金を使用する機会が増すことから、自分のためにお金を使うことや問題解決の一つの手段としてのお金の役割などに対する抵抗感は少なくなる実態が伺えます。主として生命や自然、崇高なものとの関わりに関することの中に、「よりよく生きる喜び」があり、人間には自らの弱さや醜さを克服する強さや気高く生きようとする心があることを理解し、人間として生きることに喜びを見いだす内容が扱われています。ここでは、人間としての自己の成長や充実した生き方の実現のためにお金を有効に用いようとする態度を養ったり、人間としての生き方の問題とお金の在り方について、広い視野から多面的・多角的に考えるようにしたりするようにしました。また、「勤労」や「社会参画、公共の精神」では、勤労を通じて社会に貢献し、よりよい社会の実現に努めるという内容が扱われています。ここでは、勤労の意義を理解し奉仕の心で社会の発展に努めようとする態度を養ったり、例えば、企業の社会貢献を扱った教材を用いることによって、お金の社会的役割に視野を広げたりすることが考えられます。さらに発展させ、「公正、公平、社会正義」の視点から、富裕と貧困、社会保障の問題などに関心を深め、お金の有効な生かし方について自分との関わりで考えるようにすることも有効です。

（和井内　良樹）

5　カリキュラム作成に取り組む課題と意義

　本節で示した金融教育カリキュラムは、金融経済教育推進会議の「金融リテラシー・マップ」と、社会科と家庭科と道徳の学習指導要領において金融教育に関係すると思われる内容と、本プロジェクトで行った、あるいは提案したい授業実践の3つを併記したものです。なお、ここに示した今後展開したい授業実践は、本プロジェクトで実施した小・中学生の金融に関する生活実態や意識に関する調査結果を踏まえて、学習指導要領の枠を超えても、今後実践したい授業を加えています。このように示したことによって、教育課程における金融教育の全体像が把握できました。また、発達に応じた各教科・領域の発展とともに、教科・領域の枠を超えた金融教育の関連が把握できました。

　こうした作業によって、次の5点が明らかになりました。

　第一に、「金融教育リテラシー・マップ」は螺旋階段式の学習体系であり、「学習指導要領」は系統性を重視した積み上げ式の学習体系であるという相違が明らかになりました。この「金融教育リテラシー・マップ」を元に金融広報中央委員会が作成した「年齢層別目標」では、年齢によって学習教材の相違はあるものの、全ての年齢層で「金融教育リテラシー・マップ」で示された学習内容が繰り返し提案されます。それに対し、学習指導要領では系統性を重視し、積み上げ式による学習内容が示され、重複した学習内容は少なくなっています。

　第二に、こうした両者のカリキュラム構成の視点の違いによって、「金融リテラシー・マップ」で示された内容が、学校教育の中で充分に展開しにくい構造となっていることが明らかとなりました。今日、様々な「○○教育」が提案されていますが、提案者の期待に反して学校教育であまり実施されず、提案者が学校教育の壁を強く感じていることが多いようです。それは、学校教育を規定する学習指導要領の枠組みを踏まえずに、別の視点でカリキュラムを作っていることの齟齬によって、学校教育でうまく展開できない結果と

なっていることがわかりました。

　第三に、こうした実態に対し、本プロジェクトではこれまでの学校教育の枠組みの中で行える教育実践を行い、それを金融経済教育推進会議が示した金融教育の枠組みで整理したことで、「金融リテラシー・マップ」で示された内容が過不足無く取り組まれていることが分かりました。もちろん金融教育を推進する立場からはより一層の充実を求めたいところだと思われますが、今回のカリキュラムの提案によって金融教育と学校教育の壁が取り払われたと考えます。

　第四に、小・中学生を対象とした金融教育に関する調査を元に、学習指導要領には書かれていないが無理のない範囲で新たな学習を提案しました。このことによって、学校教育における金融教育の充実発展の可能性が提案できたといえるでしょう。

　第五に、社会科と家庭科と道徳の授業実践並びに学習指導要領をマトリックスの一覧に示したことにより、我々が見落としていた 3 教科の連携の可能性が見えてきたことです。教科の連携を図ることによって、より効果的に、また効率的な金融教育の充実が図られると期待します。

　金融教育の充実の期待からすると不十分なところもまだありますが、現在の学校教育の中で金融教育を体系的に展開できる可能性がみえてきたといえるでしょう。　　　　　　　　　　　　　　　　　　　　　　（大竹　美登利）

第2章　多様な子どもの現実と新たなテキストの開発

第1節　テキストの開発

1　新たなテキストの作成に向けた議論と取り組み

　金融教育の実践と研究、公開講座での報告と協議、特別支援学校用テキスト『くらしとお金』の刊行など共同研究を進めてくる中で、私たちはこれまでの初等・中等教育における成果をテキストという形で発信することにしました。2008年には小・中学校、2009年には高等学校と、学習指導要領の改訂が行われたこともあり、その実施を視野に入れたテキストづくりが2010年度から本格的に始まります。

　実際に作成作業に入ると、実に様々な問題と直面することになりました。その一つはテキストを、現在まで度々発行されてきた他のテキストや指導事例集のように教科・領域別、学校種別にするのか、小学校から高等学校までを一冊にまとめるのかという問題です。教科・領域別、学校種別は特定の授業について情報を得るには便利ですが、私たちは使用者である子どもたちと教員の方々に、金融教育の多面性や発達に即した発展性、さらには各教科や学校種の枠を超えた関連性を見て欲しいと考え、一冊にまとめることにしました。そのテキストに従来の枠を超え金融教育と学習指導要領との接点を踏まえた先進的・代表的な学習モデルを掲載することで、その数こそ限られるものの、今までとは異なる特色が出せるだろうと判断したのです。

　また、社会科・家庭科・道徳・総合学習の各コンテンツをなす教材と学習

モデルについても、子どもたちが主体的に金融経済に関する「生きる力」を育むことが重要だという共通理解はあったものの、それをテキストでどのように提示するかは大きな課題となっていました。これまでの授業研究から生育環境の影響も含め多様な学習者の存在が意識されていたため、できる限りどの子にも取り組みやすく、具体的な活動を通して主体的に学習することができるよう、目標や課題を把握した探究型の学習を仲間と対話しているように進められる紙面構成を考えました。さらに、学習活動を支えるわかりやすい資料の提示や用語等の説明についても検討を重ねたのです。

　こうした作成の過程で「いつでも・どこでも・だれでも」使えるというテキストのコンセプトが明確になり、発達に応じた文字や文章表現、教科等の特性に配慮した教材・学習モデルの形態と展開、学習の振り返りの重視など多くの工夫が生まれ、一人で家庭学習をするという場合への対応も考慮されてきました。その背景に先に刊行された『くらしとお金』や、特別支援教育の実践研究からの学びがあったことは間違いありません。

　上記以外の問題にも活発な議論がなされ、テキスト作成の意図及び要点は次のような事項になっていきました。

○テキストは、教員の指導のもとで使用されることを前提としているものの、家庭学習などでも利用できるよう、ねらいが明確で児童・生徒が自発的・主体的に取り組めるものとする。

○テキストは、不特定多数の児童・生徒に向けた学習用主教材の提供を目的とすることを踏まえ、児童・生徒の側から見て使いやすく、わかりやすい展開と表現・用語にする。

○取り上げるテーマ・内容は、金融教育の実践として教育的に価値あるものであると同時に、学校現場のニーズや学習指導要領との関連を考慮したものとする。

○児童・生徒が主体的に調べて話し合うための具体的な問いと資料を提示したり、ゲーム等の体験的活動や振り返りの活動を設定したりする。

○授業展開に必要な資料は、全て紙面に掲載するようにするが、関連する補助資料や発展的な学習及び個別的な学習に利用する資料は、ワークシートなどと共に別途作成する授業支援DVDに収録する。
○研究授業の省察や、金融広報中央委員会等々による先行実践の成果を取り入れながら執筆・編集を行う。

　小学校でどのような教材を取り上げて学習モデルをつくるか、中・高等学校でいかに学習活動を対話的に展開するかなど、執筆者が悩み苦労する点は数多くありました。加えて序章にも書いたように、編集会議では記載内容の確認から学習のねらいや課題の明確化、さらに文章表現・紙面構成・学習活動などの改善等々をめぐる議論が行われ、原稿の修正依頼とその再確認など編集作業がいつ終わるのかも見通せない状態が続きました。切羽詰まった状況でしたが、例えば教材と学習モデルを学校種ごとではなく、金融教育の「ステップ」という視点で括り、子どもの実態や学習の目的に即して使いやすいものにするという発想は、そうした議論の中で生まれたものでした。

　テキスト作成に取り組み始めた当初、授業支援DVDには学習指導案や紙幅の関係でテキストに掲載できない学習用資料、指導用の参考資料を収録する予定でした。しかし、この頃から学校でデジタル教材が使用され始めた状況を受け、テキスト本文そのものもデジタルテキスト化することにより、「いつでも・どこでも・だれでも」利用できるテキストの具現化を試みることになったのです。次節で詳しく述べますが、結果的に完成したDVDは「授業支援用」から「学習支援用」へと変化していました。

　学校教育の立場や視点から話が進む中で、銀行という企業目線で一般社会を意識したみずほメンバーの指摘は、テキスト作成にとって重要なものでした。記載内容や文言等の表現に対するチェックの厳密さだけでなく、学校教育の門外漢としての見方や読み方が、大学側の多方面にわたる教育の専門家に見直しを促す場面も度々あり、異なる文化を持つ人々が協働する意義を実感する機会となったことは確かです。

図表2-1-1　テキスト表紙

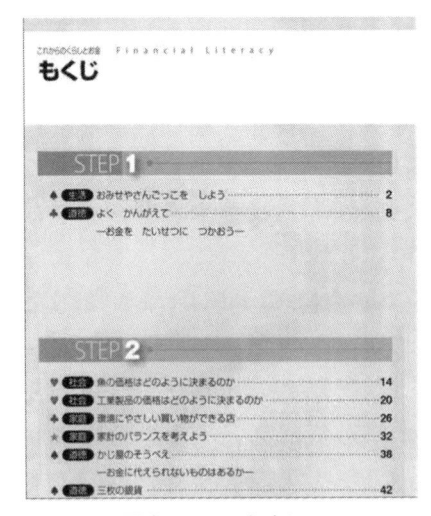

これからのくらしとお金　Financial Literacy
もくじ

STEP 1
◆ 生活　おみせやさんごっこを　しよう ……………… 2
◆ 道徳　よく　かんがえて ……………………………… 8
　　　　　―お金を　たいせつに　つかおう―

STEP 2
▼ 社会　魚の価格はどのように決まるのか …………… 14
▼ 社会　工業製品の価格はどのように決まるのか …… 20
★ 家庭　環境にやさしい買い物ができる店 …………… 26
★ 家庭　家計のバランスを考えよう …………………… 32
◆ 道徳　かじ屋のそうべえ ……………………………… 38
　　　　　―お金に代えられないものはあるか―
◆ 道徳　三枚のお札 ……………………………………… 42

♣お金のもつ意味やはたらきについて考える
♦金融や会社の仕組みについて考える
♥価格の仕組みについて考える
♠買い物について考える
★将来のくらしについて考える

STEP 3
♦ 社会　銀行の仕組みとはたらき ……………………… 54
♦ 社会　外国為替の仕組み ……………………………… 62
♥ 家庭　同じ野菜の価格が違うわけ …………………… 68
♠ 家庭　通信販売の仕組み ……………………………… 74
♣ 道徳　ウインフィルの夢 ……………………………… 80
　　　　　―お金の使い方に人柄が表れるだろうか―
♦ 社会　会社について考えよう ………………………… 86

STEP 4
♦ 社会　信用創造と日本銀行の金融政策 ……………… 96
♠ 家庭　クレジットカードの特徴と利用 …………… 106
★ 家庭　生活設計ゲーム ……………………………… 114
♣ 総合　仕事とお金 …………………………………… 124

[付録] お金の流れ …………………………………… 132

図表2-1-2　もくじ1　　　　　　　**図表2-1-3　もくじ2**

図表2-1-4　S3「銀行の仕組みとはたらき」p.56

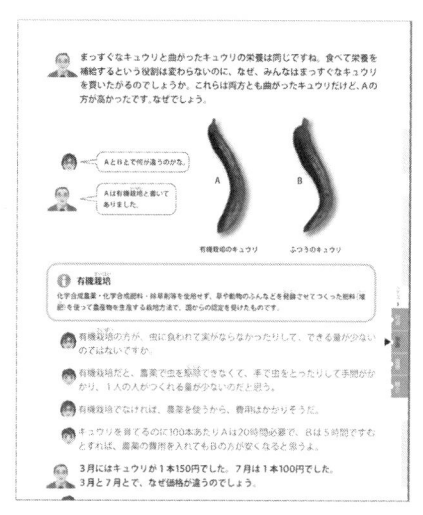

図表2-1-5　S3家庭「同じ野菜の価格が違うわけ」p.69

2　テキストの紙面に見る作り手の意図と具体的な工夫

　完成したテキストを見返すと、そこには大きく分けて六つの特色が認められました。一つ目は「利用者の発達や興味に合わせて、学習する対象を選択できる」ということです。「もくじ」では、どのような学習かがわかりやすいよう題名の前に学習内容の分類と教科名を出し、その難易度をステップ１～４で示すことで、授業か家庭学習かを問わず、目的や学習者に適した選択が容易になりました。二つ目は「主体的な学習を引き出す学習課題を設定する」です。各冒頭部分で学習のきっかけをつくる問いを投げかける、学習の見通しが持てるよう学習課題を提示するといった工夫がされています。

　三つ目は「見やすい資料の提示に加え、インフォメーションで適時重要な用語の解説を行う」というものです。学習を促すため紙面に資料スペースを確保し、わかりやすく読み取りやすい、多種多様な資料を数多く掲載しました。さらに重要な用語で学習者にわかりにくいと思われるものには、インフォメーションを設定し端的な解説をしています。四つ目は「学習の過程を対話

図表2-1-6　S1道徳「よくかんがえて」p.8

図表2-1-7　S2家庭「家計のバランスを考えよう」p.32

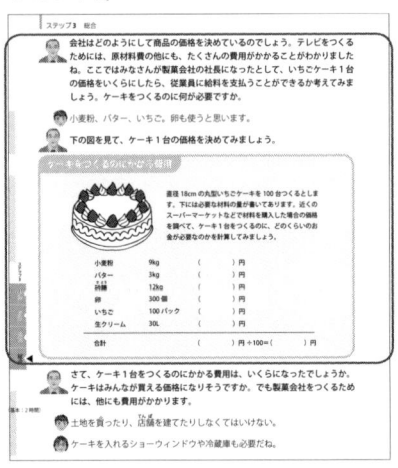

図表2-1-9　S3総合「会社について考えよう」p.88

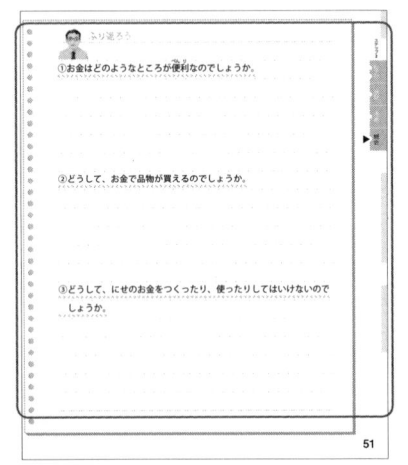

図表2-1-8　S3道徳「ウインフィルの夢」p.80

図表2-1-10　S2総合「お金って何だろう」p.51

で記述して展開する」ということです。道徳は教材文が紙幅の大半を占めるので異なりますが、他の教科では実際の授業のように発問・助言と、疑問・意見・感想によって展開し、調査や話し合い、ゲーム等の多様な活動に参加しながら学習を進められるようになっています。個別学習でも読みながら紙面上の仲間と学ぶ擬似体験を通して学習することが意図されています。

　五つ目は「道徳ではお金に関わるテーマを設定し、メンバーが書き下ろした物語を教材にする」です。小・中学校の道徳のねらいと金融教育の接点にテーマを探ることから、発達に応じた4本の物語が掲載されています。最後は、「振り返りによる自己評価や相互評価を大切にする」ということです。各教材と学習モデルの最後には全て「振り返ろう」が設定されており、わかったことを確認したり、そこで考えことをまとめたりするようになっています。それらを交流することで相互に評価・啓発することも意図の一つでした。

　授業におけるテキストの活用方法を見ると、本文・ワークシート・学習指導案等を使用した準拠型、展開過程は変えずに教材を他に差し替えた展開参照型、実施する学年に合わせて学習内容を変更した内容アレンジ型、使用目的に即してテキストの教材や活動の一部を取り入れる、または学習モデルを部分的に位置づける組み込み型など、多種多様な実践が認められました。

（大澤　克美）

第2節　特別支援教育の観点を活かしたテキスト

1　『くらしとお金』（くらしのテキスト・特別支援教育編）の背景

　金融教育の対象には、当然のことですが、障がいがある子どもたちも含まれます。サラマンカ宣言（1994年）から国連の「障害者の権利に関する条約」（2006年）にいたる世界の流れは、可能な限り、場を別にせずに教育を行う方向に動いています。本プロジェクトに特別支援教育の観点が取り入れられていることは、このような世界の動向に沿ったものであり、今回の共同研究

の特徴の一つとして誇れるものであると思われます。

　今回の共同研究に特別支援教育を専門領域とするメンバーとして、東京学芸大学の特別支援科学講座の教員と東京学芸大学附属特別支援学校の教員が加えられたのは、共同研究としては2年目に当たる2007年度でした。この年は、我が国が特殊教育の時代から特別支援教育の時代へと大きく転換した年でした。この転換で、これまで障がい種別の学校であった盲、聾、養護学校は少なくとも法律上はなくなり、すべて特別支援学校となりました。また、特別支援学校には地域の小・中学校を支援する役割(センター的機能)が加えられました。2008年には、幼稚園教育要領、小学校学習指導要領、中学校学習指導要領が公示され、小・中学校の学習指導要領では、総則に、特別支援教育について明確な記述がなされています。

　本プロジェクトに加わった特別支援教育のメンバーは、共同研究の最初の仕事の一つとしてテキストの開発を求められました。東京学芸大学附属特別支援学校の主たる対象は知的障がいのある子どもたちです。したがって、必

図表2-2-1　『くらしとお金』(くらしのテキスト・特別支援教育編)

然的に知的障がいの子どもたちを対象としたテキストを開発することになりました。このテキストの開発は、知的障がいのある子どもたちが支援者の協力を得ながらも自立した人間として成長していくために、そして何よりも豊かな人生をおくるために金融教育は必要かつ重要な教育の一つであるとの認識のもとで行われました。そして、2008年11月に、『くらしとお金』（くらしのテキスト・特別支援教育編）が発行されました。

2 『くらしとお金』（くらしのテキスト・特別支援教育編）の内容

『くらしとお金』（くらしのテキスト・特別支援教育編）の内容は以下の通りです。最初にSTEP 1として、「現在のわたし　将来のわたし」があります。くらしとお金のことを考える最初のステップとして、まず、現在の自分と将来の自分を考えてみるという構成になっています。続いて、STEP 2の「くらし上手になれるかな？」では、買い物をする時、外出をする時、欲しいものを買う時、などが取り上げられています。STEP 3の「海外旅行に行ってみたい？」では、費用はいくらかかるのかについてのほか、銀行の利用の仕方などが記述されています。STEP 4は「就職！結婚！将来のわたし」であり、未来予想図、将来の私に必要なお金、などの項目があります。

STEP 5と6はお金にかかわる危機管理について述べられています。STEP 5では銀行の預金通帳やキャッシュカード、クレジットカードなどを落としたり、なくしてしまった時にどうしたらよいかが記述されています。STEP 6では、困った時にどうするかが、支援者からの協力を得る方法も含めて述べられています。最後のSTEP 7「『くらしの達人』をめざそう」では、やりたいことや自分が希望することがあったら、自分のまわりの人に伝えていくことが大事だということが述べられ、最後に、このテキストで勉強してきたことの理解のチェックができるようになっています。

テキストの最後の「先生方、保護者の方へ、支援者の方へ」で記述されていますように、テキスト『くらしとお金』は、知的障がいを主たる対象とす

る特別支援学校の高等部に学ぶ子どもたちを対象として作成したものでした。しかし、テキスト作成後、このテキストが、様々な対象者にとって有効であることがわかってきました。例えば、全国規模の産学共同研究の紹介の場でこのテキストを展示し、配布していたところ、見学に来たある大学の教員が、このテキストを見て、留学生に使えそうだと言って、持ち帰られました。ある主婦の方は、子ども（幼児のようでした）のためにと、持って行かれました。刊行後、今回の共同研究の研究成果の社会への還元および金融教育の普及のために、このテキストを、学校など様々な関係機関に送らせていただきましたが、その過程で、このテキストに強い関心を示してくれたのは、通常学級に通う学習障がいの子どもたちの保護者の方々でした。多くの冊数を希望され、使用してみての貴重なコメントを寄せていただきました。このように、このテキストは、知的障がいのある子どもたちのみならず、留学生や学習障がいの子ども、幼児や高齢者など多様な対象者に使える可能性があると高い評価を得ています。

図表2-2-2　『くらしとお金』（くらしのテキスト・特別支援教育編）の「STEP 6」

3　テキスト『考えてみよう　これからのくらしとお金』のDVDについて

(1) 基本的な特徴

　2011年には、紙媒体のテキスト『これからのくらしとお金』と一緒にDVDを開発しました。このDVDは、授業において金融教育に関するテーマを扱う場合にテキストと教材の架橋となる役割をもっています。また、様々なニーズを有する学習者が自ら金融教育について学ぼうとする際にも役立つように工夫されています。

(2) DVDの内容の紹介

　DVDのトップページには、画面下に「テキストメニュー」を配置し、「単元から探す」「教科・領域から探す」「内容の種類から探す」「知りたいことから探す」のいずれからでも検索によって使用者が目的の内容に容易に辿り着けるようにしました（図表2-2-3）。

　「教科・領域から探す」には、目次として4つの教科・領域（「生活・社会・公民」「家庭」「道徳」「総合」）と19の単元が示されています（図表2-2-4）。その中の、「総合　ステップ2　お金ってなんだろう」をクリックしますと、「テキスト本体」「授業ガイド」「板書計画」「ワークシート」「参考資料」の画面が提示されます。ここで「テキスト本体」をクリックしますと、テキスト本体が表示されます。テキストの本文は「Webテキスト」と「テキストタイプPDF」の形式で収められています。プロジェクターなどを使えば、授業で大きく映すことができます。「Webテキスト」には、合成音声による読み上げ機能がついています。読み上げ機能については後の項目で詳しく説明します（図表2-2-5）。

　「授業ガイド」には、授業ガイドが、PDFとワード（MS Word）形式で収められています。ワード形式では自由に加筆修正ができます。内容として単元ごとに、「本時のねらい」「本時の展開例」「板書計画・授業のポイント」「ワー

クシートの作成例」などが含まれています。「板書計画」には、板書計画が
PDFとワード (MS Word) 形式で収められています。ワード形式には、自由に
加筆修正ができます。「ワークシート」には、児童・生徒が書き込むワークシー
トが、PDFとワード (MS Word) 形式で収められており、ワード形式には自由
に加筆修正ができます。

　「参考資料」をクリックしますと、単元ごとの参考資料の一覧を見ること
ができます。参考資料には、基本的に「授業で使います」「発展学習のために」
「先生方へ」の3種類があります。「授業で使います」には、イラストなどが
PDFファイルに収められています。児童・生徒用の教材を作成する際に使
用したり、拡大して黒板に貼ったりして使用できます。「発展学習のために」
には、発展的な学習のための資料が収められています。PDFファイルやワー
ド形式のファイルはダウンロードして使用します。「先生方へ」には、授業
や活動の補足説明、授業を効果的に進めるためのヒントなどが収められてい
ます。これらもダウンロードして使用します。

　このDVDの主たる機能として、①読む (テキスト本体や授業ガイドを画面上で
開いて読むことができる)、②見る (プロジェクターなどを用いて、コンテンツを投影す
ることができる)、③聞く (音声読み上げ機能によって、書かれている内容を耳で確かめ
ることができる)、④創る (ワークシートなどを利用して、独自の配布物を作成すること
ができる)、⑤考える (イラストや参考資料をヒントにして、授業を構想することができ
る)、⑥選ぶ (テーマや習熟度に応じて、学習に適した単元を選ぶことができる)、⑦運
ぶ (出張授業などにおける携帯用のメディアとして便利である) を掲げることができま
す。こうした機能は、このDVDが金融教育に関心をもつ多くの人々 (教師、
保護者、子どもたちなど) に開かれたものとなり、個々の状況に応じた学習を支
援することを願って配慮されたものです。

(3) 音声読み上げ機能について

　多様な学習者や、多様な学習の仕方を想定しているのも今回のテキストの
特徴です。なかでも、DVD版テキストに、合成音声による読み上げ機能を

加えた点は従来のテキストにはほとんどみられなかったものではないかと思われます。

　DVD版テキストに音声読み上げ機能をつけることによって、書かれている内容を学習者が音声で聴くことができるようにしました。見えない子どもや見えにくい子ども、見えてはいるが、文字からの情報が入りにくく、音声からの情報であれば理解できる子どもたちが念頭にありました。利用の仕方によって、さらに多くの人々にとって有効な学習手段になりうると考えています。

　また、音声は合成音声を使用しました。音声としては、実在する人間の音声の方が優れているということはいうまでもありません。合成音声を用いたのは、本プロジェクトが限られた予算と時間の中で行われたことにもよりますが、合成音声はこれからの教育現場で様々に活用される時代が来るだろうと考えたことによります。

　さらに、DVD版テキストには、図表や写真、イラストなどにも音声による説明を加えました。どのような説明の仕方がよいのか、どこまで詳しく説明すればよいのか、などの点について検討を重ね、ようやく今回のものができあがりました。したがって、十分なものであるとはとてもいえませんが、今回の我々の試みが、電子テキスト時代における図表や写真の説明のあり方の一つのたたき台として貢献できることを願っています。

4　これからのテキストについて

　ここでは、障がいがある子どものみならず、多様な子どもの存在を踏まえたテキストが必要であることを述べます。

　国連による「障害者の権利に関する条約」が2006年に国連総会本会議において採択されました。この中で「合理的配慮」という概念が用いられています。この概念は、「障害者が他の者と平等にすべての人権及び基本的自由を享有し、又は行使することを確保するための必要かつ適当な変更及び調整であっ

て、特定の場において必要とされるものであり、かつ、均衡を失した又は過度の負担を課さないもの」と定義されています。学校・教育現場における「合理的配慮」とは、障がいのある子どもが他の子どもと平等に「教育を受ける権利」を享有・公使することを確保するために、学校の設置者および学校が必要かつ適当な変更・調整を行うことを意味しています。また、我が国では、2013年に、「障害を理由とする差別の解消の推進に関する法律」(いわゆる障害者差別解消法) が制定され、2016年4月から施行されています。これにより、「合理的配慮」の提供は法的義務になりました。子どもの多様性に対応した教材の確保などが、すべての幼稚園、小学校、中学校、高等学校においても整えられなければならなくなりました。当然、テキストについても合理的配慮が求められることになります。

　前項で紹介したDVDにおいて、音声読み上げ機能を加えたときに想定したのは、視覚障がいの子どもたちや発達性読み書き障がい (ディスレクシア) の子どもたちなどでした。発達性読み書き障がいの子どもたちの特徴は、音声からの情報は入りますが、文字からの情報が入りにくい点にあります。しかし、学校に在籍する子どもたちは極めて多様であり、このような音声読み上げ機能だけでは十分ではないことは言うまでもありません。たとえば、通常の学校の通常学級には特異的言語発達障がい (specific language impairment, 以下、「SLI」) の子どもたちもいます。我が国の教育界ではSLIはまだほとんど知られておらず、必要な対応がなされていません。この子どもたちは、知的障がいや聴覚障がいや神経学的障がいや対人関係の問題などがないにもかかわらず、母語 (音声言語) が十分に獲得できないという特徴があります。

　今後は、多様な子どもたちの学習に対応したテキストがますます求められると思われます。今回の我々の試みが、そのような方向に向けての第一歩となることができれば幸いです。また、学習は一人で行う意義もありますが、子どもたちが互いに学びあうことも大事だと思われます。このDVD版テキストを使用する際も、子どもたちがお互いに助け合って学習するという利用の仕方を試みていただきたいと思います。

　最初に述べましたように、特別支援教育の観点がこの共同研究プロジェクトの早期から取り入れられていたことは本プロジェクトの特徴の一つであり、このことは、本プロジェクトで開発したテキストが、常に「いつでも・どこでも・だれでも」使えるテキストを目指してきたことに反映されています。このような観点は、今後のテキストづくりにおいて、さらに重要になると思われます。

5　テキストの開発に向けての共同研究を振り返って

　今回の共同研究プロジェクトの意義は、大学と企業が、1）目先の派手な成果を目指すのではなく、将来の子どもたちのお金に関する教育のあるべき姿を求めながら、2）テキストの開発を含む地味で実践的な共同研究を10年以上の長期にわたって継続してきた点にあったのではないかと思われます。

　振り返りますと、合成音声の採用に向けての共同研究は、まず、我が国の最先端の音声情報処理の研究機関の訪問から始まりました。次に合成音声を扱う企業との情報のやりとりの作業がありました。これらの作業は、東京学芸大学、みずほフィナンシャルグループ、そしてテキストの出版社のスタッフにとってほとんど初めての取り組みでした。特に、合成音声をテキストに取り込む、音声読み上げの最終段階の作業量は膨大なものでした。その大変な時期に、大学と企業の共同研究のスタッフが本当によく助け合いました。それぞれの役割がかなり異なる企業と大学が、より良い金融教育の在り方をさぐるという我が国の将来にかかわる有意義な研究目的に向かって10年以上にわたって協力して仕事ができたという事実そのものも今回の共同研究の意義の一つといえるのではないかと思われます。　　　　　　　　　（伊藤　友彦）

図表2-2-3　テキスト『考えてみよう　これからのくらしとお金』のDVD

図表2-2-4　『2012公開講座第9回』パンフレットの42ページの「1.トップページ」

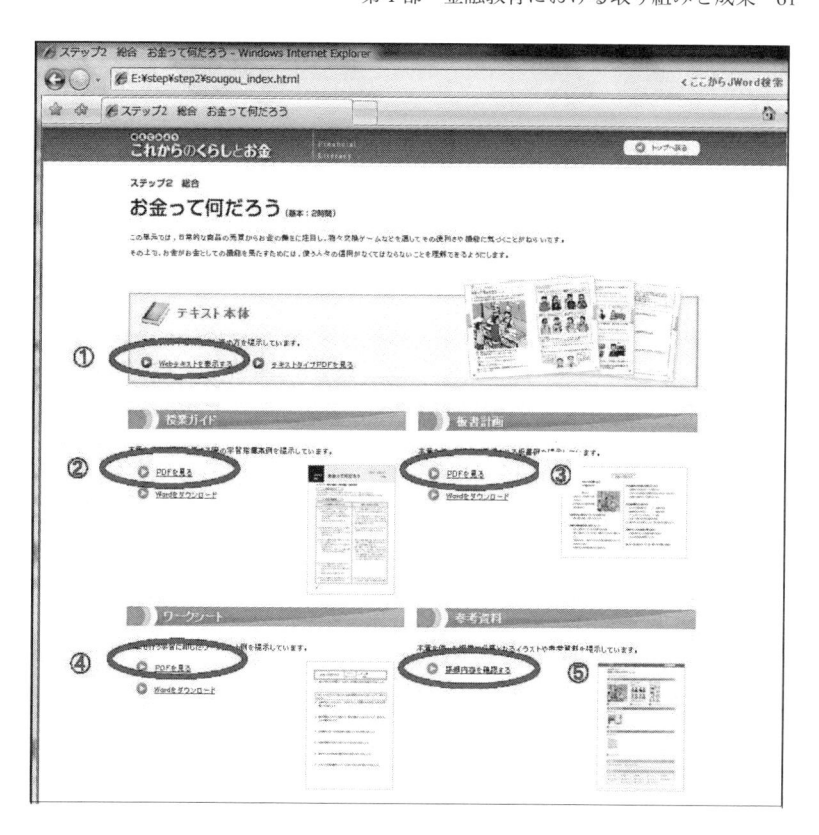

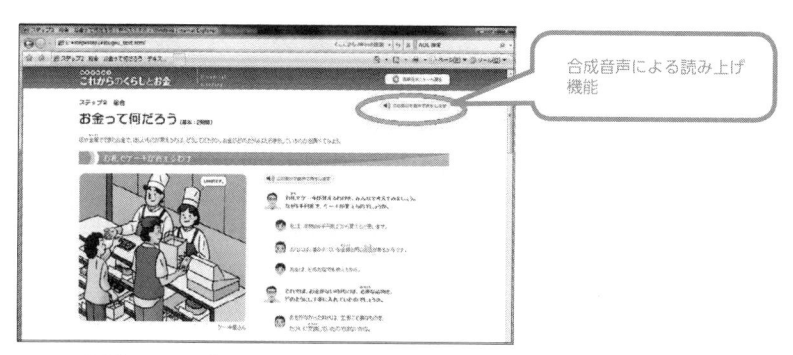

図表2-2-5　『2012公開講座第9回』パンフレットの43ページの
「3.「ステップ2　総合　お金って何だろう」のページ」

第3章　授業実践に探るこれからの金融教育

第1節　社会科の実践

1　小学校の実践

「その泊ったホテルは、一泊何万円するのですか？」

「ダメだよ！　子どもはそういう事を気にしちゃいけないって、家で言われたよ」

　これは、数年前に卒業した小学4年生の子どもたちの朝の会でのスピーチをめぐる会話の一節です。

　確かに、これまで、具体的な金額、お金についての話題はタブー視されることが多かったように思われます。小学校においても同様で、例え学習で取り上げようとして検討しても、「抽象的になりそうで指導しにくい」「内容が小学校の現場にそぐわない」といって忌避される、あるいはお金の話に踏み込まない軽度の扱い方をされる傾向がありました。

　しかし、みずほフィナンシャルグループとの共同研究を通して、金融教育への印象は180度転換されてきました。授業実践の中でお金を扱うことで、むしろ、学習に現実性が高まったり、子どもの社会的事象を見る眼がより一層多角的・多面的になったりしてきていると感じられたのです。こうした省察は、これからの小学校での社会科指導に大きな影響、貢献をもたらすと確信できました。

(1) 子どもと社会の乖離～「お金」がもたらすリアリティー

1) 変化する現実社会に対応しきれない、これまでの学習

　今、小学校の社会科で扱われる学習内容は、生活者あるいは消費者などの立場から子どもが暮らす地域社会や国土、産業及び生産者、政治などのあり方、生き方を追究することが中心となっています。ところが、ともすればそうした学習には、名称や仕組みなどの用語、位置や年次・年号の「確認と記憶」にとどまり、教科書や資料集をなぞっただけのような「知識・理解」に収れんされてしまう傾向があるのです。それは、決して価値のないことではありません。これまでの知見の伝達や文化の伝承、あるいは受験への対応においては、極めて価値の高い学習です。

　しかし、そうした学習では、日々変化し、進展する現実社会を見る子どもの眼が研ぎ澄まされにくくなるという問題点をはらみます。リアリティーの乏しさは、旧来の知識・概念の追求によってかき消されてしまうとも言えるのです。このような状況では、子どもが変化する社会への気づきに手間取ったり、未来にあるべき社会の姿へのアンテナが鈍ったりすることが懸念されてしまいます。いわゆる、主体的・対話的で深い学びが旧来のままでは、実現困難になるのです。

　そこで、期待されるのが「お金のもたらす学習のリアリティー」です。

　金融教育が、今のありのままの地域を実感的に学ぶ契機となりうるのです。

2) わたしたちの野菜をいくらで売る？

　近年、子どもたちをスーパーマーケットで見かけることが少なくなってきました。八百屋さん、肉屋さんにしても同様です。買い物調べを進めると、通販の普及も少なからず感じられ、昭和生まれの指導者には、変化する世の中を実感させられます。当然、子どもたちは日々や季節による野菜の価格の変動や食材の旬についても把握できず、また、興味・関心も低いようです。

　そこで、小学校3年生に特設した単元「野菜をいくらで売る？」（「くらしと買い物」発展教材：3時間扱い）では、見逃がされがちな生産と販売をつなぐ価格

形成の様子を大切にした展開を試みる実践も行われました。

「このダイコンを、実際に売るとしたら、いくらかな」

この学習課題に、子どもたちは意欲的に取り組みました。

「100円がちょうどいいんじゃない？」「えっ、それは、高いと思うよ…」

「うんうん、細いし、見た目もあまりきれいじゃないし…」

「そんなことないって！　今年は、雨が多くて、野菜が高いってママが言ってたよ」

「もうからなくても、いいのかな？」

　ダイコンの価格をめぐって、区切りのいい1本100円の提案から、品質を遠慮がちに査定し、低価格の提唱をするに至り、子どもたちは、その時の市況、実勢価格に着目するようになりました。やがて学校近隣の農家にある無人販売所を巡ったり、スーパー見学をしたりといった活動を重ね、その時期のダイコンの価格を踏まえた納得のいく販売価格を定めることができたのです。

　本実践は、例え小学3年生であっても、子どもが、楽しみながら需要と供給、原価と売値・利益などを意識できる可能性に満ち満ちた実践でした。

(2) 他教科や「総合的な学習」へ横断的かつ意欲的に関わるきっかけづくり

1) 水の原価を支える財政

「え〜っ！　そんなに水道水って安いんですか？」

「ペットボトルの水は、容器代や、運送代なんかで高くなるんだと思います」

「あれ…、1㎥あたりの利用料って、なんだか、1㎥あたりの製造原価よりも安くなっていますよ？」

「なるほど、標準的な家庭の使用量での1㎥なのか。だから、使う量が多くなるとか、蛇口が太くなるとかすると、どんどん水道料金が高くなっちゃうってことか！」

「それにしたって、安すぎる気がするよ。このままだったら、水道局がつ

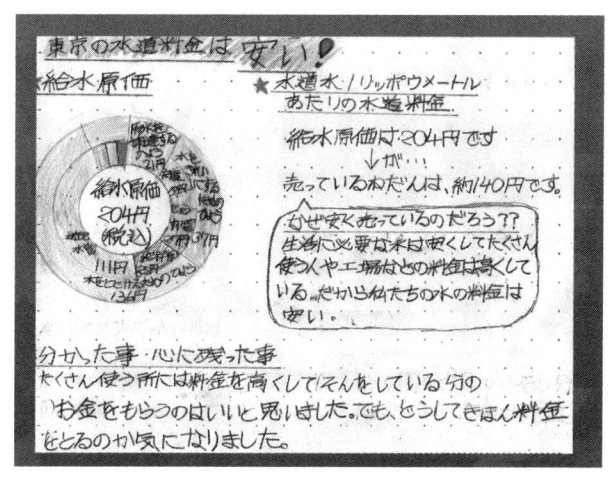

図表3-1-1 児童作品「水道のねだん」

　ぶれちゃうんじゃないのかな」

「何か、きまりやしくみがあって、そうならないようにしているのでは？」

「わたしたちの学校が水道局の水を使わず、地下水を利用するっていうの
　は、きまりとは別に、よほど安く水が使えるということなのかな」

　小学4年生に特設した単元「水の価格」では、水道水の価格を扱いました。

　はるか遠くの水源地も利用して、大量に確保される水道水の料金と原価を
比べるとき、子どもの学びは一層現実的に、しかも、法律や算数での大きな
数の学習などと結びつきながら、有機的に、いわば教科横断的に展開するこ
ととなったのです。

2) 莫大な水の製造価格とその学びを支える算数の学習との関連化

「1㎥は、1,000Lだから…2Lのペットボトルだと500本分！」

「500mLのペットボトルにすると、1㎥では…、2,000本分にもなるよ」

「1㎥の水道水価格が約140円なら…、ペットボトル水が500mLで70円
　だと…、水道水1㎥は、500mLのペットボトルだと2,000本分の14万
　円ですか！」

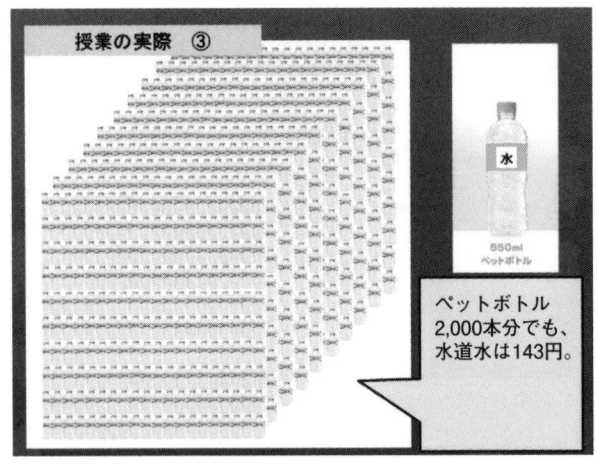

図表3-1-2　学習資料　水道水とペットボトル水

　子どもたちには、水道料金を実感させるため、市販のペットボトルの水との値段比べの活動を取り入れました。

　また、小学4年生では、算数の大きな数の学習として億や兆の位を学ぶので、水道水が供給される数十万人、数百万人などといった人口の多さや、数千万円や億、兆円といった水道についての収支についても扱うようにしたのです。

　算数の大きな数の学習では、教科書に様々なデータが掲載されます。それとは別に、大きな数を実際に社会科で活かすことは、子どもにとって有意義なことでもありました。また、東京都の場合には、例え1世帯が1㎡あたり140円支払っても、100倍、…数百万世帯分倍で乗ずると、十数億円と莫大な数になることもとらえることができました。数量への感覚が、金融教育でも重要なことはいうまでもありません。

(3) 授業づくりに向けての課題と展望〜対価についての学びの契機〜

　水道水の価格の学習では、水道事業のもつ公共性に基づく料金の適正化、消費地から遠方へ建設される複数の大規模ダムのための巨額の資金の必要性

に触れることとなりました。さらに、国や関係都道府県の協力や税金の使い方、利用者の節水を促すような料金設定（多く使用するほど、料金が割高になる）の重要性なども、実践を通して明確になってきました。

　これまでの東京都の水道の学習を振り返ると、水道局内の計画性や組織的な協力の様子については、学習目標の要として学習指導要領において従来から設定されていました。しかし、水道料金の背景にある小口・大口利用者同士の関係や、国が広域に進める水資源の確保や他県との協力については、小学校の学習では割愛してきました。

　しかし、大都市圏における水の「原価」として考慮されるべきダム開発費などは、税金などで別途計画されることで「安さ」を実現させています。したがって、利用者の水道料金は、浄水や送水、あるいは水道管の更新にかかわる「ランニングコスト」程度に使われ、しかも、大口利用者の原価を超える水道料金の支払いによって、小口利用者は子どもも驚くほど安い水道料金となっています。

　ダムの建設費や維持費、ダムによって水没せざるを得なくなった方々への補償の諸規定などは水道の「原価」に含まれそうで、実は別枠として水道料金が設定されていることや、すべての利用者の事情を考慮した段階的料金設定があることを知ることは、これからの水資源についての対価を考える子どもたちには価値ある学びとなるはずです。その点では、今後水をテーマにした高学年の総合的な学習などとの関連付けを検討するべきでしょう。

　また、野菜生産の学習で扱われる原価は、これまでは、種苗や肥料代、あるいは人件費などを想定しています。それは、小学校3年生での地域の生産にかかわる学習でも実践可能でした。

　ところが、子どもたちの宿泊施設がある長野県が主要な産地となっているセルリー栽培の学習を実践してみると、当初の想定は変わってきました。セルリー栽培の主要産地の季節ごとの遷移、あるいは、農道や保冷施設の整備の様子、野菜価格安定化のための基金など、農業を取り巻く様々な状況にも目を向けた学習が大切であると実感したのです。

　野菜の価格は、需要と供給のバランスで形成されます。しかし、今の時代は、どの季節であっても、それぞれの野菜に需要はあります。だからこそ、農家は気候や地形、消費地との距離を活かし、年間を通して全国に野菜を供給する工夫や努力をしています。

　野菜は、家庭科では、栄養学的に分類され、学級指導でも健康教育の一環として指導されてきました。しかし、農業行政において野菜は、必需性に応じ、特定品目、一般品目などの分類指定がされています。こうした分類には、一定要件を満たせば、消費者に欠かせない野菜が、「価格の低落」によって生産中止に追い込まれないよう補填制度が設けられているのです。ここには、国民の食生活における野菜の重要度を法律によって仕分けし、生産者に安心できる営農を促す仕組みがありました。このことは、子どもに驚きの事実となり、お金の話は、価格が高いか安いかにとどまらない、安心して物が買えるくらしをどうやってお金の力で支えるのかという意識に高めることともなったのです。この授業実践では、こうした部分の深めは残念ながら不十分でした。

　しかし、社会科学習におけるお金の扱いは、人々の願いやお金の使い方や使われ方、政治の働きへも広がることがわかってきました。このことは、物の価格が高いか安いかという視点だけではなく、対価が相応か否かなど、私たちみんなにとってどうなることが望ましいのかという視点から考える契機となっていくと思います。

（根本　徹）

2　中学校の実践

(1)『平成29年版学習指導要領解説 社会編』にみる「これからの金融教育」

　これからの金融教育を考えるために、『平成29年版学習指導要領解説 社会編』（以下：新解説）公民的分野「私たちと経済」を紐解きますと、これまでの指導要領になかった新鮮なものとして二つのコトバが目に飛び込んできます。一つは「起業」であり、もう一つは「フィンテック」です。

　新解説では「起業」について「少子高齢化、情報化、グローバル化などの社会の変化に伴って、今後新たな発想や構想に基づいて財やサービスを創造することの必要性が一層生じることが予想される中で、社会に必要な様々な形態の起業を行うことの必要性に触れること、経済活動や起業などを支える金融などの働きが重要であることについて取り扱う」とあります。ここでは、まず2015年度に行った「起業」に関する授業実践を紹介します。

(2) 「起業」－社会と共有できる価値の創造をめざして－ (中学3年公民)

　中高一貫校という本校の特性を活かし、先輩高校生が被災地の復興支援を目的とする社会的企業の起業に取り組んだ事業レポートを教材として、中学生の視点から「起業」について考える授業を実施しました。

　東日本大震災の「風化」が叫ばれはじめた2015年、人々は被災地への想いを少しずつ失い始めているのではないか。今を生きる高校生として、この風化に抗うことはできないものかと19名の高校生が立ち上がりました。会社名は「おだづもっこ (仙台地方の方言でお調子者)」とし、社会的企業を起こし、被災地の秋刀魚や帆立を焼き、その販売で得た収益金をもとに、被災地の高校吹奏楽部を東京へ招待しコンサートを開催するというプロジェクトでした。このプロジェクトに取り組んだ高校生が最も苦労したことは、ゴールとして設定したコンサートの開催資金「お金」の問題でした。とかく学校現場にあっては「お金」の問題を避ける傾向があり、学校名を出すことはできませんでした。このため、「高校生起業：おだづもっこ」としてだけ資金調達を行ったのですが、お金というのは「信用」を形にしたものであり、その「信用」があるからこそ、お金の貸し借り (金融) が行われるわけで、「信用」のない所には、お金が集まらないという金融の根本を実感することとなりました。

　高校生に自己資金の提供や民間金融機関からの借入を求めることはできず、「おだづもっこ」は善意の第3者による寄付金を頼みとするほかありませんでした。それでも設立趣旨が意義あるものであれば、クラウドファンディングで容易に資金は集まるものと生徒はもちろん私自身も考えていました。しか

し、世間はそのように甘いものではありませんでした。学校名を表記しないことから、信用を得ることができず、思うように資金調達は進みませんでした。「信用」と「お金」とが密接に結びついていることを骨の髄から学ぶ機会となりました。実際、このプロジェクトは赤字決算を余儀なくされ「社長」を務めていた代表生徒は「赤字・赤字というコトバに悩まされ夢にまで出てきた」と語っていました。

　このプロジェクトの事業レポートをもとに、中学3年の公民的分野「私たちの経済」で特設したのが、「起業」をテーマとした「社会と共有できる価値の創造をめざして」という授業です。学校行事や部活動で見知っている身近な先輩の活動であるだけに真剣にとらえ、活発な意見交換がなされました。

　「あなたが『起業』するとしたら、どのような会社をつくってみたいと思いますか…」という問いに、「女性の女性による女性だけの会社をつくる。理由は働きながら子育てをする母親にやさしい会社をつくれば少子化も食いとめられる」「安心・安全を優先した高品質の農作物をつくる会社をつくる。理由は農薬や添加物いっぱいの輸入農産物に対抗する会社をつくれば日本の農業保護にもなる」「国家レベルでは介入できない紛争地で『難民』を救済する会社をつくる。理由は国家レベルだと何かと疑われるようなことも民間レベルであればうまくいくのではないか」等の声が上がりました。どれも素晴らしい企画ではあるのですが、資金の裏付けが得られないならば実現可能性は極めて低いものとなります。起業の原点ともいうべき資本（資金調達）の重要性を訴える機会となりました。

　また、生徒から「何％の達成率だったのですか…」「クラウドファンディングのホームページを見ると、『達成！』『挑戦中』のコトバが踊っていますが、なぜダメだったのですか…」と問いかけられました。「12.5%…『おだづもっこ』って何者という感じで、信用してもらえなかったんだ」と答えますと「先輩がかわいそう。高校生で『赤字・赤字』ってコトバが夢に出てくるなんて…かわいそうすぎる」「やっぱり世の中って、お金なんですね」という声に生徒たちの多くは大きくうなずいていました。震災の復興に役立てる・被災

者を勇気づけるという新たな価値を創出するためであったとしても、資金が提供されない現実。誰かのために使ったお金が回りまわって自分に戻ってくるお金「生き金」として考えてもらえなかったことが残念で仕方ありませんでした。これから社会に出る生徒には、起業の趣旨や事業内容を吟味すると共に起業家を応援する気持ちだけは忘れないでほしいと強調しました。

　本授業は金融の仕組みや働きを学習した後に特設という形で実践したのですが、上記のような生徒の学びから考えますと、金融学習の導入部に位置づけ「やっぱり世の中って、お金なんですね」というコトバを生徒に強く実感させてから、金融の仕組みや働きを説明したほうが、その後の授業がスムーズに流れ、より実感を伴って理解されるように感じます。

　また、新解説にある「起業」を取り上げるにあたっては、「あなたが『起業』するとしたら、どのような会社をつくってみたいと思いますか…」に留まっていてはいけません。一歩踏み込んだ金融教育とするために資金調達はどうしますか…、調達方法にはどのようなものがありますか…、あなたならどうしますか…と問いを深めていかなければなりません。それこそが、直接金融や間接金融等のコトバの理解に留まる従来型の授業から脱皮するアクティブ・ラーニングにつながるものだと考えます。この授業では高校生の「起業」を例示したのですが、中学生での「起業」も視野に入れた場合、高校生以上に資金調達の方法は限られます。そこでは、現在注目されているファンドレイジング等の学習も視野に入れていく必要があると考えます。

(3) 今後の課題

　「起業」の資金調達にあたって利用したクラウドファンディングもIT。このITを駆使することで金融をより身近なものにしようというフィンテック。この聞き慣れないフィンテックという用語が新解説に記載された事実を重く受けとめたいと思います。グローバル化が進展する金融関連分野においては、次々に新しい用語が生み出されます。私たち金融教育にあたる教員への警鐘であると考えるべきかもしれません。フィンテックについてはLINEや

Facebookを通してお金を送金できたり、指紋認証だけで支払いができるようになったりと、便利この上ないもののように言われています。LINEやFacebook等のSNSは確かに私たちの生活を便利にしました。しかし、死角はないのでしょうか。

　まず、私たち教員自身がフィンテックへの理解を深めるとともに、問題点・課題はないのかと問い直す必要があります。開発途上国のように金融インフラが整っていない地域においては、低コストであっても十分な金融サービスが提供されるという点で大きな期待が寄せられることは理解できます。しかし、我が国のように決済における高い信頼性と安全性が確保され、ATM網が高度に整備されている国において、本当にフィンテックは拡がるのでしょうか。また、サイバーセキュリティ上の問題はないのでしょうか。便利さの陰に隠れた課題に対しても批判的に捉えることが必要であると考えます。

　「これからの金融教育」において最も大切なことは、金融広報中央委員会のいう「お金や金融の様々な働きを理解し、それを通じて自分の暮らしや社会について深く考え、自分の生き方や価値観を磨きながら、より豊かな生活やより良い社会づくりに向けて、主体的に行動できる態度を養う教育」をより広く展開することであると思います。お金を「死に金」にすることなく「生き金」とするための授業を今後も実践していきたいと考えます。

（古家　正暢）

第2節　家庭科の実践

1　小学校の実践

（1）小学校家庭科における金融教育の学習

　2017年告知の『学習指導要領解説　家庭編』では、①買物の仕組みや消費者の理解、②身近な物の選び方、買い方の理解、③購入に必要な情報の収集・整理の学習をすることが示され、解説では、特に売買契約の基礎、環境に配

慮した物や金銭の計画的な使い方、収入と支出のバランス、相談機関の利用などへの言及が求められています。さらにこれらの学習には身近なものを教材として取り上げるとされています。これを受けて、これまでの学習でも、文房具や調理実習の材料や製作に使用する布の購入、宿泊生活と絡めた服の選択といった身近なものを教材として取り上げることが家庭科では行われてきました。

本プロジェクトでのアンケート調査（P.252「成果物一覧」18参照）によると、一人で買い物に行くのは、文房具では小学2年生で15％、小学5年生で45％、中学2年生で72％、お菓子やジュースでは小学2年生で38％、小学5年生で57％、中学2年生で73％、洋服やほしいものは小学2年生で8％、小学5年生で18％、中学2年生で57％でした。特に、お菓子やジュースは最も身近で日常的に購入しているものであること、また、小学2年生でも4割近い子どもたちが一人で買っていました。そこで、買い物の学習では最も身近なお菓子を教材として取り上げることが良いこと、また、家庭科は小学5年生からの学習ですが、より低学年からお菓子を教材とした買い物の学習を取り入れた方が良いと考えました。

そこで、全校児童がお菓子を購入する機会がある遠足のおやつを教材として授業を展開することとしました。

(2) 遠足のおやつを教材とした授業実践

1) 授業実践の背景

遠足のおやつは、学校によっては一定の決まりを作っていて、アレルギーの問題で交換禁止、学校側が同じものを用意する、おやつの値段を300円などと決める、食べ切れるだけなどという方針を持っている学校もあります。

本学校では、値段の規制もなく、自由に持ってきて良いことになっていました。さらに、小学1年生から6年生までが縦割りで学校全体が24班（1班24名程度）に分かれ、共に清掃活動や行事等の活動をする取り組みが行われており、全校遠足でもこの班で1日行動し、その中で交流のひとつとしてお

やつ交換が行われていました。このおやつ交換は意図的に行われているのではなく、自然発生的に行われていたものです。

2015年に1年生1クラス(28人)におやつをどのくらい持って行くか尋ねたところ、食べることよりも交換することを目的とし、おやつの値段は決まっていないこともあり、

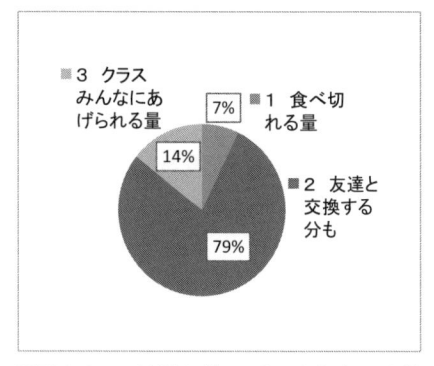

図表3-2-1　遠足に持っていくおやつの量

購入金額も1,000円位が29%で最も多くなっていました。

2016年に授業対象者の小学6年生に調査した結果、児童自身が選んで購入しているのは33名で約3割(33.3%)、親が購入しているのは59名で約6割(59.6%)と親任せも多くありました。また、分量が多く食べきれずに持って帰る児童もいることから、お菓子が本当に必要かどうか、物の大切さに気付かせ、購入した物の必要性、活用度の観点から見直すことができるように本授業を設定しました。

2) 本時のねらい

児童に扱いが任されたお菓子の購入について、品質や価格など様々な情報を考え、適切に購入できるようにする。

- おまけ付きとおまけ無しのお菓子を比較し、違いや利点・問題点に気付くことができる。
- 遠足のおやつの選択の適切な観点を踏まえて、工夫して選択することができるようにする。

3) 授業展開の概要

＜題材の指導計画(3時間扱い)＞
- 遠足のおやつ、何を選ぶか。おやつセットを作ろう　　2時間(本時)
- 遠足のおやつ、何を持って行った？　　　　　　　　　1時間

＜授業展開の流れ＞

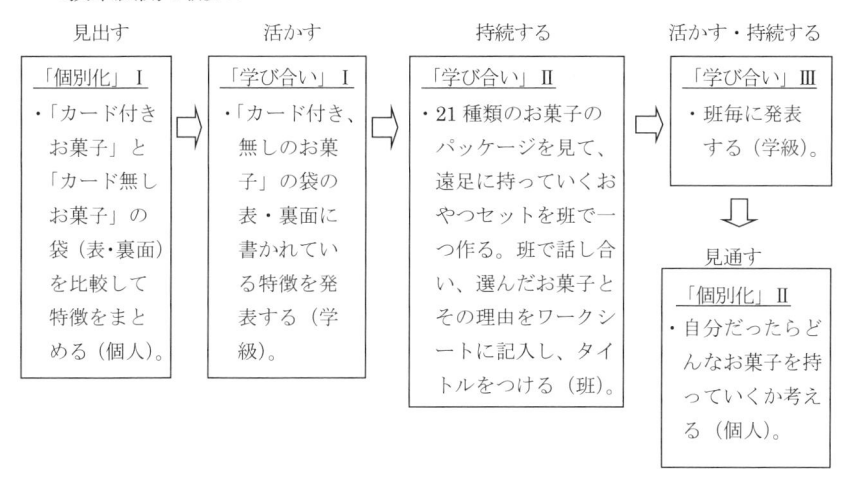

見出す　　　　　活かす　　　　　持続する　　　　　活かす・持続する

「個別化」Ⅰ	「学び合い」Ⅰ	「学び合い」Ⅱ	「学び合い」Ⅲ
・「カード付きお菓子」と「カード無しお菓子」の袋（表・裏面）を比較して特徴をまとめる（個人）。	・「カード付き、無しのお菓子」の袋の表・裏面に書かれている特徴を発表する（学級）。	・21種類のお菓子のパッケージを見て、遠足に持っていくおやつセットを班で一つ作る。班で話し合い、選んだお菓子とその理由をワークシートに記入し、タイトルをつける（班）。	・班毎に発表する（学級）。

見通す

「個別化」Ⅱ
・自分だったらどんなお菓子を持っていくか考える（個人）。

本授業では「個別化」Ⅰ、「学び合い」Ⅰ・Ⅱ・Ⅲ、「個別化」Ⅱの流れで授業を展開しました。

「個別化」Ⅰでは児童の興味・関心があり、未知と既知の部分で未知の部分が多く、適度な抵抗感と新しい発見があるもの、興味・関心が持てるものとして、「おまけ付きお菓子」を取り上げました。袋の表と裏に書かれている情報をよく見るために、一人一人にコピーを渡し自分の観点で自分なりの考えをワークシートに記入させました。

「学び合い」Ⅰで、「個別化」Ⅰで調べた内容を学級全体で発表することで、自分の内容の確認、他の人の気付きを学ぶことができました。

「学び合い」Ⅱでは、各班に21種類のパッケージを渡し、その中から班で

図表3-2-2　ワークシート記入例

一つのお菓子パックを作る活動（協働作業）を行いました。この活動では「個別化」Ⅰ、「学び合い」Ⅰでの学習を踏まえて、パッケージの表示を見て、活発に意見交換し、意思決定する姿がみられました。また、作ったパックの特徴を表すタイトルを命名させました。

《班のお菓子パックのタイトル例》

・シェアできるセレクト（311円）　・人気でみんなに分けやすいお菓子（420円）

・個包装で分けやすい（967円）　・いろいろな味があってみんなで楽しめる（611円）

・バランスのよいお菓子（441円）　・ゴミのことを考えたおやつ（843円）

「学び合い」Ⅲでは、班毎にお菓子パックの商品選択の観点などをまとめて発表することで、各班のポイントをつかむことができ、また価格を意識しながら選択することができました。

　これまでの学習を踏まえて、「個別化」Ⅱで班毎に作ったお菓子パックを参考に、自分だったらさらにどんなお菓子を選択するかを考えさせることで、学習のまとめが個々人でできました。

4) 児童の学び

　児童の感想から次のような学びがなされたと考えます。

　まず第1に、はじめにおまけ付き（カード）とおまけ無しのお菓子を比較する活動を取り入れたことで、比較して様々な情報を批判的に検討し選択する際のよりどころとする方法を学ぶことができました。

　第2に、値段を後で提示したことで「お金」に注目して考えることができたといえます。

　第3に、班で協力して21種類のお菓子から一つのおやつセットを作る活動をすることで、班内での活発な意見交換を促すことができました。また一人では気が付かない様々な情報を整理して決定に役立てる方法を学んでいました。

　第4に、お菓子は児童に身近で関心の高い教材であり、かつ、次週に行く

遠足のおやつを購入する実践が身近に迫っていたことから、現実に即して他人事でなく自分の問題としてとらえ、商品選択に多面的な見方ができました。

児童の感想

・食べやすいこと、かさばらないことなど、値段や量以外にもいろいろなことを視野に入れて考えられた。

・シチュエーションに合わせて、買うお菓子の種類を考えると良いと思いました（例えば、みんなで食べるときは個包装など）。

・「手が汚れない・人気」というのは重要だと思うし、お菓子を選ぶ時のポイントとしてもGoodです。なぜなら山の中なのでなるべく手を汚したくないから。

・安くて小さいからリュックの中に小さくまとめられるという意見がいいと思った。食べた後の箱のことも考えて良いと思った。値段のことも考えなくてはならないと改めて感じました。

・選び方としてバリエーション、食べやすさ、めずらしい定番などがある。どれも良いと思いました。みんなで分けることを考えて、プラスで楽しめるという要素があるからです。

---

(3) 実践研究の成果と課題

　児童に身近なお菓子を取り上げ、さらに、より現実に即して他人事でなく自分の問題としてとらえられるように、お菓子の値段を常に提示して、「お金」を切り口に考えさせたことは有効でした。

　最初に、おまけ付きとおまけ無しのお菓子の袋をじっくり見て比較する活動が、そのあとの21種類から選択して班で一つお菓子パックを作る活動の時に生かされていました。今回は最初におまけ付きとおまけ無しに着目しましたが、学年によっては別の視点に注目させるなど、児童の実態に即した内容の検討が必要です。

　21種類のお菓子を用意しましたが、さらに厳選することも考えられ、今後、

何種類を、またどんなお菓子を取り上げるのが良いかの検討が必要です。

　おやつセットを作る観点として、本校の特徴である小学1年生から6年生までの縦割りの班で一緒に同じ場所にいく遠足では、お菓子を他学年の人にあげたりもらったりすることが多いために、必然的にお菓子の量が多くなりがちです。遠足本来の目的を考えて、食べ切れるだけのお菓子を無駄なく購入できる観点も意識した授業内容の検討、ワークシートの工夫をしていきたいと思います。

　今回の授業では、遠足のお菓子の値段を提示し比較しましたが、物やお金には限りがあり、本当に必要かどうかといったお金の使い方も含めた授業づくりや、災害に備えた生活用品の授業づくりを工夫していきたいと思います。

（佐藤　麻子・大竹　美登利）

2　中学校の実践

(1) 家庭科における金融教育

　中学校の技術・家庭科〔家庭分野〕の消費生活の領域では、消費者の権利と責任や販売方法の特徴、生活に必要な物資・サービスの適切な選択、購入及び活用を学ぶこととなっています。そのような中で、近年、キャッシュレス化が進み、購入方法や支払い方法が多様化し、クレジットなどの三者間契約について学ぶ必要がでてきました。新学習指導要領でも、クレジットカードについて取り扱うことや、購入方法や支払いの特徴を知って計画的な金銭管理の必要性を理解することなど、購入についてよく考えて選択するための知識や技能を習得し、活用できるようになることが目標として示されています。

　本プロジェクトで行ったアンケート調査（P.252「成果物一覧」[18]参照）において、中学生は、文房具だけでなく、洋服などの自分がほしいものを一人で購入することが増え、上手なお金の使い方に関心があることが明らかになりました。さらに、電子マネーやクレジットカードの利用法についても関心が高

いことがわかりました。生活に必要な物資・サービスを、リスクや利便性を理解した上で、より安全で快適に購入するということは、限られた収入を計画的に消費することであり、家庭科の消費生活を学ぶ上で、非常に重要な学びであるといえます。

(2) 授業実践の意図とその成果

1) 授業実践の背景

　キャッシュレス化は学校現場でも起きており、学校の写真販売をクレジット決済で行うケースもあります。また、ネット販売は、クレジット決済でなければ利用できない場合もあり、欲しいものをより安価かつ手軽に購入するため、保護者のクレジットカードを使用させてもらって、生徒がクレジット決済で購入する場合もあります。多くの生徒にとってクレジットカードの利用は身近となっています。さらに、近年、グローバル化が進み、中学生・高校生段階で海外生活を経験する者が増えてきています。特に本実践校では、短期も含めて留学を希望する者も多く、海外で生徒が親と離れて生活する場合、未成年でありながら、クレジットカードを中心としたキャッシュレスの消費生活を経験する機会が生じることとなります。すでに、クレジットカードと同様に未成年者が使用できる海外専用プリペイドカードや学生用のデビットカードが多く利用されており、今後、日本でも未成年のカード利用が増えると予想されます。

　これらに対応して、中学生段階から、クレジットカードについて学ぶ必要性があると考えられ、「クレジットって何だろう」の授業を提案しました。この授業では、生徒が、主体的に話し合って意見交換をし、振り返りシートへ記述することで、「契約」に関することを自分のこととして捉え、さまざまな売買契約、特にクレジットについてメリット・デメリットの両面を理解し、自分自身の消費生活に活かすことをねらいとしました。さらにゲストティーチャーとして、金融業界で活躍する銀行の方に特別講師をお願いしました。学校の教員ではなく、銀行で働く専門家としての講話は、生徒にとっ

て有用な刺激となると考えられたからです。

2) 授業概要

①授業の目標・実践の意図

・契約について学んだことを振り返り、契約とは何かを確認する。

・三者間契約のクレジットカードの利用について興味を持ち、メリット・デメリットを考える。

・海外留学で活用できるカードの知識を理解する。

②授業展開の概要

対象生徒：中学3年生　技術・家庭科〔家庭分野〕

指導案　「クレジットって何だろう」　1時間（50分授業）

	学習内容 T：指導者　G：ゲストティーチャー　S：生徒	指導上の留意点
導入	○学習を振り返る。 ・中1の時に消費生活で学んだ内容を思い出す。 　販売方法の種類：店舗販売、通信販売、ネット販売 　支払い方法：現金、振込、商品券、プリペイドカード、銀行自動引き落とし（携帯料金、光熱水費など） 　クレジット契約：購入の意思表示、ネットでの購入決定、契約書の交換（旅行申込書、塾入会届、携帯契約書など） 　クーリングオフ制度 　　　　クレジットって何だろう	・消費生活で学んだ内容を思い出し、生徒が発言する内容をTが板書する。
	T：生活環境に合わせて変化するクレジットの利用方法について、最新の知識を学ぶために招いた専門家（ゲストティーチャー）を紹介する。 G：自己紹介をする（経歴等）。 T：クレジットを知っているか尋ねる。クレジットについての疑問をゲストティーチャーに質問するように促す。 S：クレジットについて質問する（T：質問を板書）。 ・クレジットの良いことは何か。 ・いつから使われるようになったか。 ・困ることはないか。 G：生徒の質問に答えながら、クレジットについて説明する。 T・G：以下の内容について質問がなかった場合は、最後に	・二人一組で、クレジットが何であるかを話し合う。疑問点は質問をする。 ・こちらで説明内容を決めるのではなく、生徒の疑問を中心に解説する。

	Tが質問してGが説明をする。 ・クレジットカードの仕組みと特徴 ・「三者間プラス銀行」のお金の流れ ・クレジットの成り立ちと普及 ・海外留学で活用できるお金の知識 S：クレジットカードのメリット・デメリットについて二人で考え、内容を共有する。 S：二人の考えを整理して、発表する。 ・現金を持ち歩かなくても買い物できる ・今、お金を持っていなくても買える ・知らないうちに高額を使ってしまう（支払えなくなったらどうするのか） ・多重債務 ・自己破産 G：生徒の発言を受けて、クレジットの上手な利用法について、金融機関で配慮していることを説明する。	・二人一組で、クレジットのメリット・デメリットについて考えを出し合い、発表する。 ・クレジットで知っておきたい基礎知識を書き取って整理する
展開		
まとめ	T：振り返りシートにメリット・デメリットを整理し、自分ならどのようにしたいかを記入するように伝える。	・振り返りシートに書き取り、自分の考えを整理しまとめる。

3) 授業実践の成果

　授業では、キャッシュレス化が進む社会で健全かつ快適に生活するために、クレジットの仕組みを理解し、初めて経験する社会生活に適応できる能力を育むことをねらいとしました。ゲストティーチャーを呼んでインパクトのある授業を実践することで、これらの学びに興味をもって取り組み、将来の生活や社会の中の課題を解決しようとする意識につながり、その意識が持続できるように、授業の工夫をしました。

　海外生活の経験がある生徒は、海外でカードを利用している家族の様子を見ていたので、仕組みがわかって良かったと振り返りシートに記述がありました。留学する生徒が多い本校において、クレジットカード利用が普及している海外での生活に必要なカードの知識を、今回の授業で学ぶことができたことは有意義であったと思われます。

　また、生徒がその場で感じた金融に関する専門的な質問に対し、ゲストティーチャーが体験的な内容を交えて質問に対する答えをわかりやすく説明

するので、生徒は新鮮な驚きと金融業界への興味で、授業の内容への関心が高まり、クレジットや金融に関して多くの質問ができたと考えられます。

(3)　授業づくりに向けての課題と展望

　平成20年版学習指導要領では、クレジットカードによる三者間契約は高等学校段階での学習内容であり、中学校では扱わないこととなっていますが、今回は、社会的な背景および子どもたちの生活実態に鑑みて、三者間契約について深く学ぶ授業を作り、提案しました。本授業の実践後、平成29年版学習指導要領の「消費生活・環境」の領域で、クレジットカードなどの三者間契約について扱うことになりました。生徒の実態に合わせて提案した本授業は、理にかなったものであったと言えるでしょう。

　また、家庭科で扱う題材は多岐にわたっています。生活は非常に複雑であり、多様なものが関連し合って成り立っているからです。さらにクレジットカードによる三者間契約についても盛り込むというのは、大変なことに思えるかもしれません。しかし、現代の生活では、生活用品の購入において、ネット販売でカード決済をすると、非常に楽に安く購入することができます。今後、ネットでの購入が中心になってくることによって、生活用品の選択基準も変わってくると思われます。実物を見ることができないものは、ネットのコメントや評価を調べるなど、少しでもトラブルを避けることが必要になってきます。また、携帯電話利用料金の支払いなど、「後払い」による決済も身近であるうえに、後から高額の請求がくるといった、クレジットと同様の問題も起こる可能性があります。クレジットとあわせて、計画的な購入と支払いについて学ぶ必要がますます高まっているといえるでしょう。

　消費生活において、生徒は法的にはまだ契約ができない年齢ですが、クレジットカードの利用を中心とした流通・販売のシステムを理解して活用できるように知識を習得し、様々な販売方法によるリスクに備えることが望まれます。クレジットカードとネット販売の利用や後払いのメリット・デメリットなどを一緒に学ぶなど、学習内容を組み合わせることで、自覚ある消費行

動について、より深く学ぶことが可能であると考えられます。

（石津　みどり・藤田　智子）

第3節　道徳科の実践

1　道徳科授業は金融教育とどのように融合するのか

　社会科や家庭科中心で考えられることが多い学校教育における金融教育ですが、道徳科の授業研究や教材開発が多く取り入れられているのが、本共同研究の特徴でもあり、アピールポイントと言えるでしょう。お金の価値と道徳的価値は一見すると相反するもののように思われるかもしれません。道徳科の中でお金のことを扱うといっても、せいぜいお金を大切にしましょうというような「節度・節制」でしか扱えないのでは？　と考える人もいるかもしれません。

　しかし、本プロジェクトでは道徳科と金融教育は、とても関係の深いものだと考えました。例えば、「生きる」という言葉を辞書で調べてみると、「生計を立てる」という意味が含まれていることが分かります。生きていく営みには、生計を立てる、お金を得て、お金を生かすということが欠かせないのです。平成29年版学習指導要領に述べられている「道徳科（特別の教科　道徳）の目標」には、「よりよく生きる基盤となる道徳性を養うため」という表現が使われています。個人として「よりよく生きる」ため、あるいは世界中の人が「よりよく生きていく」ためには、お金をどう生かし、お金とどうつきあうかということが極めて大事なことだと思います。

　道徳教育だけではなく、学校教育全体で、お金を扱うことを躊躇する風潮が教育現場にはあります。本プロジェクトでは、そうした部分に風穴を空けるべく、附属学校教員、公立学校教員、大学教員が協力して、お金を扱った様々な道徳科の教材研究や授業研究を積み重ねてきました。ほんの一部ですが、ここでそのような取り組みを紹介したいと思います。　　（松尾　直博）

2　小学校の実践――「勤労」の視点から税金の在り方を見直す道徳授業――

(1) 授業の構想

　よりよい社会の実現への考えを深めるために、本実践では、「勤労」と「税金」の関係について考えを深める授業を設計しました。よりよい社会が成り立つためには、自分が働いた賃金が税金として納められ、他者のためによりよく使われていることを子どもたちに教えることは、働く意義を多様に考えさせる上で重要です。「税金」の意味や活用については、社会科の学習で学ぶことですが、道徳教育の視点では、よりよい社会の実現を目指して、自分の働いたお金がどのように使われるのか、自分はどのように使ってほしいと考えているのかということを「勤労」と照らし合わせて考えさせます。そこで本授業では、「税金」の様々な在り方について考えさせ、自分が将来働くようになったらどのようにお金を使っていくかを考えさせることで、社会のために働こうという「勤労」の価値について深めさせたいと考えました。子どもたちに話し合わせる内容としては、税金の在り方が違う二つの国について取り上げます。

(2) 授業における二つの手立て

1) 児童の価値観を揺さぶる教材の開発

　本時では、税金に関する教材を作成しました。よりよい社会の実現に向けて、税金について自分はどう考えるのか児童に考えさせる内容です。教材中の架空の国家「コルサント共和国」は、日本よりも税の高いデンマークなどの北欧の国をモデルとしています。デンマークは税が25%と非常に高く、物の値段も高いですが、教育、福祉や介護に関する費用が無料であり、国民の幸福度も高いです。日本とモデルとなる国との税の在り方の違いについて考えさせることによって、普段何気なく支払っている税のその運営の仕方に対して自分の考えをもち、よりよい社会の実現を目指して、お金の在り方、

税の在り方はどうあるべきか、そして、自分はどんな働き手となっていくのか考えさせていきます。

2) 児童の主体性を引き出す授業展開

　児童が授業に主体的に参加し、自分事として考えることができるように児童の意識調査と授業の感想から一時間の学習課題を構想していきました。お金についての意識調査の結果を分析し、以下の授業展開を構想しました。

流れ	学習活動	コンセプト
導入	①「お金の使い方を考えよう」	・学習課題の設定
展開	①感想から教材についての課題を設定 ②「日本とコルサント共和国、どちらの国で働きたいか」 ③税金はどうあるべきか	・課題を解決する
終末	①将来、働いて得たお金をどう使うか	・自分事として生活に生かす

(3) 授業の実際　〈一部省略〉

【課題について話し合う】

> T：先生がまず見て回ってまとめました。「日本がいい」という意見としては、「日本は税を多く納めなくていい」「自由に使いたい」「物を買いたい」「同じ給料は嫌」「職種によって給料が違う方がいい」「病気にしょっちゅうなるわけじゃない」「自分への返りが少ない」などがありました。
>
> T：「コルサント共和国がいい」という意見としては、「老後の負担ない」「働けなくなってからの負担ない」「国が負担するなら他人のためにも多い方がいい」「平等だと仲良くなる」などがありました。
>
> S：コルサント共和国はまったく同じなんでしょ。給料同じ、医者でも新聞配達でも。みんなのためにしてくれる人がいなくなる？病院もなくなる？
>
> T：平等だと仲良くなれない？

S：医者もいると思う。減らないのでは。

S：医者をするといっぱいいるかは分からないから医者は少ないのでは？

S：政治も一緒だと職種によって違う？

S：給料が一緒でも自分がしたいことをしていると思う。

T：仕事から離れて考えよう。

S：日本に住んでいるから比較している。コルサント共和国は平等。コルサント共和国と日本、それぞれで考え方が違う。

T：勤労という面では？

S：老後の負担、あるとつまらない。

T：平等のまま終わってはつまらない人？　ハーイ

S：コルサントだと国に頼りながら生きていくこと、自立できない。

T：18歳から「自立」ということで国からお金もらえるよ。

S：日本はお金がなかったら、子どもができたら自由に使えないと困る。貯金ないと。孫とかのために負担してもらいたい。

T：それって、お金はためるけど、老後のために負担してもらいたいということ？

T：コルサント共和国の方で、お年寄りや子どものために負担するのはどう？　自分のお金を渡すのは。

S：いいとは思うけど、国に頼っていたら、自立にならない。つまらない。

S：自分の子どものお金は自分で出せる。

T：自分の子どもは自由に使うお金でためるということ？

S：そう。

【税金の在り方についてまとめる】

> T：日本とコルサント共和国、税金はどういうのがいい？
> S：税金ない方がいい。国に取られるのはたまらない。
> T：自分で使いたい？
> S：そう。お金がないとやっていけない。国民が納得するぐらいの税金でいい。
> S：でも税金がたくさんあったら国が成長して、さらに暮らしやすくなる。
> S：ある方が国のためになるけど、結局無駄遣いにされるなら納めたくない。
> S：税金があるから生活していく中で楽に暮らしていける面もある。
> S：税金があるから、私たちが生活していく中で安心して生活していける。

(4) 実践研究の成果と今後の可能性

1) 成果

・「税金」を題材とした教材は子どもたちの「税金」についての考え方を深めることができました。また、自分が働き手となった時にどのようにお金を使うかということについて、「税金」を基にして考えることができました。

・子どもたちの実態と授業についての感想からテーマを設定しましたが、子どもたちの考えたいことを中心においた授業展開を行うことができ、子どもが主体的に考えることができました。

2) 新たな授業づくりの可能性

・本実践では「税金」と「勤労」を関連させて考えましたが、発達段階としていかに「勤労」とお金を関連させていけばいいのか、今後も考える必要があります。

- 「よりよい社会の実現を目指す」ことについて考えさせる場合、お金と関連させることができる道徳的価値は何であるのか、考えていく必要があります。
- 「税金」については先に知識として学習を進める必要があります。そして、実際の体験談を取り入れてより具体的な税金の在り方について考えさせる学習も考えられます。　　　　　　　　　　　　　　　　　（遠藤　信幸）

3　中学校の実践——企業の社会貢献をテーマとする教材を活用した道徳授業——

(1) 授業の構想 (主題名：社会のために　C　勤労)

　勤労は社会生活を営む上での基本的要件です。社会的分業によって社会を支えている勤労の意義を十分理解し、公共の福祉と社会の発展に貢献することが求められます。勤労や奉仕活動を通して社会に貢献しようとする心を育てるとともに、利益を社会に還元することによって社会をより豊かにしようとする心を育てたいと考えました。

　教材中の主人公ウインフィルには、ブランモア町を世界的な都市にするという夢の実現のため、公的な教育機関を整備し、人材を育成するというプランがありました。この町でビール会社であるイーストン社を経営する叔父アドレイトに資金援助を求めますが、事業拡大を望むアドレイトはウインフィルの要請を断ります。しかし、ある事故をきっかけとして、アドレイトはウインフィルの事業に賛同する決心をし、イースト社はブランモア町の発展のため貢献する企業として、町の象徴となったのです。利潤の追求か社会貢献か、企業の在り方について広い視野から多面的・多角的に考えることによって、ねらいに迫ろうとしました。

(2) 指導の効果を高める手立て

1) 課題意識をもつようにする

100万円の有効な使い方について考えるという場面設定を行います。どんな使い方が有効なのかは各自で工夫して考えるようにします。その際、その使い方が有効である根拠を明らかにしながらここでの意見を整理し、お金の使い方と人柄について課題意識をもつようにします。

2) 企業の社会貢献をテーマとする教材の活用

本教材では企業の社会貢献がテーマとなっています。時代背景としては、産業革命後、未だ公教育機関が整備されていない都市部を想定しています。基本発問はウインフィルの夢に賛同していくアドレイトの心の変化を中心に構成するようにしました。単に金儲けではなく、企業として成長を遂げていく方向と町への貢献を果たす方向とで考えをめぐらせるアドレイトに自我関与するようにします。また、社会へ果たすべき企業の責任という視点からも、企業の社会貢献への取り組みの現状や企業の考え方などについて情報提供し、生徒それぞれの問題意識を高めるようにします。

(3) 授業の実際

1) 授業の流れ

ねらい　勤労の意義を理解し、奉仕の心で公共の福祉と社会の発展に努めようとする心情を育てる。

１．問題場面について話し合う。

○有効に使ってくださいと100万円を渡されました。どう使いますか。

> お金の使い方にはその人の人柄が表れるだろうか

２．教材「ウインフィルの夢」を読んで話し合う。

①［金儲けが悪いことなのかね］というアドレイトの問いかけについてどう考えるか。

②工場を増やすために投資しようとするアドレイトは、どんなことを
　考えているか。

③事故後、マービィの手を握りながら、アドレイトはどんなことを考
　えたのか。

④アドレイトが寄付すると決心したのは、どんな考えに心を動かされ
　たからか。

3．社会への貢献について話し合う。

○社会貢献としてのお金の使い方について、どのように考えるか。

4．ゲストティーチャーの話を聞く。

2) 実践の実際〜中心場面での話し合いより〜

T：工場を増やすため投資をしようとしているアドレイトなんだけれ
　ども、このときどんなことを考えていただろう。

S：アドレイトは工場を大きくしようと考えた。

S：工場の売り上げを伸ばして、この町を豊かな生活のできる町にす
　ることが大事だ。

T：町の雇用を増やして、最終的には町を豊かにするんだね。個人的
　に儲けたいということはないですか？

S：個人的に儲けたいとかはないと思います。社員に何かあったら自
　分の責任とか言われてしまうので…。

S：表向きには会社のためとか人のためとかそうやっていると思うん
　ですけど、儲けたいという気持ちはゼロではない。…（略）

T：この事故ではマービィ少年の手を握りしめながら、どんなことを
　考えたでしょう。

S：最初はわが社を大きくすることだけだったけど、こういう危ない
　ことがあるんだったら学校に行かせて経験を積ませた方が安全に
　いい。

> S：子どもの怪我はほとんど会社のせいだ。
>
> S：ウインフィルのように、町のどの子も安心して通える新しい学校
> 　をつくろうと思った。

　その後の展開では、「みんなで豊かになれることを考えよう」「会社が変わらないと町は変わらない」などの意見が出されました。生徒は、個人的な金儲け、利潤追求だけではなく、社会貢献としての投資や社会における企業の在り方について考えを深めていました。

　最後に企業の社会貢献の現状についてゲストティーチャー（みずほフィナンシャルグループＣＳＲ推進担当者）の話をお聞きしました。企業の社会貢献への取り組みの現状や企業の考え方などについて生徒の問題意識を深めることができたと言えます。

(4) 成果と今後の可能性

　児童・生徒はお金だけでは解決できない問題や実現できない価値などを認めつつも、お金を社会の発展のために使うことの有効性について理解することができたと言えます。金銭を巡る不安な面は、金銭それ自体ではなく、実は使う側の心の問題が大きいことに気づくことによって、人々を幸福にする本来の金融の在り方について深く考えさせることができたと思います。

　今後は、お金のもつ価値や役割などについて広い視野から多面的・多角的に考えることを通して、生徒の生き方に迫る道徳授業の実践的検証をさらに進めていきたいと考えます。

（和井内　良樹）

4　道徳科の授業がもつよさを生かした金融教育の展開を

　ここで取り上げた二つの事例に共通していること、それはお金を自分自身のものとしてだけでなく、公共のため、また納税の義務として社会的な役割の視点から生かしていくことによって、自分や周囲の人々の豊かな生き方、

ひいては広く社会全体の活力にもつながっていくということです。

　お金が関わる場面は、もとより子どもの身近な生活から社会生活まで同心円的に広がっています。学習指導要領が示す道徳の内容の視点を目安に整理するならば、例えば、次のような場面が考えられます。

A：主として自分自身のこと……小遣い・貯金(節度、節制)、お金をごまかさないこと(正直、誠実)、夢の実現に生かすお金(努力) など

B：主として人との関わり…贈り物(親切)、寸志・お祝い(礼儀) など

C：主として集団や社会との関わり…お金の貸借(規則の尊重)、富裕と貧困(公正、公平)、働くこと・社会奉仕(勤労、公共の精神)、買い物・手伝い(家族愛)、国際貢献・募金(国際理解) など

　ここでイメージされるように、私たちの生き方は、お金の豊かな活用によって、生活自立から社会的自立へと一層の充実を図っていくことができます。道徳科の授業は、子どもの金銭的価値に対する健全かつプラス思考に立った見方・考え方も組み込んで、一人一人の価値観を育んでいく教育であるということができます。

　今までの道徳授業においては、お金を取り上げた教材は必ずしも多くなく、例えば「無駄遣いをしない」「正直に使う」などの生活指導的な側面への偏りも見られました。「特別の教科」である道徳科が全面実施を迎えます。そこで強調されているのは「多面的・多角的」な思考であり、「自己の(人間としての)生き方についての考え」を深めることです。お金のよさを多面的にとらえ、その生かし方を多角的に発想し、それを自己の生き方につなげていく子どもを育てるために、今まで以上に金融教育の視点に立った授業が求められているといえます。

(永田　繁雄)

第4節　キャリア教育の実践

1　キャリア教育と金融教育

　平成23年度に出された中教審答申によると、キャリア教育とは「一人一人の社会的・職業的自立に向け、必要な基盤となる能力や態度を育てることを通してキャリア発達を促す教育」とされています。中学校や高等学校で行われる進路指導とは異なり、また、従来の教育に新しい教育活動を付加するのではなく、従来の教育活動の中で行うものであり、各教科や総合的な学習の時間、学級活動や特別活動などを通じて行われることとされています。

　このようなキャリア教育と、本プロジェクトで考えてきた金融教育は、その目標や身につけさせたい知識等において重なりの多い教育活動であると思われます。現代社会において、児童・生徒が将来の生活を考える上でお金（金銭）は避けては通れないものであり、また、お金（金銭）は働くことを通じて得られることが多いからです。

　キャリア教育と金融教育とを融合させた実践としては、金融業という職業に関する理解やその体験、貯蓄やローン等、キャリアにおけるお金（金銭）や金融に関わるリスクについての学習、長期的な家計管理および将来設計に関わる学習などがあるのではないでしょうか。あわせて金融・経済の知識を持つことで、社会と個人の関わり方について、広い視野を持ち、よりよい社会の構成者として選択ができるようになることも、重要な課題であると考えられます。

　本プロジェクトで実施したアンケートの結果からみると、子どもたちは学年が進むにつれて、お金に対してリアルな認識を持つようになっていくとともに、お金と働くことを結びつけて考えるようになってくると考えられます。

　小・中学校におけるキャリア教育の実践は、それまで消費者として暮らしてきた子どもたちに、その生活を支えてくれる多くの働く人たちがいることに気づかせ、それらの人たちに感謝しつつ、自分の将来を思い描くことを求

めるものとなります。そのきっかけの一つとして「お金」という身近な存在を入り口にする意義は大きいと思われます。

2　授業実践の意図とその成果

(1) 授業実践の意図と展開

本プロジェクトでは、これまで総合的な学習の時間を用いて、キャリア教育と金融教育を融合させた授業実践を行ってきました。

ここで取り上げる実践は、総合的な学習の時間ではなく、研究段階においては、中学2年生における家庭科の食物の授業の中の1時間分として実施しました。キャリア教育は教科教育においても実施されるべきであると考え、そこで金融教育につながることの可能性を探りたいと考えたからです。

ここで取り上げる「格安ハンバーガーの秘密を探る」においては、家庭科の教材として、ハンバーガーショップに行くという、ふだんよくある状況からスタートし、消費行動の裏側で行われている経営的な工夫や労働について理解し、消費者としてのよりよい選択について考えることを目的としました。

小学校や中学校の児童・生徒たちは、「消費者」として生活しています。「安く買える」ということは、消費者にとっては好ましいことでしょう。しかし、この選択を支える労働や経営的工夫という面を見ることで、経済についての理解を深めるとともに、自身の将来の働き方や企業経営の在り方までを考えることができるのではないかと考えました。

研究授業においては、ふだん210円で売られているハンバーガーが100円で売られるというシチュエーションを設定し、それぞれの場合の1個あたりの材料費、店舗賃借料、人件費、営業利益などの情報を読み取らせました。何がどの程度増えるのか、何が変わらないのか、といったことを読み取ることで、生徒たちは、ハンバーガーを100円にすることで、人件費およびアルバイト料などはほとんど変わらないけれども、営業利益が大幅に上昇することに気づいていきました。

　最後に、研究授業においては、「ハンバーガーを買う際の選択基準」の重要度ランキングを用いるなどの工夫を行い、消費者としてよりよい選択を行うための選択基準を作るグループワークを行いました。

(2) 成果

　「格安の食品を買う」という行為は、安全性が保障されない安価な材料を用いるなど「食の安全」との関係で理解されることが多いのではないでしょうか。実際、家庭科の授業として行ったため、生徒の多くが今後の選択基準として重要視したのは材料の安全性についてでした。

　しかし、外食産業の場合、格安であることは材料費の問題だけではなく、人件費すなわち労働の価値や労働条件とも関わります。また、大量に販売することで、経費や利益も大きく変化します。

　生徒の一部には、計算を行う中で、販売個数の増加量に驚き、人件費がほとんど変わらないことから、販売する店員の仕事の大変さに思い至る者や、営業利益の増加量という経営的な観点から格安ハンバーガーを評価する者もあらわれました。

　また、最終的な選択基準としても、最重要ではないものの、労働者の賃金や待遇、労働条件などの問題を挙げたグループが多くみられました。このように、生徒たちはこの実践を通じて、自分たちの消費行動が職業世界とつながることを理解し、消費者として、労働者としてよりよい社会のありようを考えることができたと言えるのではないでしょうか。

　しかし、初期の段階では家庭科の授業として、「食の安全」を中心に行ったこともあり、仕事としてのファストフード店、ファストフード店の経営といったキャリア教育的な側面ではなく、「材料の安全性」に視点が集中してしまう面が否めませんでした。

　そこで、テキスト『考えてみようこれからのくらしとお金〔改訂版〕』では、よりキャリアに関わる側面に着目できるように授業案の変更を行いました。計算を通じて、材料費や人件費、賃借料や営業利益がどのように変化するの

かを見ることができるように、計算する時間や方法をより丁寧に伝えるように工夫をしました。

　同時に、視点がより労働者や経営者に集中するように、さらにどちらか片方の視点だけではなく、両者の考えを合わせて考えられるように、選択基準としてではなく、具体的な店舗の運営の課題として、議論が行えるように変更を行いました。

3　授業づくりに向けての課題と展望

(1) 課題

　今回取り上げた事例では、用語が難解であったこと、計算する作業がやや煩雑であったことから、戸惑う生徒もみられました。そこで、家庭科以外の教科や総合的な学習の時間での実施も念頭に置きつつ、テキストの改訂を行うことにしました。時間数を2時間とすることで、教員が適宜補足説明を行うことや、計算についての補助を行うことができ、人件費、店舗賃借料、営業利益等の変化について読み取ることができると考えています。

(2) 展望

　小学校や中学校において、金融教育に特化した授業を行うことは、授業時間の確保という点からも困難だと思われます。そのため、金融教育を行う場合には、既存の教科や教科以外の領域での実践を行うことが必要となるでしょう。その際、最初に示した通り、金融教育との重なりの大きいキャリア教育や起業教育と関連させながら実施することで、金融や税金等に関する知識の習得にとどまらず、自身の将来の課題等と結びつけて理解を深めることが可能になるのではないでしょうか。教科の知識と連携させるだけではなく、将来設計を行うことや、お金と人が働くこと（報酬）を結びつけることを通じて、働くことを身近に考えることが可能になるのではないか、と期待をしています。

（眞鍋　倫子）

第5節　特別支援教育の実践

1　特別支援教育（知的障がい）における金融教育の検討

　特別支援教育においては、「お金」学習は重要な学習内容のひとつであり、「自立」を目指して小学部段階より指導されている内容です。しかし、お金の学習に関してまとめられたものは存在していませんでした。本共同研究では、「金融教育」を、その定義等を踏まえ高等部生徒の卒業後の社会生活において必要となる、また、知識として知っておいてよい内容でまとめることとしました。また、同時に授業で使える教材作成を行うと共に、それらの教材を使っての授業実践に取り組みました。本節では、12年間の研究の中で検討してきたことを、「金融教育の指導内容」「教材作成」「授業実践」の3点でまとめてみたいと思います。

2　金融教育の指導内容

　指導内容を考えるにあたり、その主な学習対象を高等部の中・軽度知的障がいの生徒としました。これは、社会生活の中でこの子どもたちが一番お金のことで苦労したり、迷ったりすると考えられるからです。その指導内容を「私たちのくらしとお金」という名称で大きく以下の3分野に分けました。
　①身近な金銭管理や生活設計（分野：くらしとお金）
　②仕事に関わるお金の知識と理解（分野：仕事とお金）
　③社会や経済に関する知識と理解（分野：社会と経済）
　この指導内容をまとめたものを本節の最後に載せておきます。

3　金融教育の教材作成

　金融教育の教材としてテキスト『くらしとお金』を2008年に作成しました。

これは上記の「身近な金銭管理や生活設計」の分野に関する内容を生徒たちが手にするテキストとしてまとめたものです。このテキストでは、お金は未来を豊かにするためのパートナーであるという視点に立っています。ともすると節約とか、赤字にならないためのお金の管理とか、被害にあわないために、などとなりがちなお金の学習ですが、「上手に」「かしこく」「手伝ってもらいながら」豊かな人生を送っていってほしいと考えて作成しました。

4　授業実践

　授業実践の中で見えてきたことは、「生徒たちの周囲にある情報を整理し、生徒たちと一緒にまとめて、正しい情報を生徒たちに伝えていくことの重要性」だったと思います。授業展開では、①生徒の主体性を重視する、②現実的な場面を経験するとともに、将来の自分の生活を想像させる、③生徒に身近な、また具体的な話題から考えさせ、具体的な内容や教材を準備する、④現在の生活や将来の生活への見通しを持たせ、学習内容を自分のもの（こと）としてとらえられるようにする、⑤必ず「困ったとき」の対応を教えるとともに、支援者の利用についても考えさせる、⑥一つの授業に一つ以上のワークシートを準備し、時間内にまとめさせる、⑦必要に応じて生徒の生活状況などの情報を保護者から得ておく、⑧ゲストティーチャーなども有効に利用する、といった8点を授業づくりのポイントとして考えてきました。

「わたしたちのくらしとお金」の指導内容　（2016版）

1．目標
　　①金銭に関する生活に必要な知識と技能を身につけ、今の生活にいかすとともに、将来の生活について考えることができる。
　　②将来の生活の主体者として、金銭管理の方法など生活に必要な金銭に関わる事柄を考えることができる。
　　③金銭に関する身近な事柄や、将来必要になるであろう事柄に関心を持

ち、自分の将来の生活を想定する中でその内容や必要性について考えることができる。

2．内容

1）身近な金銭管理や生活設計（分野：くらしとお金）

・計画的な金銭の使用

・金融機関や社会資源の利用

・金銭管理・生活設計

・消費者教育・危機回避

・支援機関や支援者の利用

2）仕事に関わるお金の知識と理解（分野：仕事とお金）

・勤労観・労働感の形成と就職の実際

・職業選択と職業生活の実際

・支援機関の利用、求人・求職について

・契約することの意味の理解と、契約書の見方

・収入、労働と賃金、給与明細の見方

・退職時の対応

・勤務先でのトラブル回避

3）社会や経済に関する知識と理解（分野：社会と経済）

・収入・労働と賃金

・税の徴収と国の支出

・年金とその問題

・流通と経済についての基礎知識

・貨幣の種類と価値

・新しいお金や新しい機器の利用と注意

・お金に関する犯罪とその予防

3．具体的内容と指導の展開

1）くらしとお金（2016版）

指導内容	ねらい	指導の具体的項目	授業展開例
上手にお金を使おう（計画的な金銭の使用）	・生活に関わる金銭的事象に関して金銭の使用に関する計画の立て方や上手なお金の使い方を身につける ・金銭を計画的に使うことの大切さを知り、行動できる	・買い物をしよう	・生活に必要なものはなに ・生活に必要なものが売っている場所 ・いろいろな買い物の仕方 ・買い物の際に気をつけること ・かしこい買い物の仕方
		・外出をしよう	・外出の計画を立てよう ・外出に必要な費用は ・楽しく外出するために
		・高いものを買いたいときは	・高いものを買いたいときはどうする ・お金を計画的に貯める ・相談しながら考えよう
		・こづかい帳をつけよう	・こづかい帳をつけてみよう ・費目について ・こづかい帳の上手な使い方
銀行や郵便局に行こう（金融機関や社会資源の利用）	・金融機関の役割について知る ・金融機関の利用方法を知り、利用の方法を身につける ・金融機関等の利用の際に気を付けなければならないことがわかる	・銀行や郵便局の役割	・銀行や郵便局でできること ・金融機関に行ってみよう ・預金や貯金、預貯金の目的・給与振り込み
		・預金や貯金について	・預金や貯金の仕方 ・通帳を作ろう ・キャッシュカードについて ・キャッシュカードを使ってみよう
		・金融機関の便利な使い方	・給与振り込み ・自動引き落としの使い方と注意 ・クレジットカード
		・銀行や郵便局を使うときの注意	・通帳や暗証番号の扱い方 ・キャッシュカードや暗証番号の注意
卒業後のくらし（生活設計・金銭管理）	・卒業後の生活について考えることができ、金銭面で必要な知識を身につけることができる	・将来の生活について考えよう	・卒業したら（将来を考える） ・どんなくらしがしたい（将来の希望、住まいなどのくらし方の実際） ・仕事と給料 ・くらし方のいろいろ（1日、1週間、1ヶ月、1年の生活） ・趣味を持とう（豊かなくらしのために）

		・収入と支出	・ひとりぐらしに必要なお金 ・仕事と給料 ・自分のくらす場所 ・収入・支出ってなに ・支出の費目
		・私とお金のか かわり方	・私はお金をどうしている ・かかわり方の実際 ・お金の管理ってなに
		・自分にあった お金の管理	・家計簿とこづかい帳 ・家計簿をつけてみよう ・家計簿の意味 ・自分だったらどうしよう ・自分にあった金銭の管理
		・生活費につい て知ろう	・生活費の内訳は ・いくらくらいかかるかな ・自分の生活について考えよう
		・自分のしたい 将来のくらし	・自分の目指す将来のくらし ・仕事と収入 ・生活のためのお金 ・将来のためにがんばること
安心なくらし （危機回避、 消費者教育）	・電子マネーやクレジットカード、その他の新しいお金についての知識や、適切な使い方がわかる ・キャッチセールス等お金に関する危険についての知識を持ち、危機回避の方法がわかる ・携帯電話やスマートフォン、インターネットにかかわるトラブルと注意点を知る	・便利なお金と その使い方	・便利なお金のいろいろ ・電子マネーの使い方と注意 ・クレジットカード ・便利なお金とその注意
		・銀行や郵便局 を使うときの 注意	・通帳や暗証番号の扱い方 ・キャッシュカードや暗証番号の注意
		・お金の危険	・どんな危険があるのだろう ・悪徳商法、キャッチセールス ・携帯電話、スマートフォンをかしこく使おう ・ケータイ、スマホ、インターネットのトラブルと注意 ・個人情報について ・印鑑の使用や暗証番号の扱い ・被害者になったら ・加害者にならないために
困ったときに は （支援機関や 支援者の利 用）	・お金に関してどんなことで困ることがあるかを理解し、その対処方法がわかる ・支援機関や支援者の存在がわかり、その利用方法を身につける	・困った時って どんなとき	・困った時ってどんなとき ・困った時はどうしたらいい
		・支援機関や支 援者の利用	・支援機関ってなんだろう ・支援機関や支援者の利用の仕方 ・私が使える支援機関 ・サポーターズサークルについて

2）仕事とお金

指導内容	ねらい	指導の具体的項目	授業展開例
就職するってどういうこと（勤労観・労働感の形成と就職の実際）	・就職することの意味やそのために必要なことを考える ・就職までのスケジュールや就職を支援してくれる機関について知る	・就職することの意味 ・就職するためにがんばること ・就職までのスケジュール ・面接、実習、内定、契約などの意味 ・支援機関について	・卒業したらどうしたい ・就職するってどういうこと ・就職するために必要なことは ・就職までのスケジュール ・就職までに行うこととその実際 ・就職を支援してくれる人
あなたはどんな仕事がしたい（職業選択と職業生活の実際）	・自分のしたい仕事について考える ・仕事に関する具体的イメージを持つ ・自分の働き方について考える	・自分のしたい仕事 ・仕事の具体的イメージ ・就職後の生活の実際	・あなたはどんな仕事がしたい ・働くことってどういうこと ・就職したらどうなるの ・卒業後のわたしのくらし方
ハローワークも支援機関（支援機関の利用、求人・求職について）	・ハローワークの利用について知る ・求人票や求職票の見方を知る	・ハローワークの利用 ・求職の方法と求人票の見方	・ハローワークってなんだろう ・ハローワークの使い方 ・求人票を見てみよう
契約って大事だよ（契約することの意味の理解と契約書の見方）	・契約することの意味がわかる ・契約書の見方を知る ・契約の場面をイメージできる	・契約することの意味 ・契約書の見方 ・契約の実際	・契約ってなんだろう ・契約書を見てみよう ・契約に行くときは
私の給料どこからくるの（収入・労働と賃金）	・労働と賃金に関する基本的知識を身につける ・卒業後の生活を考えながら、自分の仕事や給料の使い方を考えることができる	・仕事と給料 ・給与の使い方	・給料はいくら ・働くことと給料 ・給料はどう使う ・卒業後の生活と給料の使い方

給与明細を見てみよう（給与明細の見方1）	・給与明細の見方を知る ・給与明細の項目について知る	・給与明細の見方	・給料の中身はなんだろう ・給料明細を見てみよう
税金ってなんだろう（給与明細の見方2）	・税金についての基本的知識を知る ・給料に関わる税金について知る	・税金の基礎知識 ・給与と税金	・税金ってなんだろう ・給料から引かれている税金
保険について覚えておこう（給与明細の見方3）	・保険の役割を知る ・雇用保険、労災保険、健康保険、年金保険などについての基礎知識を身につける	・保険についての基礎知識 ・仕事に関わる保険	・保険について覚えておこう ・仕事に関わる保険ってなに
仕事をやめるときには（退職時の対応）	・退職したときの対応について知る ・再就職の方法を知る	・退職の際の対処法 ・支援機関の利用	・仕事をやめるときには ・退職したときの注意 ・再就職を目指そう
職場の中のお金のトラブル（勤務先でのトラブル回避）	・お金に関わるいろいろなトラブルについて知り、その対処法がわかる ・会社でお金のことでトラブルにならない方法を知る	・お金のトラブルとは ・いろいろなトラブルと対処	・お金のことでトラブルが発生したら ・勤務先でのお金のトラブル対処法 ・トラブルを起こさないために

3）社会と経済

指導内容	ねらい	指導の具体的項目	授業展開例
給料（工賃）について（収入・労働と賃金）	・労働と賃金に関する基本的知識を身につける ・卒業後の生活を考えながら、自分の仕事や給料の使い方を考えることができる	・仕事と給料	・給料はいくら ・働くことと給料
		・給与明細の見方	・給料の中身はなんだろう ・給料明細を見てみよう

税金ってなんだろう（税の徴収と国の支出）	・税金やその使われ方についての基本的知識を身につける	・税金の仕組み	・税金ってなに ・どんな税金があるの ・税金の払い方、戻し方
		・税金の使われ方	・国の財政と税金 ・税金の使われ方
年金について（年金とその問題）	・年金についての基本的知識を身につける ・年金の支払い方や年金の受け取り方がわかる	・年金ってなに	・年金って何 ・年金の仕組み ・障害基礎年金について
		・年金の支払い方	・年金はどこで支払う ・年金についての注意
		・年金を受けるには	・年金をもらえるかな ・年金の手続きの仕方
値段の仕組み（流通と経済）	・ものの流通や値段の決まり方などに関する基本的知識を身につける	・値段はどうやって決まる	・物には値段がある ・値段はどうやって決まる
		・流通の仕組み	・流通ってなんのこと ・品物の動き方と値段
日本のお金、外国のお金（貨幣の種類と価値）	・貨幣の種類や価値についての基本的知識を身につける ・外国の貨幣やその価値について理解できる	・日本のお金、外国のお金	・外国のお金はどんな物 ・日本のお金と比べてみよう
		・両替と為替 ・円高・円安	・外国のお金に両替するには ・為替ってなんだろう ・円安、円高と海外旅行
電子マネーってなんだろう（新しいお金とその利用）	・様々に変化している電子マネーについての基礎知識を身につける	・電子マネーの使い方と注意	・電子マネーのいろいろ ・電子マネーの利用の仕方 ・電子マネーを使うときの注意
スマートフォンやタブレットを使ってみよう（新しい機器の利用と注意）	・スマートフォンやタブレットの使い方を知るとともに、使用に関わる費用について知る	・スマートフォンやタブレットPCの使い方と注意	・タブレットを使ってみよう ・タブレットにかかる費用 ・タブレットを使うときの注意
お金に関わるトラブルと対処方	・お金に関わるいろいろなトラブルについて知り、その対処法がわかる ・お金に関わる犯罪についての基本的知識を身につける ・被害者にも加害者にもならないためにどのようにすることが必要かがわかる	・お金のトラブルとは ・いろいろなトラブルと対処	・お金のトラブルとは ・家族や友人とのトラブル ・勤務先でのトラブル ・ケータイ、スマホ、インターネットのトラブルと注意
		・お金に関わる犯罪とは ・被害者になったら ・犯罪を起こさないために	・犯罪ってなんだろう ・犯罪を犯すとどうなるの ・お金に関わる犯罪ってどんなこと ・被害者や加害者にならないために

（小金井　俊夫）

第6節　海外の実践

1　韓国の実践

(1) 韓国の金融に対する子どもたちの意識

　本プロジェクトによる日中韓の子どもたちの金融意識調査の結果、韓国の子どもたちの消費行動の特徴をみると、物を購入するという経験が日本や中国の子どもたちより多いことがわかりました。このように自分で購入をする消費行動は、文具やお菓子等の少額のものから、衣服等の高額なものまで活発であり、また、金融に関する知識が豊富で、学習意欲も高いこともわかりました。しかし、子どもたちが様々な消費者問題を理解し、それに対応して効率的な消費や倫理的消費にそった消費者行動が行われているとはいえないと考えられます。

　そこで、この問題と親和性の高い家庭科において、国家カリキュラムや教科書でこれらの消費生活の学習がどのように扱われているかを確認し、倫理的消費に関する中学校家庭科の授業実践を行いました。

(2) 韓国初等学校『実科』及び中学校『技術・家政』における消費生活領域

　図表3-6-1は、韓国の初等学校『実科』及び中学校『技術・家政』における国家カリキュラムの内容構成です。それぞれの消費生活について、『実科』は「快適な住居と生活資源管理」という単元の「お小遣いと時間管理」という小単元で、『技術・家政』は「青少年の自己管理」という単元の「青少年の消費生活」という小単元で扱ってます。

　初等学校『実科』の「快適な住居と生活資源管理」の単元目標では、「消費が環境に与える影響を理解して、時間とお小遣いを効率的かつ合理的に管理する能力と態度を育てる」とされ、そのために「合理的なお小遣い管理を通じて賢明な消費者としての能力と態度を育てる」と述べられています。すなわち、子どもたちが消費行動をする前に、お小遣い帳等を活用してお金を合理

図表3-6-1　「実科（技術・家政）」における消費生活領域

初等学校『実科』	中学校『技術・家政』
○私と家庭生活 ○私のバランスのとれた食生活 ○私の自立的な衣生活 ○快適な住居と生活資源管理 　・住居空間と生活資源管理 　・**お小遣いと時間の管理** ○健康的な食生活の実践 ○創造的な衣生活の実践	○青少年の理解 ○青少年の生活 ○青少年の自己管理 　・青少年の時間・ストレス 　・**青少年の消費生活** 　・青少年の福祉サービス ○家族の理解 ○グリーン家庭生活（環境に配慮した家庭生活を意味する）の実践 ○進路と生涯設計

教育科学技術部2011告示、実科（技術・家政）教育課程により作成
（韓国語を直訳したものである）

的に管理する能力を養います。教科書では、コンピューターやアプリ等でお小遣い帳を活用する方法、お小遣いで物を購入する計画から実行までの過程等について紹介されています。

　中学校『技術・家政』の「青少年の自己管理」の単元目標としては、「消費生活に関する様々な状況を把握して主導的に自己管理をすることができる」ために、「思春期の消費特性と消費環境を理解し、自分の消費生活と関連した問題を評価し解決することができ、このような過程を通じて健康な消費生活を実践する」と示されてます。すなわち、発達段階に沿って青少年期の消費活動や消費問題等を理解し、自分の消費生活を考え実践することを目指しています。教科書では、現代社会における青少年消費者の役割や責任と権利、様々な消費者問題、倫理的な消費者等に関する内容で構成されています。

(3) 中学校『技術・家政』の授業実践

　倫理的消費に関する中学校家庭科の授業実践を、韓国忠清南道牙山市溫陽新井中學校2年生（36名）を対象に行いました。前時では、フェアトレードやボイコットなど、倫理的消費に関して教科書を中心に学んでおり、本時では「倫理的な消費に関する広報物（ポスター）を作り、実践することができる」を学習目標に、図表3-6-2の通りに授業実践を実施しました。

図表3-6-2　学習指導案

日時	2016.9.21.(水)	学級：2-4	場所：2-4	指導教員：ムンウンソン	
単元	2. 青少年の消費生活 (2) 未来社会のための消費者の社会的責任			全6時中 2時間目	
学習 目標	「倫理的な消費」に関する広報物（ポスター）を作り、実践することができる。				

段階 （時間）	学習内容	教授・学習活動		人性 徳目*	学習資料 及び留意点
		教師	生徒		
導入 (8分)	前時の学習の確認 本時の学習目標の確認	- 前時の学習を確認する。 （倫理的な消費の実践方法） - 本時の学習目標を提示する。	- ボイコット、バイコット、地産地消、フェアトレード、寄付、持続可能な消費等に関して学んだ内容を確認する。 - 本時の学習目標を確認する。	責任	前時の学習の確認をし、本時の学習目標につながるように指導する。
展開 (32分)	グループ活動 学習内容の発表	- 倫理的な消費の実践方法を広報するポスター制作についての留意事項を説明する。 - グループ活動に積極的に参加して制作するように促す。 - ノートパソコンのウェブカメラでグループの制作物を撮影し、各グループの発表に活用する。 - 各グループの発表内容を整理する。	- 倫理的な消費の実践方法を広報するポスター制作についての留意事項を確認する。 - 積極的にグループ活動に参加し、ポスターを作成する。 - 各グループの活動内容及びポスターを発表する。	配慮 協働 尊重 意思 ・ 疎通	・PPT ・ポスター用紙 ・マジック ・広報資料 グループ活動時、活発的な相互作用ができるよう、机間指導する。
まとめ (5分)	学習内容の再確認 次時の予告	- 学習目標を再確認する。 - 次時の予告をする。	- 学習目標を達成できたか確認する。 - 次時の内容を確認する。	－	・PPT

*韓国では、全ての教科の学習指導案に、その授業で育成すべき人性徳目（日本の資質能力の中の人間性に該当）の内容を明記するように義務づけられている。

図表3-6-3　グループごとにポスター作成をしている様子

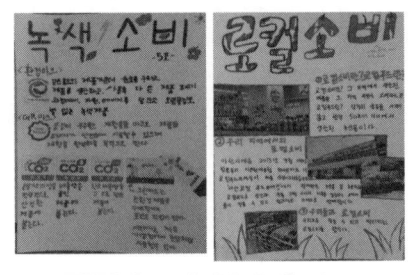

図表3-6-4　ポスター発表をしている様子

図表3-6-5　完成したポスター
（地産地消・グリーン消費）

　学習後、「物を買うときに、環境や『人』についてもう一度考えてから買うようになった」「自分の消費が、自分だけでなく、私たちの地域、また、世界の人々、地球環境まで影響を及ぼすことに気づいた」というように、自分たちが調べた具体例から広報物を作成することで、消費者として社会的な課題を解決する方法を探ったり、その課題に取り組む事業者を応援したりする等、倫理的消費の視点に基づいた消費行動がみられました。

　韓国の家庭科における倫理的消費の学習は他の教科より充実しており、その重要性も高まっています。実践的・体験的な家庭科の特徴を生かし、生徒が身近な実践につなげられるような授業を開発していく必要があると考えます。

参考文献

イサンウォン他11名(2016)『実科』チョンジェ教育

イチュンシク他10名(2016)『技術・家政』チョンジェ教育

教育科学技術部2011告示『実科(技術・家政)教育課程』

（鄭　暁静）

2　中国の実践

　本稿では中国人の金銭概念の視点からメスを入れ、古代から今日までの中国人の金銭に対する意識の変遷、特に小学校での金融教育の実施について描写し、金融教育の注意点やあるべき姿について自分なりの意見を述べることにします。

(1) 中国における金銭の概念

　中国では、「士農工商」という古代における職業の順位から見ても分かるように、昔から商業や金銭に対する概念が弱い傾向にありました。それは農業社会が長く、また読書で官になるのが出世だという理念を重視しがちであったことが原因だと思われます。そればかりでなく、「君子喩于義、小人喩于利」(君子：徳のある人、小人：徳のない人。君子は義を、小人は理を重んじる)と言われるように、道徳と物質主義とが対立関係にあり、金銭を口にすることが恥ずかしいこととされ、肉親や友人の間で金銭のことを言うと、関係が悪くなり友情が損なわれるという考え方が普通でした。そのため、AA制(割り勘)は最近の新しいことであり、若者の間ではやっていますが、大人の世界では今でも稀なことです。古代中国人はまた、「君子受財取之有道」(君子は正道の財をとり、不義の財を取らない)の意義がよく理解でき、金銭に対する態度を特に重視していました。このような金銭意識は古代中国人の道徳養成の一面を反映していますが、その反面、商業の出現が他の国よりずいぶん遅く、近代の経済発展がたいへん立ち遅れていました。それと関係して、学校教科としての金融教育もなされていませんでした。

　しかしながら、経済社会の進展にともない、人々が金銭に対する意識がかわり、物欲に左右される傾向が目立ち、金融教育が必要となってきました。特にお金は便利なため、お金があれば何でもできる、贅沢な生活をしたいと思う人がますます多くなり、金銭より人格を見るという美徳さえ軽視されるようになっています。このような社会環境に生活する子どもたちも幼いうちに金銭の概念が確立していくため、その金銭の理解や使用について指導しないわけにはいかない現状にあります。

(2) 中国の小学校での金融教育

　中国の小学校では、金融教育は財商（Financial Quotient）、あるいは理財（金銭の用途や使用方法）教育と言われ、中高年学生対象の「総合実践活動」や「品徳と社会」の中で扱われます。「総合実践活動」では生活能力の一つとして、「品徳と社会」では「地域生活」の知識として学ばれ、社会生活の態度、マナーの習得などの意図も含まれています。現段階では金融教育は主に「品徳と社会」において実施されています。

　2001年の「基礎教育カリキュラム改革綱要」では、金融教育は中高年学生対象の「生活における経済学」というテーマで扱われ、4年生の品徳では「お金の学問」という学習がありました。

　2011年に公布された「義務教育品徳と社会課程課標」（日本の学習指導要領にあたる。以下、「課標」）では、金融教育は「われわれの地域生活」の一内容として扱われ、買い物に関する初歩的な知識やマナー、独りで買い物ができる能力と自我保護の意識などが含まれています。中学年では「地域生活」、高学年では「家庭生活」となり、それぞれ商店や買い物、家庭消費と簿記などの学習が含まれています。「課標」によれば、「生産・消費活動が生活との関係を初歩的に理解する」ことが目標とされ、知識の学習の他に感情・態度の養成も重視されています。授業の方法としては、学校や家の近所の商店について観察と調査、商品の種類・価格・選択などという生活における実践活動が推奨されています。

　また、「課標」において、「品徳と社会」は総合性・実践性・開放性の性格をもつと書かれています。ここで言う総合性とは、品徳は社会生活・社会環境や歴史文化、そして現在注目されている環境・安全などの問題と結び付けて道徳教育を展開すること、実践性とは、「知行合一」の原則で、活動や問題解決の中で道徳性を養成し、その社会性の発展を促進すること、開放性とは、授業を学校より家庭・地域へと延長し、活動の過程とか児童生徒の日常的な行動に注目して、道徳実践の効果を開放的視野で見ることです。

(3) 首都師範大学附属順義実験小学校での実践

　首都師範大学附属順義実験小学校 (以下、「順義附小」) は2016年9月に開校されたばかりの学校で、金融教育は他の科目と同じように、真新しい授業です。順義附小の運営理念は「成長教育」であり、財商がスクール・ベスト・カリキュラムとして取り上げられており、児童・生徒の成長を促進するものとして期待されています。

　教材は北京教育科学研究院・首都師範大学編、首都師範大学出版の「品徳と社会」を使用しています。2016年10月12日、東京学芸大学教員養成カリキュラム開発研究センター長の大竹美登利教授が4年生の「多様なショッピング・スポット」の授業を見学されました。ここではそのときの授業を紹介します。

　この授業では、ショッピング・スポットの特徴、品物の品質・価格、買物環境 (広さ・清潔)、サービス (周到・便利) 及び商店の種類・場所 (便利さ) などについて学ぶ学習活動が展開され、金銭に対する正しい態度の確

図表3-6-6　『品徳と社会』の表紙

立、初歩的な知識の勉強、稼ぐことに
苦労している両親に対する感謝の気持
ちを養うことが目標とされていました。

事前に子どもたちは家の近所にある
商店についての調査をしており、グ
ループ発表の形でショッピング・ス
ポットや品物の種類・値段などについ

図表3-6-7　公開研究授業の様子

て話し合いました。その後、雯雯（ウェンウェン）ちゃんという仮想人物の買
い物の援助をめぐってディスカッションを行いました。何に焦点を当てるか、
どのような値段と方法で購入するか、また、雯雯ちゃんの参加する活動にあ
うようなシャツのデザインは何かなどに話し合いは集中していました。最後
に多様多彩な世界のショッピング・スポットの雰囲気が紹介されました。こ
の中には知識を学ぶ内容もあり、実践を学ぶ場面もありました。上で述べた
授業目標が一応達成されていると思われました。

授業方法としては、教員と児童との対話、児童間のディスカッション及び
児童のグループ発表でした。担任の教員は就職して22日目の若い女性で、
緊張の中で笑顔を保ち、良い授業ができるように努力していました。

興味深いこととして、児童への評価では通常使用されている言語での激励
の他に、キャンパス・マネーも登場していました。キャンパス・マネーは、
児童が積極的に授業に参加し、提案したアイデアがよい場合などに獲得する

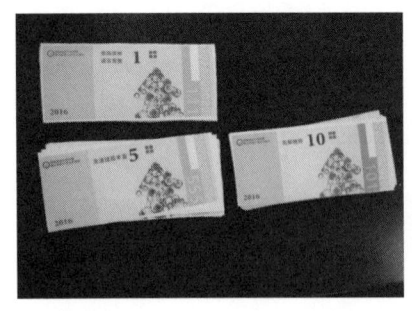

図表3-6-8　キャンパス・マネー

図表3-6-9　子どもたちの作品の紹介

ことができます。使い道としては、消費・貯金・寄付の三つが勧められていました。もちろん模擬通貨ですので、学校内でのみ使うことができることとなっています。例えば、遊戯道具の使用権とか文房具の交換などの際に使うことができます。

このキャンパス・マネーの使用は特に大竹教授に評価されました。それは、児童・生徒に適応する実践性が高いからという理由でした。また、授業全体として生活との関連性が深いところも評価されました。順義区教育指導研究員からは、児童による活動が十分ではなく、もっと体験的な活動が必要だと提案がありました。授業見学を同伴した筆者としては、授業スタイルが単一であり、より多様な授業法の研究が必要だと実感しました。

(4) 今後の課題

前述したとおり、中国では昔から金銭に対する思いが複雑なものがあるため、児童・生徒に対する金融教育の実施が本当に適切なのか、或いは金融教育は何歳から始めてよいかについて議論になる時さえもありました。その心配には中国文化に根ざす中国人の価値観が背景にあり、無視するわけにはいきません。

金融教育はアジア諸国より西洋諸国のほうが早くから、経済社会へのアプローチ、生活能力の養成が主な目標とされています。社会や生活とうまく結びつけることができ、経済社会に適応できるような学習は将来社会人になる児童・生徒のためになることであるということはいうまでもありません。

しかしながら、金融教育が知識や能力の育成にとどまるのならば十分とは言えません。特に非理性的消費・贅沢な生活が流行している現代では、いかに児童・生徒の金銭観を指導するかは、学校教育が果たすべきことの重要な一環です。本稿で紹介した順義附小の授業での両親への「感謝の教育」は、品徳に関する感情・態度・価値観を育成する教育の実現の試みであったと言えるでしょう。

もう一つ重要なのは、金銭は労働を通して獲得するということについての

教育です。今の中国の子どもは勉強に没頭し労働の意識が弱く、時には労働を軽視する実情さえ出てきています。このような状況を考えると、今後の金融教育はお金の学問、お金の使い方という出口だけではなく、労働をもって獲得するという入り口、言い換えれば、正しい金銭観、労働を通してはじめてお金を得ることができるということの重要性も教えるべきであると思われます。このような金融教育こそが、児童・生徒の道徳性養成と道徳実践力が促進できると考えます。

　中国で金融教育の研究を進めるに当たっては、アンケート調査と授業研究で下記の学校に協力をしていただいたことに、改めて感謝したいと思います。

　　　調査協力校　　首都師範大学附属小学

　　　　　　　　　　北京市順義北小営中心小学

　　　　　　　　　　北京第一実験小学

　　　　　　　　　　北京師範大学附属小学

　　　　　　　　　　首都師範大学附属順義実験小学校

　　　授業研究　　　首都師範大学附属順義実験小学校

（夏　鵬翔）

第4章　金融教育を多角的に追究する教科横断的な連携・協働研究

第1節　家庭科と社会科との連携

　カリキュラム案Ⅰに見るように、金融教育はいくつかの教科と連携して授業を実施すると、特に効果的な学習が展開できると考えます。本節では、家庭科と社会科で行った連携授業の試みを紹介します。

> ここで紹介する「家庭科と社会科との連携」は2017年修了三島聡子の修士論文「家庭科と他教科の連携における消費者教育の展開の可能性」（大竹美登利指導）を要約したものです。

1　中学校での「さまざまなカードや券」の授業

(1) 授業の流れ

　この授業実践事例は、従来の授業計画を崩さずに、中学2年生2学期に家庭科を、3年生3学期に社会（公民）の授業を連携して行うことを計画しました。平成20年版学習指導要領では中学校家庭科で三者間契約は取り扱わないとなっていますが（平成29年版学習指導要領では取り扱うこととなった）、それを2年生で取り上げ、3年生の社会（公民）の信用取引の授業に繋げるものです。

　本実践は家庭科4時間扱いで、1、2時間目で商品の選択と購入、3、4時間目で「さまざまなカードや券の情報を読み解こう」を取り上げ、クレジットカードや電子マネーの内容は、3年生の社会（公民）で詳細に扱うことにしました。3〜4時間目では、まず各人に配付したクレジットカードのコピー

を観察して気づいたことをワークシートに記入させて特徴を確認し、次にクレジット機能の無いカードや商品券を各班1種類ずつ配り、その記載事項からクレジットとの相違を把握しました。最後に観察したカードや券についてシートにまとめて発表し、その特徴を全体で共有しました。

授業は2015年に実施し、授業対象者は中学2年生39名です。

(2) 授業で生徒が学んだこと

授業後の感想は図表4-1-1（記述は重複カウント）のようでした。

最も多かった記述は【メリットとデメリット】で、カードには便利な点だけでなく、注意して使わなければならない点があることが述べられていました。次に多いのは【記載されている内容】で、カー

図表4-1-1　生徒の感想の分類結果

カテゴリー	人数	％
メリットとデメリット	37	(95%)
記載されている内容	23	(59%)
悪用されない工夫	12	(31%)
仕組み	11	(28%)
それぞれに特徴があること	10	(26%)
そのほか	33	(85%)
合計	126	(323%)
対象生徒数	39	(100%)

ドに書かれた様々な注意事項などの情報をしっかり読むことの重要性に気付いていました。また実物のカードの偽造防止技術といった【悪用されない工夫】に気が付いたり、三者間契約に関する【仕組み】の記述もみられ、社会科の学習の基礎知識が培われたようです。

(3) 本授業の成果と課題

この生徒が中学3年生になったときに、社会（公民）で家庭科の学びを踏まえてクレジットの授業を行う予定でした。しかし家庭科の教員が退職し社会科の教員との連携が途切れ、授業実践を確認するに至りませんでした。現在の連携授業は教員同士の個人的つながりで成り立っていることから、それが無くなると連携がうまくいかなくなる例となってしまいました。連携授業の

推進には個人的な繋がりを超えた仕組み作りが必要となります。

2　中学校での「100円朝食を作ろう」の授業

(1) 授業の概要

　この授業は、東京学芸大学の「経済的に困難な家庭状況にある児童・生徒へのパッケージ型支援に関する調査研究プロジェクト」(以下、「CCSS」)の一環として全校をあげて取り組んだものです。CCSSでは教員養成系大学・教育系学部とその附属学校が協力して子どもの貧困を取り上げ、社会的・経済的に困難な状況にある彼らを支える授業モデルを学校・家庭・地域に向けて発信することを目的としています。

　この授業では、貧困は誰にでも起こり得ることを知り、貧困の中でも最低限の生活運営ができる自立力を育成します。これまで相対的貧困に関わる内容は公民的分野の経済の単元で扱われてきましたが、それを家庭科の「食生活と自立」の単元と結びつけることで、限られた収入の中で家計管理していく方法を実感をともなって理解することを目指します。

図表4-1-2　授業の分野及びねらいと流れ

次	分野	授業のねらい
1	家庭社会	・単元のテーマ「100円朝食を作ろう」を提示し、なぜ100円なのか予想させる。(家) ・相対的貧困世帯の収入と支出から、1食を100円しかかけられないことを諸資料から理解させる。(社) ・新聞記事の事例から貧困には誰でも陥る可能性があり、社会全体で支えていくことが必要性であること、その状況で生活自立する方策を知っておくことが必要であることを理解させる。(家)
2	家庭	・「100円朝食」を考えられる力をつける意義を考える。(家) ・班毎にスーパーのチラシで食材の価格を調べ、食材の候補を探す。(家)
3	家庭	・食材の候補を用いて、栄養のバランスが取れ、かつ自分が作って食べてみたい献立の案を予算内で考えさせる。(家) ・模造紙に、献立や工夫した点をまとめ、班ごとに発表させる。(家) ・健康的な食生活を送るために、栄養や予算以外の考慮事項を考えさせる。(家)

注) (家)は家庭科教員、(社)は社会科教員が担当した部分である。

　「100円朝食を作ろう」は3時間設定で、2016年3月に、附属中学校1年生4クラス120名を対象に実施しました。授業のねらいとおおよその流れは図表4-1-2の通りで、1次は社会科で、貧困はどんな家庭でも陥る可能性があることを資料を用いて学び、そうした世帯の平均的な食費は1食100円程度であることを確認しました。それを受けて2次で、スーパーのチラシによって食材の価格を調べ、3次ではこれらのデータを元に100円以内で栄養バランスの取れた献立を作成しました。なお、東京では全国平均より物価が高いことから、上限が150円まででも良いことにしました。

(2) 生徒の学びの結果

1) 献立の栄養バランスと費用

　上限を150円として献立を考えさせた結果、4クラス計32班の平均の費用は122円(和食124円、洋食120円)で、どの班も予算内で献立ができました。

　栄養バランスの達成度合いを6群の食品群別摂取量1食あたりの目安の充足程度でみたところ、1群(魚肉卵)を満たしていた班は32班中12班(38%)と最も多く、続いて3群(緑黄色野菜)の11班(34%)、2群(乳・小魚)の10班(31%)で、最も少なかったのは4群(淡黄色野菜・果物)の4班(13%)でした。1群は中学生が好む食品で調理も簡単で馴染み深いこと、一方4群の果物は値段が高く摂りにくかったようです。

2) 授業後の感想

　感想はおおよそ5つに分類され、貧困は誰でもなり得る可能性があり他人事でない【貧困になる可能性】を感じ、【100円で朝食を作れる】自信を持ち、しかし100円で1食作るのはとても大変と【100円朝食の難しさ】を学んでいました。さらに自分で作った方が栄養バランスよく、お金もかからない【手作りの優位性】を理解し、【その他】で自分の生活費や暮らし方を改めて見直すきっかけになったようでした。

(3) 成果と課題

　本授業では、社会科で日本の貧困問題に関わる統計資料や新聞記事を読むことで貧困を自分事として考える下地ができ、実感を持って100円朝食にも取り組め、100円ではカップラーメンくらいしか食べられないと考えていた生徒が、栄養バランスの取れた献立を作ることができる自信を育んでいました。社会科と家庭科を連携させた授業を行ったことで、当事者性をもって貧困学習ができ、それを乗り越える自立能力を身に付けられました。また教員同士の個人的繋がりでなく、学校全体で取り組んだことで効果的な連携授業が展開できたといえます。

3　高等学校における「リスク管理と生活設計」の授業実践

(1) 授業のねらいと流れ

　家庭科と公民科それぞれの授業でこのテーマに取り組むのではなく、同じ時間の中で、家庭科教員がＴ１として授業を進行し、保険制度などは公民科教員がＴ２として補足するなど、それぞれの教科で行ってきた学習を有機的に結びつける取り組みを行いました（図表4-1-3）。授業は2016年2月に、附属高等学校2年生1クラス41名を対象に行いました。

図表4-1-3　授業のねらいと流れ

次	分野	学習活動・学習内容
1	家庭	・広告を読み取る力を基に、将来の住生活の見通しを持つ。
2	家庭	・住みたい家に住める工夫をローン計算から考える。 ・金銭管理の重要性について考える。
3	家庭	・社会人1年目給与明細を読み取り、収入について理解する ・費目毎の生活費の資料で、一人暮らしの収支を計画する。
4	家庭 公民	・家族構成を設定し、そこで起こり得るリスクを想定し、そのリスクを防いだり、軽減させる方法を話し合う。 ・リスクに対応した生活設計と金銭管理を考え、リスク分散の方法に気づく。 ・預金・保険・年金や社会的制度の意義について確認する。

(2) 授業後の生徒の感想

　授業後に記述させた感想では、保険を積極的に利用したほうが良いと思ったなど【保険の大切さ】を実感し、人生設計を立て、保険や貯金を考えておかなければならないといった【計画的な資産運用】の必要性や、リスクを想定して、安心できる暮らしができるようにしておきたいなどの【リスクへの備え】の必要性を理解し、現実的に考えなおすきっかけになったと【実感を伴った理解】をしていることが分かりました。また、家族がいると生活していくのが難しくなるのが分かったなどの【その他】の意見も述べられていました。さらに、公民と合わせることによって理解が深まり、より詳しく考えることができたといった【連携の意義】を感じており、2つの教科が連携することで、リスク管理の仕組みの理解が深まり、実感の伴った学習となったようです。

(3) 成果と課題

　本授業を通して、多くの生徒はリスクを自分にも起こり得る身近なことであること、リスクに備える方法として保険制度の活用が効果的であると学んでいました。家庭科だけでは、生活設計のシミュレーションの学習が中心となり、保険の詳しい制度の説明をすることは難しいですが、公民科教員が社会科で保険制度を学習した内容を思い起こさせるような補助的解説を行うことで、公民科と家庭科の学習が繋がり、経済と家計の関連性に気付く学習が展開されたといえます。

　本授業実践は両教科の教員が連携授業に前向きであったことから、ボランティア的な負担によってティーム・ティーチングの授業が成立しましたが、そうした協力がいつでも得られるとは限らず、一般化は難しいことも考えられます。

4　家庭科と社会科が連携した授業実践の課題

　今回の授業実践を通して、複数教科が連携する授業を行う成果と課題は以下のようにまとめられます。

　一つ目は、別々で行われている学習を意識的に連携して授業展開に組み込むことによって、生徒は社会科で学ぶ社会制度の仕組みを、家庭科で自分事として具体的な生活と結びつけて理解する学習ができ、金融教育として有効な教科間連携による学習が展開されることが分かりました。

　二つ目には、現行制度下では各教科が独自に3年間の学習計画を立てており、連携が可能となるような授業計画を立てることは個々の教員の努力では難しいことから、学校全体の取り組みとするなどの協力体制ができることが連携授業を成功させるポイントになるでしょう。

　三つ目には、現在先行事例が少ないこのような教科連携の授業を実施するためには、先駆的な取り組みをする教員が新たな授業開発をしていく必要があります。多忙化する学校現場で必ずしもその時間が確保できませんが、それぞれの教員が可能な範囲で連携授業の先行事例を積み重ね、それを他校でさらに試行するなどで、連携授業を拡大していきたいものです。

（大竹　美登利）

第2節　ユニバーサルデザインの授業

　第2節では教科教育に特別支援教育の視点を取り入れるユニバーサルデザインの授業について紹介します。

1　はじめに——小学校における通常学級の学級担任と特別支援学校の特別支援教育コーディネーターとの連携による家庭科の授業——

　平成28年4月に「障害者差別解消法」が施行され、学校教育においても合

理的配慮が求められ、だれに対しても、どこであっても必要な支援を行う時代となり、ユニバーサルデザインの授業づくりが広く取り組まれています。通常学級におけるユニバーサルデザインとは、①多様な子どものニーズの「基礎的なところ」に応える、②すべての子どもの参加を可能にする、③子どもの学習観をポジティブにする、④教科教育・特別支援教育・学級経営の知見の重なりが求められる (石隈、2013) とされています。

　ここでは、学級担任と特別支援学校の特別支援教育コーディネーターが協働して授業づくりを行い、学級経営で学級全体をコントロールすることと、特別支援教育の視点で一人ひとりの実態を丁寧に見ていくことのバランスをとることができた小学5年生家庭科の消費者教育「考えよう　買い物とくらし」の単元における授業実践についてご紹介します。

2　授業の概要

(1) 児童の実態とねらい

　授業実践の学級には、学習面や行動面における何らかの困難を抱えている児童が2〜3人は在籍しており、これは文部科学省が平成26年に報告を行った結果とほぼ同程度でした。くらしやお金についてのアンケートを当該学級で実施したところ、児童は普段から自分で判断して買い物をしていますが、お金は必ずしも計画的に扱えていませんでした。そこでこれらを踏まえた家庭科の消費計画の3時間の授業を計画しました。

　本授業では、主体的に判断し責任をもって行動できるようになることを目的に、健全な金銭感覚を養うとともに、物や金銭の計画的な使い方と買い物に関する基礎的・基本的な技能や知識を身につけ、児童自身が自覚的に生活をつくりだしていくことを目指しました。みずほフィナンシャルグループの職員をゲストティーチャーとして招いて、児童が直接お金や銀行について質問することを通して、関心・意欲を高め、学びを深めることを計画しました。また、家族への買い物に関するインタビューを宿題とし、家庭と連携した学

習を展開しました。さらに、環境視点を組み込み、「フード・マイレージ」も取り上げ、様々なことに配慮した主体的な消費者を育てたいと考えました。

(2) 授業の流れと仕掛け

　授業においては、本プロジェクトが開発したテキスト『考えてみようこれからのくらしとお金』(p.31、71) と特別支援教育テキスト『くらしとお金』(p.22、23) を使用し、図表4-2-1のような計画を立てました。毎回の授業でICTを活用し、電子黒板にプレゼンテーションソフトを用いて作成したスライドを用いて授業を進行していきました。どの時間でも、はじめに授業の流れ (スケジュール) をスライドで示し、学習の見通しをもてるようにしました。また今何をやっているのかがいつでもわかるように、ワークシートや作業の指示もスライドで視覚的に示しました。

図表4-2-1　学習計画とそのねらい

学習指導計画 (全3時間)		めあて
第1次	「海外旅行にいってみたい？」	・多くのお金が必要なときにどうしたら良いか考え、お金や銀行に興味をもつ。
第2次	「銀行の方に聞いてみよう！」	・お金と銀行の仕組みや働きを知り、上手に活用していこうとする気もちをもつ。
第3次	「やりくり上手になるには？」	・計画的な物や金銭の使い方の重要性を知り、物や金銭を大切にし適切な買い物の仕方を考える。

　第1次では、導入として、外国について学ぶ社会科と関連させて、海外旅行に行くことを仮定し、興味・関心を引きつける画像をテレビに大きく映し出して、旅行代金を予想する誰もが参加できる単純な質問から始めました (図表4-2-1)。一人でじっくり考える時間を作ったり、その意見を発表して共有し、自分の意見がみんなと同じである安心感を持つ時間を作ったり、また発言者をカードで明示し自分の発言がクラスで認められているという実感を与えたり、どんな意見でも言いやすい挙手のサインを示したりと、発言してみたいと思うような様々な仕掛けも作りました (図表4-2-2)。

第２次の導入では、前次の復習として、児童の意見をまとめたスライドを示し、次に銀行職員のゲストティーチャーによる講義を行いました。講義では、８分程度の銀行業務を紹介するDVD視聴や、実物の海外のお金のサンプルに触れる体験学習を取り入れました。

第３次では、多様な難易度のクイズで復習を行い、全員参加を促しました。家で調べてきたことを、班毎にまとめてポスターに示し、自由に見て回る活動を取り入れました。注意の持続が難しい児童にとって、立ち歩いてOKという時間を設け

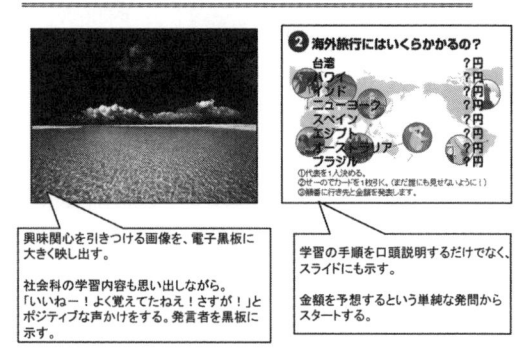

第1次 お金とくらし「海外旅行にいってみたい？」

興味関心を引きつける画像を、電子黒板に大きく映し出す。

社会科の学習内容も思い出しながら。「いいねー！よく覚えてたねえ！さすが！」とポジティブな声かけをする。発言者を黒板に示す。

学習の手順を口頭説明するだけでなく、スライドにも示す。

金額を予想するという単純な発問からスタートする。

図表4-2-2　授業で使用したスライド

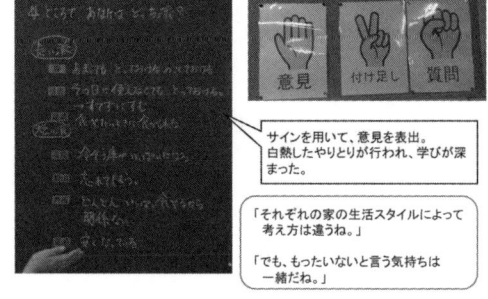

発言しやすくするための工夫

『賞味期限や消費期限は長い方がいいの？短い方がいいの？』

サインを用いて、意見を表出。白熱したやりとりが行われ、学びが深まった。

「それぞれの家の生活スタイルによって考え方は違うね。」

「でも、もったいないと言う気持ちは一緒だね。」

図表4-2-3　（3次と入れずに、「発言を促す工夫」とする）

ることによって気分転換ができ、後半の学習にも落ち着いて参加ができる工夫です。また、洗剤や食品のパッケージ等の具体物をあらかじめ机の中の袋に隠しておき、ひとつずつ取り出して注目を促し、期待感をもたせる演出を行いました。普段の生活と授業を結びつけ、本単元で学んだことをこれからの生活にいかしていけるようにしました。

授業づくりにおいては特別支援学校の特別支援教育コーディネーターによる巡回相談を活用し、児童の様子、学級集団の様子、教員と児童の関係、授

業内容について客観的に学級の状態を観察し、多くの側面から子どもの実態をとらえながら(1)成果物の分析、(2)授業内容、構成の検討、(3)学級経営への反映を行いました。

3　ユニバーサルデザインの授業のポイント

(1) 成果物の分析

　ワークシート等の成果物を分析することで、児童の学びの到達度を確認します。ワークシート(図表4-2-4)を用いることによって、授業内容を理解しているかどうかといった習得度を確認できるだけでなく、書いている文字が乱れていないか、誤字脱字がないか、落書きはないか、用紙をぐちゃぐちゃに丸めていないか、破られていないか、きちんと提出できているかといった、基本的な授業態度や生活態度の変化を読み取ることができます。学習理解度の質問においては児童が答え易い表情イラス

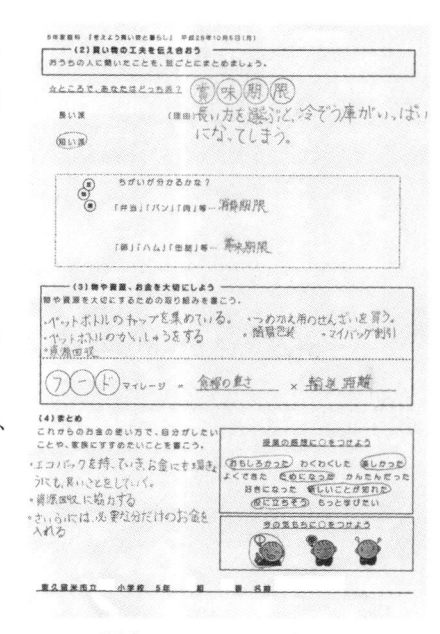

図表4-2-4　ワークシート

トの選択肢の工夫をしましたが、教員にも短時間で児童の状態がわかる利点があります。

(2) 授業内容、構成の検討

　今回の授業には、巡回相談員がサポートとして入り、授業中に支援が必要な児童に、学習への動機づけをしたり、関わり方のヒントをあたえたりするなどの直接的な支援を行いました。

　また、児童の実態に応じて、到達点をどこにおくか、授業内容や構成について検討を繰り返し、学級のすべての児童が「わかる」「できる」「楽しく学ぶ」ことを目指しました。そのために、授業担当の担任教員と相談員は、授業準備の話し合いを行い、集団における課題設定だけでなく個別の課題設定をすることで、対象児童が授業に最後まで取り組めることを共通に理解し、その工夫を授業の中に取り入れたりしました。

　配慮を必要とする児童に対する適切な対応には、教員の対象児童に対する共通理解や工夫の必要性の理解が重要です。

(3) 学級経営への反映

　いくら良い発問や教材を準備していても、児童が授業に向かおうとする態度をもっていなければ授業は成立しません。巡回相談では、課題 (弱み) だけでなく、良かった点 (強み) についても共有しました。授業中の発問や声かけなど教員が無意識に行っていた支援が的確であったかどうか再確認することで、教員の意識が変わります。子どもを褒める言葉や、肯定的で具体的である声かけが増え、学級の雰囲気が良くなっていきます。

4　成果と課題

　本授業を振り返ると、児童の第3次のワークシートの記述においては、困った顔、わからなかった顔を選択していた児童は誰ひとりいませんでした。「わかった！」と思える授業は、支援が必要な児童だけでなくすべての児童が安心して、ポジティブに学習に取り組め、学校生活にも前向きになることにつながります。

　ここで紹介した授業は通常教室での学習でしたが、家庭科は、調理や被服など、特別教室である家庭科実習室で行われることも多くあります。そのため普段と異なる座席、環境に反応して、多くの子どもは興奮したりソワソワしたりと落ち着かなくなりますが、支援の必要な子どもは場所が変わること

で混乱し、より一層不安定になる可能性が高くなります。そのため、家庭科の授業作りに際しては、参加しやすい環境をどう整えるかを最優先に考える必要があります。例えば実習室内での子どもの動線を考え教材配置を行う等、時間的、物理的、視覚的に構造化する視点をもつことが求められます。特別な支援が必要な子どもの授業中の動きを授業に参加できるような動きに変えることができるので、事前の準備に力を入れることが大切だと思われます。

　ユニバーサルデザインの授業づくりにおいて必要なことは、教員個人の特別支援教育の高い専門性ではなく、高いアンテナを張って子どもを見つめて実態を的確につかみ、豊かな発想で授業や教材に工夫を施しながら柔軟に対応することだと考えます。

5　おわりに

　学校現場には、ゲストティーチャーとして地域や企業の方と協働した授業を行うことが浸透してきました。教員は、外部資源を活用しながら授業を行うことが求められ、いかに連絡調整ができるか試されています。そして、東京都の公立小学校には特別支援教室が設置されるようになり、スクールカウンセラーだけでなく、巡回指導教員や、特別支援教室専門員、臨床発達心理士といった複数の様々な専門家が学校教育に関わるようになってきました。専門家はそれぞれの視点で子どもや子どもを取り巻く環境を見ています。教員は一人で抱え込まずに相談をしたり、意見交換をしたりして専門家の力を活用し、連携・協働していけると、子どもの学びがますます充実するでしょう。

（池尻　加奈子）

第5章　学習指導要領の改訂と金融リテラシーの育成

第1節　新しい教育課程の実施とこれからの金融教育

1　次世代を見すえた教育課程の資質・能力と金融教育

(1) 社会の変化への対応と新しい教育課程

　小・中学校及び特別支援学校の学習指導要領が告示され、学校教育も新たな時代に入ります。2016年12月、中央教育審議会が「幼稚園、小学校、中学校、高等学校及び特別支援学校の学習指導要領の改善及び必要な方策等について」と題した答申(以下、「答申」)を行い、次世代を見すえた教育課程が方向付けられ、それに基づく具体的な教育課程がその姿を現したのです。今、動き始めたこれからの学校教育の中で、金融教育はどのような位置を占め、どのような課題を果たしていくことになるのでしょうか。

　よく知られるように、学習指導要領はおおよそ10年に一度、その大幅な改訂が図られます。前回、小・中学校段階の学習指導要領の改訂が図られたのは2008年でした。しかし、求められる学力や能力のコンテンツ(内容)は、社会の目まぐるしい変化の中で、常に流動的かつ日進月歩です。

　例えば、スマートフォンが社会に広がり始めたのは、ちょうど前回改訂の2008年前後ですから、その時、構想された教育課程は、現在の社会を席巻するスマートフォンの存在をイメージしない中での内容だったのです。交通系電子マネーなどは2000年にはまだその姿がありませんでした。まさに、10年ひと昔と言われるほどの社会環境の急激な変化の中で、私たちのお金

や金融に対する感覚も大きく変わってきているのです。このことについて、上記の「答申」の中でも、「スマートフォンなどの普及に伴い、情報通信技術 (ICT) を利用する時間が増加傾向にある」と指摘しつつ、「視覚的な情報と言葉との結びつき」が希薄になって、情報の意味の吟味が不十分になってきているなどと状況の大きな変化を指摘しています。

　したがって、私たちは、教育課程の基軸となる資質・能力観自体を次世代に生きる教育観に重ねて、常に時代に即応できるものとして柔軟に発想していかなくてはなりません。そこで「答申」では、従前の「生きる力」の三要素である「確かな学力」「豊かな心」「健やかな体」のいわゆる「知徳体」の内容区分の視点ではなく、その構造を全体的に見直し、「育成を目指す資質・能力の三つの柱」として、新たに「知識・理解」「思考力・判断力・表現力」、そして「学びに向かう力・人間性等」を示しました。

(2) 育成を目指す資質・能力の三つの柱と金融教育

　私たちが関心をもつ金融教育も、ここで目指す資質・能力と同様の方向をもつ教育です。例えば、金融広報中央委員会が提示する金融教育の定義 (図表5-1-1の左側) を「答申」が示す資質・能力の三つの柱と対応させるならば、以下のように、その同方向性を十分に見出すことができます。

　図を全体的に受け止めるならば、金融教育は、①お金や金融に対する知識などへの理解を前提として、②自分の暮らしや社会に関しての思考や判断・表現を深めることを通して、③自分の生き方や価値観を磨きながら、主体的に行動できる態度など、いわゆる学びに向かう力や人間性を養う教育であると考えることができます。その意味において、私たちが描く金融教育そのものが、これからの時代を担う資質・能力を育む教育課題としての性格をもっていると言えるのです。

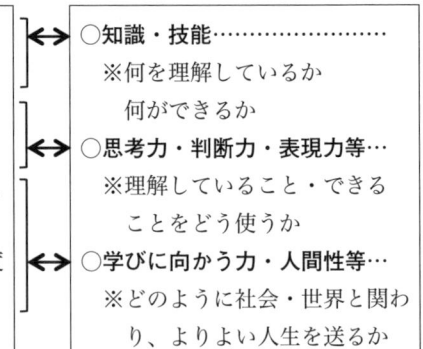

図表5-1-1　育成すべき資質能力の三つの柱と金融教育

---

2 「社会に開かれた教育課程」と金融教育

(1) 社会に開かれ、社会とつながる教育課程への改善

　この方向の実現のためには、教育の基盤となる学習指導要領の枠組みそのものを「社会に開かれた教育課程」としていく必要があります。「答申」に基づくならば、「社会に開かれた教育課程」は次の角度からイメージされます。

◎変化の激しい社会に生きるための資質・能力が明確にされている。

◎教科等を学ぶ本質的な意義を大切にしつつ、教科横断的な視点も持って育成を目指していく。

◎社会とのつながりを重視しながら学校の特色づくりを図っていく。

◎社会との関わりの中で子どもの豊かな学びを実現していく。

　その上で、この教育課程の実現には、次の点が重要になると示しています。

①社会や世界の状況を幅広く視野に入れ、目標を社会と共有していくこと

②これからの社会を創り出し、自らの人生を切り拓く子どもたちに求められる資質・能力を明確にしていくこと

③地域の人的・物的資源を活用したり社会教育との連携を図ったりして、

目指すところを社会と共有・連携しながら実現させること

　私たちが進める金融教育も、「社会に開かれた教育課程」の中で実現されるべきものであり、その一翼を担う教育であると言えます。例えば、ここでの①「社会や世界の状況」とは、変化する金銭感覚や経済社会の状況であり、それに関心をもち、的確にとらえることが重要です。また、②「子どもたちに求められる資質・能力」とは、前項で触れたように、子どもがお金や金融に関する内容に向き合い、考え抜き、自らを生かす力を身に付けていくことです。さらに、③「地域の人的・物的資源の活用」は、経済や金融に関わる様々な施設、団体、企業などの力を生かして、教育効果を高めていくことであり、金融教育の目指す方向性を学校と企業等とが共通理解し、共有して、教育の充実を図ることであると言えます。

(2)　「学びの地図」は子どもが将来に向けて歩むための指針

　新しい教育課程では、その視点から、いわゆる「学びの地図」としての枠組みづくりが特に重視されています。それは、子どもたちの多様で質の高い学びを引き出すため、学ぶべき内容などの全体像を分かりやすく見渡すためのものであるとされます。またそれは、家庭や地域社会の関係者が幅広く活用したり、子どもの成長を通じて現在と未来をつないだりする役割を果たします。いわば、学ぶ主体である一人一人の子どもにとっては、自己の社会的・経済的自立に向けて歩み出すための指針として手にする地図であり、夢の実現への「将来設計図」を描くための手掛かりとなるものです。

　その「学びの地図」には、お金や金融に関わる内容や課題も様々な視点から織り込まれ、それらがつながれて子どもの発達課題に合わせた大きな地図が形成されます。この地図が具体化されたのが、改訂された新しい学習指導要領なのです。本章の次節においては、特に社会科や家庭科の金融教育に関する内容に焦点化して、その地図上の事項の一部を描き出しています。

　金融教育は、もとより、社会と子どもとの関わりの接点に位置する教育です。今回の改訂の「社会に開かれた教育課程」への新たな方向は、金融教育

が目指す方向と重なっています。子どもが歩み出す社会を動かす大きな力のひとつが経済・金融であり、その環境自体が常に変化しています。金融教育も常に変化へのしなやかな対応が求められているのです。

3　アクティブ・ラーニングの視点を生かす金融教育

　いま、子どもたちの学びの姿として、アクティブ・ラーニング、すなわち「主体的・対話的で深い学び」の充実が期待されています。新たな学びの姿の中で、金融教育はどのような角度から進めることになるのでしょうか。

　その学びの実現について、「答申」では、「生涯にわたって能動的（アクティブ）に学び続けるようにすること」を強調しています。私たちが願う金融教育の充実も、まさに生涯にわたる視野をもっています。この学びを「主体的な学び」「対話的な学び」「深い学び」の三つに区分し、「答申」においてそれぞれに示された意味（要約）と、金融教育にかかわる学びの視点を整理するならば、図表5-1-2のように示すことができます。

図表5-1-2　「主体的・対話的で深い学び」の区分と金融教育の視点

学びの区分と意味（要約）	金融教育に関わる学びの視点
①主体的な学び 　自己のキャリア形成の方向と関連付けながら、見通しをもって粘り強く取り組むこと。	⇒◇将来働きたいことや自己実現の方向を心に描き、意志をもって学習に取り組む。中学校段階以上では、主権者教育の視点から「経済に関わる主体（消費者としての主体を含む）」等としての自己像をイメージすることも重視される。
②対話的な学び 　子どもの協働にとどまらず、教職員、地域や企業の人などとの対話を含め、経験を拡充すること。	⇒◇学びの充実とその可能性の拡充の観点からも、幅広い専門人材、NPOのみならず、企業との協力、産業界との関わりが今まで以上に求められる。
③深い学び 　習得・活用・探究の学びの過程の中で、知識を相互に関連付け、より深く理解し、考えを形成し、新たなものを創造すること。	⇒◇学びが深まる過程で、特にお金や金融が生活にどのように関わるかという視座を生み出す価値観が働き、形成される。また、そこから、将来に生きて働く資質・能力が育まれていく。

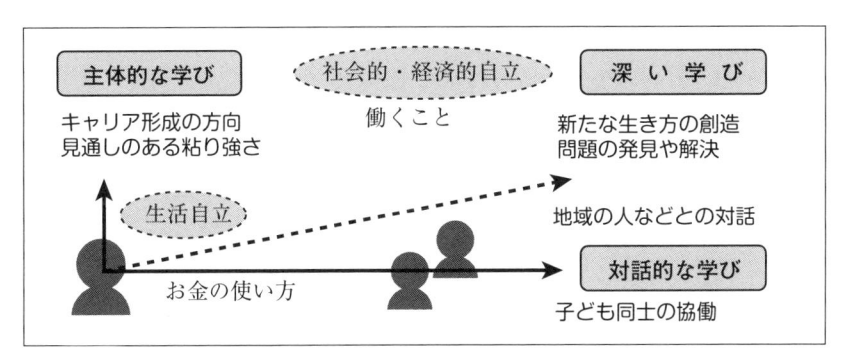

図表5-1-3　「主体的・対話的で深い学び」の融合的イメージと金融教育

　この中で、「主体的・対話的」という用語は「・」で結ばれており、両者で一体的な意味をなしています。そこで、これらの融合的な理解を試みるならば、いわば、「主体的な学び」は縦軸（垂直軸）としての自己の成長軸であり、「対話的な学び」は横軸（水平軸）としての学び合いの場や機会を拡充していくことです。その上で、「深い学び」とは、その高さと広さの充実のベクトルを重ねた、質の高く力のある学びの方向を示すと考えられます。このことを表すならば、図表5-1-3のように描くことが可能です。

　私たちが大事にしたいのは、生涯にわたって能動的（アクティブ）に学び続ける力を子どもの中に生み出すことであり、そこには常にお金を生かす生活、金融への適切な理解の伴った経済生活が重なっていることを意識して、学びの高さ、広さ、深さ（大きさ）を実現していくことなのです。

4　金融教育の効果的な実現とカリキュラム・マネジメント

　さらに、新しい教育課程と、それが具体化された新学習指導要領では、その全体的、効果的な推進のためのカリキュラム・マネジメントの充実を求めています。このことについて「答申」に基づき要約するならば、カリキュラム・マネジメントは、以下の三つの側面から捉えることができます。

　①　各教科等の教育内容を相互の関係で捉え、**教科等横断的な視点**で、そ

の目標の達成に必要な教育の内容を配列していくこと

②　子どもたちの姿や地域の現状に基づき、教育課程を編成し、実施し、評価して改善を図る一連の**ＰＤＣＡサイクル**を確立すること

③　教育内容と、教育活動に必要な**人的・物的資源等**を、地域等の外部の資源も含めて活用しながら効果的に組み合わせること

金融リテラシーは、もとより一つの教科等で閉じる教育ではなく、学校の様々な教育活動の相乗効果によって育まれるものです。金融教育の効果的な推進のためにも、上記の①〜③の下線部分が示す「教科横断的な視点」「ＰＤＣＡサイクル」の確立と、それらを支える「人的・物的資源等」の有効な活用が必要になります。それは、金融教育に関する教育内容の区分の側面からは、主として、次のいくつかのアプローチから考えていくことができます。

(1) 社会科や家庭科など各教科における内容面からのアプローチ

私たちのプロジェクトは、各教科では、生活科、社会科、家庭科及び高等学校段階の公民科を研究の主対象として、それぞれの内容を生かす教材開発及び実践を試み、成果を生み出してきました。

もちろん、その他の教科にも関連する内容は広がっています。例えば、算数・数学では、ものの値段や費用などを題材として、買い物や携帯電話の通信料金の計算や利息計算などを行うような教材が登場します。それは子どもの消費生活での基本的な能力を育成する役割があります。また、高等学校においては、専門教育に関して経済や流通、会計等に関する教科があり、金融教育に関連付けた展開が十分に可能です。

私たちが重点的に手掛けた教科を軸としながらも、各教科それぞれの特色に応じた重層的なアプローチが大切なのは言うまでもありません。

(2) 道徳科など各教科以外の学習での生き方教育としてのアプローチ

また、各教科以外の教育として、本プロジェクトでは道徳や総合的な学習の時間(主としてキャリア教育)での教材やカリキュラムの開発を試みました。

それらは、特別活動も含め、生き方教育の方向性が共通にイメージされています。新学習指導要領における道徳 (特別の教科)、総合的な学習の時間、特別活動の目標には、小学校段階を例にするならば、その後半部分に次の趣旨がそれぞれに明示されました (それぞれ目標の一部、各下線は筆者)。

○道徳科 (特別の教科) …自己の生き方についての考えを深める学習を通して、道徳的な判断力、心情、実践意欲と態度を育てる。

○総合的な学習の時間……自己の生き方を考えていくための資質・能力を次のとおり育成することを目指す (以下 (1) ～ (3) を示す：略)。

○特別活動………………自己の生き方についての考えを深め、自己実現を図ろうとする態度を養う。

　このように、新学習指導要領の第3章以下が示す各教科以外の領域は、「生き方」を豊かにするという共通の目標に向かって異なる角度からアプローチすることを意味しています。なお、道徳及び特別活動は中学校段階では「人間としての生き方」という用語に置き換えられます。

　各教科以外の教育が多面的に位置付けられ、それぞれに金融教育が重視する「生き方教育」の意義を明確に有する構造をもつのは、我が国のカリキュラムのもつよさであり、大きな特色であると言えます。

(3) 学校教育全体に視点を向けた横断的カリキュラムの構想

　その上で、この各教科・領域のよさをつないで相乗効果を生み出すように教育活動を発想することが特に重要です。例えば、金融教育の視点からも、教育活動全体を横断的に意識してカリキュラム化し、子どもの金銭や金融についてのリテラシーを全体的に育成していくことを発想することができます。大まかな関係を表すならば、図表5-1-4のようにイメージすることができます。

　このように、金融教育などの今求められる教育課題を学校の教育課程にいかに位置付け、様々な教育資源をどのように生かすかなどを発想し、そのPDCAサイクルを効果的に機能させる。それが、新学習指導要領が求めるカ

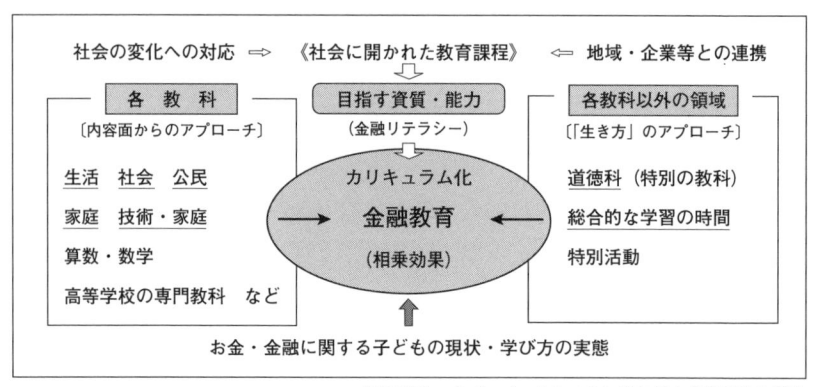

※下線は、本プロジェクトで主に取り組んだ各教科や領域

図表5-1-4　教科等横断的な視点に立つカリキュラムと金融教育

リキュラム・マネジメントであると言えます。　　　　　（永田　繁雄）

第2節　新学習指導要領における金融教育：教科教育に焦点を当てて

1　学習指導要領改訂の方向性

　2017年の学習指導要領の改訂では、これまでの内容ベースから、資質・能力ベースへと大きく転換しました。つまり、育成すべき資質・能力として、「生きて働く知識・技能の習得」「未知の状況にも対応できる思考力・判断力・表現力等の育成」「学びを人生や社会に生かそうとする学びに向かう力・人間性の涵養」の3つの大きな柱が示され、何を学ぶかにとどまらず、それらを学ぶことによって、どのような「知識・技能」「思考力・判断力・表現力等」「学びに向かう力・人間性等」を身につけるかということが大事になります。この大幅な方針転換を受けて、各教科の目標や内容が、すべてこの3つの資質・能力を踏まえた形で示されました。同じプラットホームにたって、教科相互の関連性等を比較検討できるようになったのです。また、これらの資質・能力を身につけることができる「主体的・対話的で深い学び」の実現に向け

た授業改善に広く取り組むために、教育課程全体を見渡した教科・領域間、学年・学校種間の関連や連携が重視され、学校全体で教育の質の向上に取り組む「カリキュラム・マネジメント」の推進も新たに示されました。

　さらに、「学習指導要領等改訂のポイント」(2017) において、社会科と家庭科における消費者教育の充実が挙げられました。その中に金融リテラシーの育成に関する項目が含まれています。具体的には、以下のような項目です。

- ・市区町村による公共施設の整備や租税の役割の理解 (小学校：社会)
- ・少子高齢社会における社会保障の意義、仕事と生活の調和と労働保護立法、情報化による産業等の構造的な変化、起業、国連における持続可能な開発のための取組 (中学校：社会)
- ・売買契約の基礎 (小学校：家庭)
- ・計画的な金銭管理や消費者被害への対応 (中学校：技術・家庭)

　これらは、少子高齢化していく社会の中で、いかに持続可能な生活を送っていくかということが背景にあると考えられます。早い段階から、社会の仕組みを学ぶとともに、一人の労働者として、また消費者として、社会の中で生きていく力を身につけていくことが必要になってきます。

　資質・能力を発揮する際、重要なのは、各教科の特質に応じた「見方・考え方」になります。今回の学習指導要領の改訂では、すべての教科について見方・考え方が示され、学習指導要領の中に組み込まれました。社会科の見方・考え方は、「課題を追究したり解決したりする活動において、社会的事象等の意味や意義、特色や相互の関連を考察したり、社会に見られる課題を把握して、その解決に向けて構想したりする際の視点や方法」になります。家庭科の見方・考え方は、「生活の営みに係る見方・考え方」として、「家族や家庭、衣食住、消費や環境などに係る生活事象を、協力・協働、健康・快適・安全、生活文化の継承・創造、持続可能な社会の構築等の視点で捉え、よりよい生活を営むために工夫すること」と示されています。それぞれの教科によって独自の学びの視点があり、同じような学習内容を扱っていたとしても、学習する視点は異なるわけです。

2　新学習指導要領における金融教育の位置づけ

　学習指導要領等改訂のポイントで挙げられているように、学校の教科教育においては、主に社会科・公民科、家庭科などの教科を中心に、児童・生徒の発達段階を踏まえ、金融リテラシーを育成する教育が行われてきました。新学習指導要領に示される金融リテラシーの育成に関する学習内容は、図表 5-2-1 のようになります（高等学校は新学習指導要領が未公示のため、平成 21 年版学習指導要領の内容を示します）。

　ここに示したものは、見出しに取り上げられているものだけです。さらに

図表 5-2-1　学習指導要領における金融教育に関する主な内容

小学校（H29 年 3 月公示）	
社会科	家庭科
○地域に見られる生産や販売の仕事（3 年生） ○我が国の農業や水産業における食料生産（5 年生） ○我が国の工業生産（5 年生） ○我が国の産業と情報との関わり（5 年生）	○消費生活・環境 ◇物や金銭の使い方と買物 　・買物の仕組みや消費者の役割 　・物や金銭の大切さ、計画的な使い方 　・身近な物の選び方、買い方、情報の収集・整理
中学校（H29 年 3 月公示）	
社会科〔公民分野〕	技術・家庭科〔家庭分野〕
○私たちと経済 ◇市場の働きと経済 ◇国民の生活と政府の役割	○消費生活・環境 ◇金銭の管理と購入 　・購入方法や支払い方法の特徴 　・売買契約の仕組み、消費者被害 　・情報を活用した物資・サービスの購入の工夫 ◇消費者の権利と責任
高等学校（H21 年 3 月公示）	
公民	家庭科
○現代社会と人間としての在り方生き方（現社） ◇現代の経済社会と経済活動の在り方 ○現代の経済（政経）	〔家庭基礎〕 ◇消費生活と生涯を見通した経済の計画 〔家庭総合〕 ◇生活の自立及び消費と環境

（「文部科学省における金融経済教育の取組について」（2014 年）を参考に筆者作成）

細かく内容を見ると、金融に関する教育は、もっと深く広く、教科全体にわたって行われていることがわかります。また、本プロジェクトでも取り上げているように、道徳教育や総合的な学習、キャリア教育などでも行われており、教育課程全体を通じて行われているのです。特に教科の中では、社会科と家庭科において大きなウェイトを占めていると言えるでしょう。

3　家庭科教育における金融リテラシーに関連する資質・能力の育成

「金融リテラシー」とは、金融に関する知識や情報を正しく理解し、自らが主体的に判断することのできる能力といえます。単に知識や情報を得るだけではなく、それらを整理し、何が自分にとって必要なのか、自分はどのように行動するのか、選択し決めていくことができなければなりません。まさに新学習指導要領に示されている資質・能力の方向性と同じであり、今の時代の学校教育において求められている力と一致すると言えるでしょう。

では、教科の学びにおいて、具体的に何を学び、どのようなことができるようになればよいのでしょうか。家庭科を例に説明したいと思います。

家庭科では学習内容の系統性を保つために、小学校、中学校では共通した項目分類になっています。前掲の図表5-2-1を見るとわかるように、金融リテラシーに関する学習項目には、「消費生活」と「環境」というキーワードが共通して入っており、そこに含まれる学習内容も似通っています。小学校での学びを基に、中学校ではさらに学びを深めていくという形になっています。

新学習指導要領で示された、資質・能力の視点から整理すると次のようになります。まず、小学校では、「物や金銭の使い方と買物」について学習します。「買物の仕組みや消費者の役割が分かり、物や金銭の大切さと計画的な使い方について理解」し、「身近な物の選び方、買い方を理解し、購入するために必要な情報の収集・整理が適切にできる」ようになることによって（知識・技能の習得）、「購入に必要な情報を活用し、身近な物の選び方、買い方を考え、工夫」することができ（思考力・判断力・表現力等の育成）、「身近な消

費生活と環境をよりよくしようと工夫する実践的な態度」(学びに向かう力・人間性等)が身につくことが求められます。その際、家庭科の見方・考え方のうち、特に「持続可能な社会の構築」の視点から、工夫できるようになることが必要になります。

　つまり、身につけた「知識・技能」を基に「思考力・判断力・表現力等」を働かせて、課題に基づいて生活を工夫するという「学びに向かう力・人間性等」を発揮するということになります。また、身につけるべきとされている知識・技能について詳しく見てみると、図表5-2-2のようになります。今回の改訂において、小学校では、「買物の仕組みや消費者の役割」を新設し、中学校における「売買契約の仕組み」や「消費者の基本的な権利と責任」、「消費者被害の背景とその対応」の基礎となる学習ができるようになりました。また、これまでと同様に消費生活と環境に関する学習の関連を図ることにより、限りある物や金銭を有効に使う必要性や、自分の生活が身近な環境に与える影響に気付き、持続可能な社会の構築に向けて、主体的に生活を工夫できる消費者としての素地を育てることが意図されています。

　次に、中学校について見ていきたいと思います。中学校家庭科では、「金銭の管理と購入」についてと「消費者の権利と責任」について学びます。

　「金銭の管理と購入」については、「購入方法や支払い方法の特徴が分かり、計画的な金銭管理の必要性について理解」し、「売買契約の仕組み、消費者被害の背景とその対応について理解し、物資・サービスの選択に必要な情報の収集・整理が適切にできる」ようになることによって(知識・技能の習得)、「物資・サービスの選択に必要な情報を活用して購入について考え、工夫すること」ができるようになること(思考力・判断力・表現力等の育成)をねらいとしています。

　「消費者の権利と責任」については、「消費者の基本的な権利と責任、自分や家族の消費生活が環境や社会に及ぼす影響について理解」することによって(知識・技能の習得)、課題をもって解決しようとし、「身近な消費生活について、自立した消費者としての責任ある消費行動を考え、工夫する」ことが

図表5-2-2　小学校家庭科で学習する金融教育に関わる知識・技能

買物の仕組み	・主に現金による店頭での買物を扱う。 ・売買契約の基礎について理解する。
消費者の役割	・買う前に本当に必要かどうかをよく考えることや、買った後に十分に活用して最後まで使い切ることを理解する。 ・自分や家族の消費生活が環境などに与える影響を考える。 ・買物で困ったことが起きた場合、大人に相談し、保護者と共に消費生活センターなどの相談機関を利用することにも触れる。
物や金銭の大切さ	・家庭で扱う金銭（家庭の収入）は家族が働くことによって得られた限りあるものであり、物や金銭が自分と家族の生活を支えていることから、それらを有効に使うことの重要性を理解する。 ・プリペイドカードなどは、金銭と同じ価値があるため、金銭同様に大切に扱う必要性を理解する。
物や金銭の計画的な使い方	・限りある物や金銭を生かして使う必要性や方法が分かり、計画的な使い方を理解する。 ・物の計画的な使い方については、物が必要になった時には、新しい物を購入する以外に、家庭にある物を活用したり、知人から譲ってもらったりするなどの方法もあることに気付く。 ・金銭の計画的な使い方については、こづかいなど児童に取扱いが任された金銭に着目して購入の時期や金額を考えたり、購入のための貯蓄をしたりして、無駄のない使い方をすることが必要であることを理解する。
身近な物の選び方	・値段や分量、品質などの選ぶ際の観点を理解する。 ・目的に合った品質のよい物を選ぶためには、食品等に付けられた日付などの簡単な表示やマークなどを確認する必要があることを理解する。 ・持続可能な社会の構築の視点から、資源の有効利用を考えて選ぶことも大切であることに気付く。
身近な物の買い方	・現金による店頭での買物を中心とし、予算や購入の時期、場所、必要なものを必要な分だけ買うことや、まとめて買うことなどについて考える必要があることを理解する。 ・買う物をメモしておいたり、買物の記録をしたりするなどの大切さに気付く（通信販売については、地域や児童の実態に応じて触れる）。
購入するために必要な情報の収集・整理	・目的に合った品質のよい物を無駄なく購入するために、店の人から話を聞いたり、広告などを活用したりして情報を集め、値段や分量、品質など様々な視点から情報を整理できる。

（平成29年6月公示『小学校学習指導要領解説　家庭編』より筆者作成）

できる力を養います（思考力・判断力・表現力等の育成）。

　これらの事項の学びを通して、「身近な消費生活を工夫し創造しようとする実践的な態度」（学びに向かう力・人間性等）を育成するわけです。

　中学校では、小・中・高等学校との系統性をさらに図るため、「金銭の管理」

に関する内容が新設されました。売買契約について、さらに深く学び、物だけでなく、サービスも売買の対象として考えます。インターネットを介した通信販売などの無店舗販売についても取り上げ、支払時期(前払い、即時払い、後払い)についても学習します。さらに、クレジットカードによる三者間契約についても、新たに中学校技術・家庭科〔家庭分野〕で取り上げることになりました。また、消費者被害の低年齢化に伴い、消費者被害の回避や適切な対応が一層重視されるため、消費者被害についても取り扱うこととされています。さらに、持続可能な社会の構築の視点から、消費生活と環境を一層関連させて学習できるようにし、消費者市民社会の担い手として、自覚をもって環境に配慮したライフスタイルの確立の基礎を培うことが意図されています。一方で、環境に対する影響だけではなく、自分や家族の生活が困った状態にならないように、限られたお金の中で工夫して生活していくということも重要でしょう。

　つまり、内容の系統性だけではなく、発達に応じた学習の連続性、発展性を持たせることによって、ひとりの消費者として、必要な知識や情報を集めて整理し、どのようにお金と向き合い、物やサービスを消費するか決めていける力、すなわち金融リテラシーを身につけられるようになっています。

4　学校教育における金融リテラシーの育成

　前項では、家庭科を例にとって、どのような資質・能力を身につけるべきとなっているかを見てきましたが、その時に重要となるのが、教科の中での領域の関連性と、教科横断的な学びです。

　家庭科教育には、大きく分けて、家族・衣・食・住・消費といった領域がありますが、それぞれ独立して成り立っているわけではありません。家族が労働によって得た収入により、衣・食・住に関わる物やサービスを購入し、消費します。家庭内の仕事の分担や時間の使い方といった、家族に関する学習と深く関連します。消費するときには、商品の質、必要性、使えるお金、

かかる時間など様々なことを検討し、持続した生活が行えるような消費行動を決定する必要があります。生活するうえで必要なものを購入する際に、商品の質や必要性を考えるためには、衣・食・住に関する知識がないと判断することができません。それらの知識や情報を統合し、使えるお金や時間などを含めて意思決定をするという生活経営の能力が必要になってきます。

　また、図表5-2-1で社会科教育と家庭科教育とで扱われる金融教育に関わる学習内容を示しましたが、教科間の学習の関連付けも、非常に重要になってきます。先ほど述べたように、同じ金融教育に関わることであっても、教科ごとに見方・考え方は異なります。一つの教科内でも複数の領域をつなげて考えることができるようになることが必要ですが、複数の教科にまたがって、多様な視点から学ぶことも重要なのです。さらに、お金に関する学習は、遠足や集団宿泊行事などの学校行事と関連付けることもできます。これらは、総合的な学習の時間や、道徳教育、キャリア教育とつながっていきます。新学習指導要領では、カリキュラム・マネジメントの必要性が強く示されましたが、金融教育においても重要なことであり、本プロジェクトの取り組みは、それに先んじたものであったと言えるでしょう。

　「金融教育」は、一つの教科として独立して成立するものではありません。多様な視点から「お金」について学ぶことによって、生きた知識となり、自分自身で判断できるようになる「金融リテラシー」となるのです。

引用文献

文部科学省 (2017)；幼稚園教育要領、小・中学校学習指導要領改訂のポイント、文部科学省ホームページ
　(2017 年 8 月 30 日取得、http://www.mext.go.jp/a_menu/shotou/new-cs/__icsFiles/afieldfile/2017/06/16/1384662_2.pdf)
文部科学省 (2014)；「文部科学省における金融経済教育の取組について」
　(2017 年 9 月 19 日取得、http://www.kantei.go.jp/jp/singi/saimu/kondankai/dai04/siryou7.pdf).
文部科学省 (2010)；高等学校指導要領解説　家庭編.開隆堂出版株式会社.

（藤田　智子）

第2部
企業のCSRと大学等における教育実践

第6章　共同研究に見た金融と教育という異文化交流の意義

　　第1節　みずほフィナンシャルグループから

　　第2節　大学から

第7章　大学における金融教育—学芸フロンティア科目D

　　第1節　大学生向け金融教育講義の開講とその変遷

　　第2節　現行「学芸フロンティア科目D」の実際と成果

第8章　金融機関における金融教育実践

第6章 共同研究に見た金融と教育という異文化交流の意義

第1節 みずほフィナンシャルグループから

金融機関による金融教育への取り組みは、年々増加し、内容も高度化しています。ただし、産学連携での共同研究という形態、加えて12年にもわたる産学連携は他に類を見ない取り組みです。みずほフィナンシャルグループ（以下、「みずほFG」）において、本プロジェクトのメンバーとして携わった者は30人に上ります。なぜ、12年にもわたって共同研究を継続してきたのでしょうか。企業側の立場から歴史を振り返りつつ、合わせて異文化交流の意義についても考えたいと思います。

1 本プロジェクトの経緯と歴史

(1) 企業の社会的責任 (Corporate Social Responsibility) の広がり

2000年代に入り、世界経済不況に伴う企業業績悪化や企業不祥事などを背景に、多くの企業が企業倫理や法令順守にとどまらず、社会を構成する一員として、環境保護や地域貢献などへの社会的責任を果たす取り組み（Corporate Social Responsibility、以下、「CSR」）を経営課題として考えるようになりました。みずほFGにおいても、2005年に発表した事業戦略『"Channel to Discovery"Plan』のなかで、CSRへの取り組みを「新たな企業価値の創造と発展に向けた企業価値の主軸」として位置付け、環境への取り組みや金融教育への支援など、CSRに関する取り組みをさらに発展させることとしました。

(2) 本業を活かしたCSR活動として金融教育を推進

　子どもたちが、若いうちから金融の仕組みについての理解を深め、複雑化・グローバル化する社会で自立した生活者として生きていけるようにという考えの下、金融教育への取り組みをCSR活動の重点項目の一つとしました。

　日々の生活におけるお金のやりとりは、銀行口座を利用する際のキャッシュカードの使用やクレジットカードの利用をはじめ、インターネットバンキングや電子マネーなど、お金を直接やりとりしないキャッシュレス化が進んでおり、こうした仕組みを利用する人々は低年齢化しています。

　人生や生活におけるお金のもつ意味は変わっていないにもかかわらず、お金の役割や価値が次第に見えにくくなるなか、子どもたちの金銭感覚や道徳観への影響が懸念されており、学校教育などを通じてお金の大切さについて考えていく学習の必要性が各方面で指摘されています。

　また、日常生活のなかでお金のやりとりが身近になる一方で、架空請求や不正取引などの金融犯罪が増加しています。こうした金融犯罪の未然防止という面からも、金融に関する基本的な知識を活用できる力を育む金融教育に大きな期待が寄せられています。

　みずほFGは、これらの金融教育に関する社会的ニーズを踏まえ、総合金融サービスの提供を通じて培ってきた金融に関する幅広い実務知識やノウハウなどを活かした社会貢献活動として、金融教育の推進を続けています。

(3) 子どもたちの「生きる力」を育むために、大学との連携を模索

　金融教育は、「個人の金銭管理と金融システムについての正しい知識と理解を促す教育」と思われがちですが、本来は「お金や金融の様々な働きを理解し、それを通じて自分の暮らしや社会について深く考え、自分の生き方や価値観を磨きながら、より豊かな生活やより良い社会づくりに向けて、主体的に行動できる態度を養う教育」を意味するものです。

　例えば、社会生活における信用や公正といった道徳観、あるいはお金にまつわる倫理観から、勤労観・職業観の醸成、金融サービスの適切な活用方法、

さらには金融犯罪等から身を守るすべといった事柄など、非常に多岐にわたります。

このように、お金を切り口に、様々な社会の事象、個々の生活場面に多角的にアプローチしていく点が金融教育の大きな特徴であり、経済・社会環境が多様化・複雑化するなか、金融教育は、いわば一人ひとりの生きる力を育む教育といえます。

図表6-1-1

研究開始の発表を行った東京学芸大学学長鷲山恭彦(左、当時)とみずほフィナンシャルグループ社長前田晃伸(当時)

しかしながら、金融実務に関する知見はあっても、子どもたちへの学習指導に関する専門知識やスキルを持たないみずほFGの者だけでは目指すべき目的の達成が難しいと考え、教育機関との連携を模索しました。

その中で、様々な社会人向け教育プログラムを開発・実践しているグループ会社のみずほ総合研究所とともに、初等教育から中等教育に至るまで、日本を代表とする教員養成の基幹大学である東京学芸大学に連携を提案しました。

【提案内容(2005年12月)】

・運用商品の普及や振り込め詐欺の拡大など、生活者として金融知識を要求される場面が増えています。

・このような環境の変化を受けて、金融教育の必要性が高まりつつある一方、確立されたプログラムや手法がなく、模索の状態が続いています。

・そこで、東京学芸大学と、みずほフィナンシャルグループが、有効な金融教育プログラムなどを研究開発するべく協力することをご提案します。

・研究成果については、公開講座などを通じて教育現場に広く伝播し、将来を担う次世代の育成に資することを目指します。

(4) 本プロジェクトの歴史

　当初の共同研究期間は3年間としていましたが、各種課題へ挑戦していくうちに四つの研究フェーズを経て、計12年間の共同研究となりました。

　しかしながら、共同研究の継続がスムーズであった訳ではありません。特に、2014年度は、みずほFG側の事情により、本プロジェクトの継続が難しくなりました。この時は、東京学芸大学側のメンバーのみで研究を継続し、みずほFGは任意での参加という形式で継続しました。

　長期の共同研究に至った事由としては、金融教育は奥が深く、社会や経済の状況の変化によって新たな問題が生まれ、課題が尽きないこと。また、多くの課題に対して盛んに意見を戦わせているうちに、本プロジェクトのメンバー全員にある種の一体感が醸成され、異動等でメンバーが交代しても本プロジェクトへの強い想いが引き継がれていったことなどが挙げられると思います。

図表6-1-2　四つの研究フェーズ

	目的	主な実績
基礎研究フェーズ (2006年度〜2008年度)	金融教育の効果的実践のための方法・教材等の開発と還元	・基礎教材や職場体験サポートツールの開発 ・学芸フロンティア科目D(寄附講義)の設置 ・公開講座を開始
実践研究フェーズ (2009年度〜2011年度)	金融教育のさらなる普及に向けた教育ツール等の開発と還元	・新テキスト(DVD付)の開発 ・職場体験向けビデオ作成
普及フェーズ　(2012年度〜2013年) / (2014年度)　＊	研究成果の社会への還元を通じた金融教育の更なる普及と発展	・新テキストを約6,000冊配布 ・お金・金融に関するアンケート調査を実施 (小・中学生約4,000名)
総括フェーズ (2015年度〜2017年度)	研究成果の総括と未来への提言	・テキスト類の改訂 ・共同研究総括書籍(本書)の製作

＊2014年度は東京学芸大学単独で研究活動を継続

2　本プロジェクトから学んだ異文化交流の意義

(1) 金融教育への取り組みに対する確固たる自信

プロジェクトメンバーである大学教員とみずほFGが10数名参加する定例会議 (約2時間) を毎月1回のペースで実施してきました。定例会議以外の各種教材の作成や公開講座に向けた準備なども含めると、累計で150回以上の会議を実施したことになります。

毎回、大学側からは、各々の専門分野の教員から多数の意見をもらい、金融教育に関する様々な気付きを得ました。一方、みずほ側からは、金融環境の変化や金融サービスなどの情報提供のほか、みずほFGが実施した職場体験や出張授業の実践報告などを行いました。

図表6-1-3　定例会議の様子

時には、教員が話をしている言葉の意味や議論の背景が分からず、教員に基本的な質問をすることもありました。案外そんなことも、教員にも気付きを与え、議論の活性化に貢献したと思います。

このような大学側のメンバーと議論した沢山の時間と経験が、みずほFGの独自性のある金融教育への後ろ盾となり、メンバーが交代しても引き継がれ、積み重なって文化を成し、確固たる自信につながっています。この自信は何物にも代え難いものであり、本プロジェクトでなければ得られなかったものです。

(2) 外部から驚かれる金融教育関連教材・コンテンツの開発

「ええっ!　金融機関が、このような学習教材を作っているのですか?」

何度も驚かれた経験があります。例えば、『考えてみよう　これからのくらしとお金』。2012年に、消費者教育教材資料表彰で「優秀賞」を受賞したテキスト (詳細:第2章) です。

　金融機関が行う金融教育とはどのようなものをイメージするでしょうか。一般的に思い浮かぶのは、「経済や金融の仕組みの解説」「金融機関が行っている役割」「具体的な業務や金融商品の説明」「金融犯罪防止への取り組み」などではないでしょうか。これが学校教育となると「正しい金銭感覚を養う金銭教育」「経済や金融の仕組みを教える経済教育」「将来の生活設計を考えさせる生活設計」「消費者として必要な知識を教える消費者教育」「将来の職業選択や人生設計な

図表6-1-4　『考えてみよう これからのくらしとお金』

どを教えるキャリア教育」「金融商品やそのリスクについて教える投資教育」など多岐にわたります。

　誤解を恐れずにいうと、金融機関の者が作成する金融教育に関する教材は、主に金融知識や運用商品等を中心とした内容になる可能性があります。一方、本プロジェクトで生み出された教材等は、社会科、家庭科、道徳、特別支援教育、総合的な学習の時間など、学校教育からの観点を踏まえたものとなっており、単なる知識を得るための教材等ではなく、「生きる力」を育むためのものといえます。これらの教材等は、本プロジェクトのレガシーとして、引き続き多くの方に活用していただきたいと願います。

(3) 自社の企業理念・ビジョン実践への貢献

　本プロジェクトを通じて得たものは、大学や教員とのネットワーク、金融教育に関するノウハウや知見、大学附属学校の協力メンバー等を通じた授業実践からの示唆など、挙げれば切りがありません。

　また、金融教育に取り組む金融機関としてのみずほFGのブランド価値向上にも貢献しています。東京学芸大学のネームバリューによるものも大きいです。

　2016年度の本プロジェクトの専用Webサイトへのアクセスは、約16,000件ありました。

図表6-1-5　共同研究ウェブサイト

昨年、Webサイトをご覧になった一般の方から、「障がいのある子どもの親が参加する会合」に参加してほしいとの問い合わせがありました。プロジェクトメンバーである教員と一緒に参加し、特別支援学校での教育実践も踏まえた取り組み等を紹介しました。

　その会合で、「知的障がいのある子どもにクレジットカードを持たせるべきか?」という質問を受けました。これまで、銀行員として、多数のお客さまにクレジットカードを積極的に提案してきました。そんな自分が返答に悩みました。「今はクレジットカードを持たせていないが、将来子どもが独自に判断しなくてはならない時期が来たとき、何も知らないで大丈夫か?」。その保護者の方は子どもの将来をとても心配されていました。

　お金の有難さや怖さを知り、社会生活を送っていくうえで失敗したり、騙されたりしないように、また自分の人生を自分自身で切り開いていくためには金融商品の知識や取り扱いの経験は必要と思います。他の参加者のご意見も伺いつつ、正しい商品知識と適切な使用方法に関する教育が必要とお答えしました。本プロジェクトに参加していなければ、こういった子どもの生きる力を真剣に考える機会があったかどうか。貴重な体験をしました、真剣勝負の金融教育でした。

　特別支援学校での授業に講師として参加した時のことです。みずほFGだけでは、事前の準備、言葉遣い、説明方法、時間配分など分からないことが多く、不安はつきません。その際、本プロジェクトメンバーの教員から適切なアドバイスをいただき、自信をもっ

図表6-1-6　特別支援学校での授業の様子

て授業を行うことができました。また、特別支援学校の子どもたちの純粋さ、真面目さ、前向きな姿勢、目の輝きなどから、授業をしている当方が沢山の力を貰うことで、金融教育の意義を再確認しました。金融機関として、様々な困難を抱えたお客さまへの対応について改めて考える機会にもなりました。

みずほFGの企業理念には『お客さま、経済・社会に〈豊かな実り〉を提供する、かけがえのない存在であり続ける』こと、また、ビジョンには『お客さまの中長期的なパートナーとして、最も信頼される存在であり続ける』ことを掲げています。

金融教育、特に特別支援教育に関わって学んだお客さまの多様性、あるいは社会的弱者を本業の金融面から支援することの重要性など、本プロジェクトを通じた金融教育への取り組みへの経験が、我々の企業理念や目指すべきビジョンの実現に向け、貴重な財産として今後とも貢献していくものと思います。

みずほFGが目指す金融教育への取り組みには、高い専門性に加え、より実践的なカリキュラムや教材が必要です。そのためには、最先端の現場(学校)と有識者の経験が重要と考え、東京学芸大学に共同研究を提案しました。それこそが、みずほFGが求めた産学連携の意義、本気で金融教育へ取り組む決意だったのではないでしょうか。　　　　　　　　　　　　　　　　　(東條　憲二)

第2節　大学から

1　ある日突然

2006年の春、東京学芸大学のキャンパスを歩いていると、突然、天から私(山名)を呼び止める声がしました。真っ青な空から降ってきたかと思ったその声の主は、当時立ち上がったばかりの本プロジェクトの代表をされていた先生でした。研究棟の3階にあった自分の研究室から、建物の下を通りがかった私をみつけて声をかけられたのでした。天からの手招きに応えて、私

はその建物の3階へと駆け上がりました。そこで「金融教育の共同研究をいっしょにやってみないか」と誘われました。「キンユー・キョーイク？」。聞けば、東京学芸大学とみずほFGとの産学連携によって子どもとお金の関係を問い直すと同時に、金銭と金融に関する新たな教育を模索する試みを数か月前から行っているとのことでした。

金融教育について、大学と企業が一体となって取り組んでみるとはなんだかおもしろそうだなと感じ、この領域に関する何の専門知識もないままに、即答で共同研究の一員となることを承諾しました。金融教育の奥深さを知るようになるのは、ずいぶん後になってからのことでした。

大学からみえる「金融教育」の風景と企業から眺められるそれとは必ずしも同じではありません。大学は研究の場であると同時に教育の場でもあります。とくに教育研究を課題の中心に置く東京学芸大学においては、子どもを中心に〈教育〉について考えることが関心の中心にあります。みずほFGもまた、もちろん〈教育〉に心を寄せて共同研究に臨むという点においてはまったく相違ありません。けれども、おそらくそれ以上に、〈金融〉の専門機関として、社会の経済システムに関する思考におのずと重きが置かれるはずです。企業においては金融の世界に教育というテーマが付属するのに対して、大学においては教育の世界に金融というテーマが付属するのです。この両者の立場の相違こそが、ときとして大学と企業とのいわば双方向のカルチャーショックを生じさせる原因になるのですが、後であらためて述べるように、同時に相互に学び合う原動力でもありました。

2　経済と教育がつながる時代の論理

振り返ってみれば、本プロジェクトが立ち上がった時代は、経済の世界においても、教育の世界においても、それぞれが金融教育へと接近していく流れのなかにあったような気がします。1990年代から2000年代にかけて、世界は様々な意味で大きく変わりました。その変化は今もますます加速して

いるようにみえます。そのような時代には、既成の知識や慣習に頼るだけではもはや十分ではなく、新たに生じる問題状況にいかに迅速かつ的確に対応できるかが問われるようになります。経済の世界も、教育の世界も、そのような時代の流れのなかにありました。

　経済の世界では、1990 年代に日本型ビッグバンと呼ばれる金融市場の自由化などの大きな変化がみられました。そのことを背景として、金銭や金融に関する新たな状況に対応するために金融教育の必要性が強調されるようになりました。とくに金融広報中央委員会によって「金融教育元年」と位置付けられた 2005 年以降、様々なかたちで金融教育の理論と実践について議論されるようになったことは、よく知られています。リーマンショック (2008年)などの影響により、金融教育への関心は一時薄れたようにも見受けられました。しかし、その後、2012 年 6 月に 20 カ国・地域首脳会議の宣言において金融教育を広めることの重要性が盛り込まれたことに象徴されるように、あらためて金融教育が注目されつつあります。急速に変化していく経済の世界に対応するための手段として教育が重視されているといえるでしょう。

　かたや教育の世界においては、1990 年代半ば辺りから、大きく変わりつつある社会状況に対して臨機応変に向き合ったり、主体的な探究と調和的な協同活動によって問題を解決したりするような資質・能力 (コンピテンシー)を評価しようという動きが顕著になってきました。日本で 1996 年に文部省(当時) が打ち出した「生きる力」も、そうした「新しい能力」のイメージのうちに属します (松下佳代編 (2010)『〈新しい能力〉は教育を変えるか——学力・リテラシー・コンピテンシー』ミネルヴァ書房)。流動的な社会を生き抜く資質・能力の重視は、とくに 2000 年以降、3 年ごとに OECD (経済協力開発機構) 教育部門によって PISA (Programme for International Student Assessment、15 歳の生徒を対象とした国際的な学習到達度調査) が実施されるようになったことによって、その影響範囲はさらに拡大していきました。「新しい能力」の性質を帯びる PISA のリテラシー概念が学習の目標として重視されるばかりでなく、そうした「新しい能力」が「学習成果 (learning outcome)」として「評価され、その結果にもと

づいてその国・自治体の教育制度・政策や各教育機関の教育活動の評価がなされるというシステム」(松下 2010：10)の構築が促されるようになりました。私たちの立場から注目されるのは、2012年のPISA調査において金融リテラシーが調査の対象になったことです。経済の観点を重視するOECDによる調査であることは差し引かねばなりませんが、いずれにしても金融教育が時代を生き抜くための教育の一領域とみなされるようになりつつあることの証左といえます。

3　カルチャーショック

　以上のような時代背景のもとで、大学における教育研究者と、企業における金融の専門家とが、「金融教育」という領域に集うことになりました。私たちがどのような時代の流れのなかにあったかということについては、今になってようやく少し見渡せるようになったと感じます。本プロジェクトが開始された当初は、おそらくそこまで明確に時代を俯瞰することは当初のメンバーにとってさえ難しいことであったように思います。大学と企業という異種類の専門家集団は、双方ともにふだん慣れ親しんだ仕事の流儀とは別のものと触れ合うことになり、〈カルチャーショック〉を受けることもありました。とくに最初の数年間は、大学と企業とが双方ともにまさに手探りで〈異文化交流〉の仕方を模索していたことを思い出します。

　大学の立場にある者は、まずは何をおいても企業のスピード感に驚かされました。とくに本プロジェクトが立ち上がった最初の1年間(2006年度)で、小中学校用の金融用語集『私たちのくらしとお金』と金融教育テキスト『お金のお仕事』を作成したとき、私たち大学教員は、みずほFGのメンバーから、目標を定めた後は的確にスケジュール管理をしながら、しかも成果物の質を落とすことなくその完成へと突き進んでいく熱いエネルギーを肌で感じ取りました。この共同研究が始動したのは、2004年に旧国立大学が法人化して間もなくの頃のことでした。その後、大学は、組織運営においても研究・教

育活動においても、ますます企業的な仕事の方法 (バッファを読みつつ的確なスケジュールを作成し、計画を実行に移し、成果を多角的に評価した後さらなる計画へと向かう方法) を採り入れることになりました。みずほ FG との連携は、大学に所属する私たちにとっては、そのような時代に求められる活動の在り方を学習するための、いわば隠れたレッスンでもあったように思われます。

　共同研究の初期段階において、私自身の躓きとして忘れられない具体的な出来事があります。上述の金融用語集と金融教育テキストが完成して間もない頃、ある小学校で金融教育の授業を試みるという機会がありました。学校関係者、大学関係者、そして企業関係者が、その授業実施の日に集いました。私はこの授業の関係者どうしを取り持つ任務を請け負っていました。記録用ビデオの準備もできて、さていざ授業が始まるというときに、ある企業スタッフから、金融用語集と金融教育テキストを子どもたちの机の上に乗せてほしい、という要望が出されました。私は、企業の立場からは宣伝効果という観点から成果物を目に見える形で提示することは重要なのだと察知して、すぐに授業担当の教員にそのことを伝えました。すると、その教員から私はとがめられたのです。この日、両印刷物は授業で使用される必然性はなく、後日の授業で用いられる予定でした。「子どもの学びにとって必要のないものはいっさい机の上に置かないというのが学校教育の大原則です」。穏やかな声でしたが、心の内にある教員の憤りが伝わってきました。

　憤慨の矛先は、明らかに私に向けられていました。「教育を考察対象とする研究者であるはずのあなたが、授業実践において何が大切かを熟知していないとはなにごとか。教育に関してはまずは子どもありき。学校、大学、企業の間を取り持とうとするあなたが、このことを理解して伝えられないでどうするのだ」という教員の心の声が聞こえてくるかのようでした。金融教育の共同研究に携わってきた十数年間の最初期にして最も緊張した場面でした。このことを通して私は、〈異文化交流〉の難しさと同時にその意義を学びました。そして、学校教育をフィールドとして大学と企業が金融をテーマにする際に必要となる〈異文化交流〉上の〈翻訳〉が、私に与えられた大きな使命

なのだと実感したのです。

4　〈異文化交流〉から学んだこと

　一般にも言えることですが、〈異文化交流〉によってもたらされるのは必ずしも心地よいことばかりではありません。不快であったり、ときにはうまく折り合うすべがなかなかみつからないことがあったりと、多くの労苦を要する場面に接することもあるでしょう。ただし、自分とは異なる〈他者〉を想像し、そしてコミュニケーションを仕掛け続けることによって、〈異文化交流〉なしでは成しえなかったであろう自己変革を経験し、また自分だけでは到達できなかったであろう成果を獲得する可能性に開かれることもあるにちがいありません。本プロジェクトは、まさに十数年間のそのような経験の積み重ねでした。

　金融教育に関する産学連携事業に参加するにあたり、はじめの頃は、大学と企業、そして学校に所属するすべての人びとが合致した関心や見解を探し求めるべきであるという感覚を漠然とではありますが、私はもっていたように思います。本プロジェクトのこれまでの道のりを振り返り、それは間違いであったのではないかと感じます。むしろ大学、企業、学校のそれぞれの異質性を承認し、そのうえで相異なる関心と見解をいかにして組み合わせることによって、各組織が単独では成しえなかったような高みに登ることを構想することこそが重要ではないか。現在の心境は、おおよそ以上のように表現できそうです。堅実ではあるけれども異文化間の接触による有意義な化学反応が生じそうもない上意下達のコミュニケーションは、そのためには適したものではありません。硬質で序列的な組織運営をあえて選択せず、その難しさをあえて受け容れたことによって、本プロジェクトはどのメンバーにとっても常に刺激の多い学び多き場所でありえました。文系としてはおそらく異例の10年以上にわたって産学連携の共同研究が持続した最も大きな理由は、おそらくそこにあると考えます。

〈いつまでも合致しない関心と立場〉という特徴が明確によい効力を発揮したのは、金融教育のカリキュラムや教材を作成するときでした。学校教員は、だれよりも子どもの目線を熟知しており、また子どもの発達や学習の段階に応じた適切な言葉に対する感覚の持ち主です。教材作成の際には学校教員の目線は不可欠でした。研究者はといえば、人間や文化の諸事象を俯瞰したり、分析したり、理由づけしたりといった作業に常に携わっています。本プロジェクトの全体を見渡しながら、理論と実践を繋ぐ役割を果たそうとしました。企業における金融の専門家は、金融に関する専門知識を提供することに長けており、また現代における経済システムの仕組みおよび変化の動向に対して敏感です。さらにいえば、企業の職員は、教育の関係者——教育の実践にしろ、また理論にしろ——が自明のこととみなしてしまっている考え方や概念をあらためて問い直してくれることもあり、そのことによってカリキュラムや教材を作成するうえで新鮮な発想の源を提供してくれることもありました。学校の教員、大学の研究者、企業の職員が有するそれぞれのズレによって、成果物にある種の立体感が付与されていったと感じます。

　金融教育の共同研究プロジェクトが教科・領域横断的であったことも各メンバーに大きな刺激をもたらしました。たとえば、「生命保険」。家庭科の主題となる場合には、よりよい人生設計・生活設計を考えることが重要な課題となりますが、社会科の場合には生命保険はなぜ社会に必要とされてきたかといった問いが導き出されるかもしれませんし、また道徳ではそもそも〈いのち〉に金額がつけられるのかといったことが根本的に議論される可能性があります。おそらくどの教科にも通用するような正しい唯一の答えに辿り着くことはありません。個々の教科・領域内における話し合いをするだけではおそらく気づかれなかったそうした金銭や金融というテーマの奥深さに触れるという経験そのものが、図らずもそれぞれの専門分野を超えて皆が同じ問題に向き合っているのだという自覚の共有を促しました。

　さらには、共同研究の深化とともに、2010年代に入ってからは金銭と金融に関する子どもの意識と行動についてアンケート調査を行う方向で活動が

進んだことにも言及すべきでしょう。まずは日本の子どもたちを対象として調査が行われ、その後、アジアの国々について研究の対象が広げられました（詳しくは終章を参照）。日本の調査に関しては、多くの学校の理解と協力が必要でした。また国外へと調査を拡大していく際には、企業と大学の国際ネットワークがうまく機能しました。そのような調査の成果をもとにして2015年度には国際シンポジウムが開催されましたが、中国および韓国から多数の専門家に参加していただいて多角的な考察が試みられました。

　国際的な比較調査および国際シンポジウムから実感されたのは、〈他者〉との接触を通して自らを知り、そして〈他者〉から学ぶ、ということの重要性でした。本プロジェクトのメンバーは、日本とは異なる子どもたちの意識および行動の傾向や金融教育の考え方および授業実践に触れることによって、私たち自身が何に取り組んでおり、またどのような方向に向かっているのかをあらためて確認できたように思います。その一方で、私たちの呼びかけに応じて国際シンポジウムに参加していただいた中国および韓国の研究者たちも、自国において当然視されていた子ども観や金融教育に対する考え方を相対化し、さらなる試みを構想するための糸口を得られたとの感想を述べてくれました。

　金融教育とは、金銭や金融について学ぶ教育の一領域であることを超えて、子どもたちがその直中で生きることになる〈現代〉と子どもとを媒介する一つの実験場としての側面をも有しています。大学、企業、そして学校の間で繰り広げられた〈異文化交流〉が基盤となって、さらに国内外の〈異文化交流〉が実現していったことは、そうした実験場における本プロジェクトの企てにとってかけがえのない財産となりました。刻一刻と変容する〈現代〉と子どもとを媒介するという困難な課題に向き合うためには、国や文化の相違にもとづいて、あるいは専門領域の多様性によってさまざまな差異を有する者たちどうしが引き続き情報交換や対話を試みることが不可欠ではないでしょうか。

（山名　淳）

第7章　大学における金融教育―学芸フロンティア科目D

第1節　大学生向け金融教育講義の開講とその変遷

1　「学芸フロンティア科目D」(キャリアと人生設計(フィナンシャルアプローチ))の開講

(1) 開講の背景

「学芸フロンティア科目D」(キャリアと人生設計(フィナンシャルアプローチ))は、金融教育にとどまらない幅広いキャリア教育を目的として2007年10月に開講しました。本プロジェクトの一環で設けられた、みずほフィナンシャルグループ(以下、「みずほFG」)による寄附講義です。

この「学芸フロンティア科目」とは、東京学芸大学にいくつか設けられているユニークな選択科目群のことで、通常の講義とは異なり教員や社会人がその経験等を基に講義を行います。この寄附講義は、そのうちの一つです。

当時は、政府・日銀により金融教育の必要性が叫ばれ、世間一般の認識も高まりをみせていたころに当たります。その背景には、「間接金融から直接金融へ」「貯蓄から投資へ」といった潮流のなか、外為証拠金取引(いわゆるFX)等の金融商品の登場や、電子マネー普及による決済手段の多様化、金融犯罪の増加などがありました。初等・中等教育にとどまらず、高等教育、さらには社会人向け教育についても、金融教育の必要性が指摘されていたところです。

また、時を同じくして、東京学芸大学では2007年度から「学芸カフェテ

リア」事業が開始され、学生のキャリア形成を大学全体で支援していく方向にありました。そこで、学生のキャリア形成に資する分野の一つとして、勤労観醸成や金銭・金融に関する知識の修得を目指し、本講義が企画されました。

(2) 講義のねらい

　この講義がキャリア教育の視点を重視して設置されたことは先述の通りですが、望む人生を生き自分の「夢」を実現させていくというキャリア形成のなかでは、就職、結婚、出産、住宅購入、子どもの就学等々、様々な出来事＝ライフイベントが起こり得ます。こうしたライフイベントをどのように考えるのか、そして、その金銭的な裏付けをどのように確保するのか、を学生に具体的に考えてもらうことが基本的なねらいです。

　その手段として、「生涯生活設計」を講義の主軸としました。大学生あるいはその先の社会人として、望むキャリアを形成し人生をプランニングするにあたっては金銭的な裏付けが必要となりますが、その金銭に振り回されることなく人生を設計するには、収入と支出を適切に管理していくことが求められます。そのためには、税金、住宅ローン、クレジットカード、消費者金融、金融犯罪等々、金銭・金融に関する幅広い知識や知見 (いわゆる「金融リテラシー」) が不可欠です。この講義は、これらを効率的に身に付けられるような構成としました。

2　創設当初の具体的な講義内容

　創設当初 (2007年10月) の具体的な講義内容は、図表7-1-1の通りです。各回の講師を東京学芸大学の教員とみずほFG各社の職員が務めるオムニバス形式によって行うこととしました。

　各回のテーマは、大まかに、①ライフイベントを踏まえた生涯生活設計の学習、②経済・金融に関する基礎知識の習得、③消費者として回避すべき多

図表7-1-1　2007年度「学芸フロンティア科目D」（キャリアと人生設計）

第1回	キャリアとは何か
第2回	人生における大学時代について
第3回	生涯生活設計とは（その1）
第4回	お金を借りるということ（社会的信用）
第5回	お金を貯めるということ（貯蓄と保険）
第6回	お金を運用するということ（投資と税金）
第7回	現代社会における貨幣や銀行の役割
第8回	現代社会における資金とその流れ
第9回	国際社会と金融市場
第10回	生涯生活設計とは（その2）
第11回	お金に関する法律
第12回	金融犯罪に巻き込まれないために
第13回	多重債務者にならないために

重債務や金融犯罪被害の知識習得、の三つに分類できます。

　ライフイベントを踏まえた生涯生活設計を行うためには、単に収入と支出の金額を把握するだけでは不十分です。学生が社会人となって就労し給与を受け取るようになると、そこからは税金や社会保険料が控除され、いわゆる「手取り」の金額は少なくなります。そこから日々の生活に必要な支出をし、ライフイベントに備えた貯蓄もしなければなりません。多額の出費を伴う住宅や自動車の購入にはローンの利用も選択肢に入ってくるでしょう。つまり、金銭・金融に関する幅広い知識を身に付けていなければ、ライフイベントに対して十分な備えができないおそれがあるのです。そこで、必要最低限の知識の習得を目指して、講義内容を構成しました。

　さらに、金融犯罪と多重債務の問題も忘れるわけにはいきません。金融犯罪に関してはまず何より被害に遭わないための具体的な方策について、多重債務に関してはクレジットカードや消費者金融を利用するメリットとリスク、不用意な債務保証の危険性について、統計資料なども用いながら具体的に講義しました。

3　変遷

2007年10月から開始された「学芸フロンティア科目D」ですが、試行錯誤と改善を重ねながら、現在まで継続されています。

以下では、その変遷について概略を示します。

(1) 2009年度前期（春学期）に、教員志望学生向けの金融教育概論として、新たな講義を設置

「学芸フロンティア科目D」（キャリアと人生設計（フィナンシャルアプローチ））は、大学生の金融リテラシーを高めキャリア形成を支援することを主眼とし、2008年度後期（秋学期）も同様に設置されました。

一方で、2006年から続けてきた本プロジェクトにおいては、小・中学校や高等学校での授業実践や一般向け公開講座開催などを通じて、共同研究が

図表7-1-2　2009年度前期「学芸フロンティア科目D」（はじめよう　金融教育）

第1回	金融教育概論 (1)「いまなぜ金融教育なのか」「金融教育は子どもたちに何をもたらすのか」
第2回	金融教育概論 (2)「金融教育、経済教育、消費者教育などとの関係と金融教育の歴史」
第3回	金融教育概論 (3)「共同研究における金融教育の独自性など」
第4回	社会科における金融教育 (小学校)
第5回	社会科における金融教育 (中・高等学校)
第6回	家庭科における金融教育 (小学校)
第7回	家庭科における金融教育 (中・高等学校)
第8回	道徳における金融教育 (1)
第9回	道徳における金融教育 (2)
第10回	特別支援教育における金融教育 (1)
第11回	特別支援教育における金融教育 (2)
第12回	総合的な学習の時間における金融教育
第13回	キャリア教育における金融教育

厚みを増し新たな知見も得られてきていました。こうした成果を還元すべく、2009年前期(春学期)に、将来学校教員になることを志望する学生を対象とした「学芸フロンティア科目D」(はじめよう　金融教育)を設置しました。これは、金融教育に関する基礎と学校教育におけるその役割を学べるよう企図された講義で、近い将来に履修者自らが教壇に立った際のベースとなる「金融教育概論」に、より焦点を合わせた内容としました(図表7-1-2)。

(2) 2010年度は、前期と後期の両方に別内容で設置

2010年度においては、2009年度と同様、前期(春学期)に「はじめよう　金融教育」を設け、これに加えて後期(秋学期)に「キャリアと人生設計(フィナンシャルアプローチ)」も設置し、本プロジェクトの一環でみずほFGが出講する「学芸フロンティア科目D」としては、前期・後期の両方での設置となりました。

(3) 2011年度以降は、後期にのみ設置

本プロジェクトでは2011年7月に、2006年度から開始された研究成果のまとめとして金融教育用新教材の開発を行い、テキスト『考えてみよう　これからのくらしとお金』と、授業支援DVDを発行しました。

この新教材開発には相応の作業負担が伴うことが予想され、また、この新教材を利用した授業の実践・研究や大規模アンケート調査に向けた諸準備等、他の研究活動が予定されていたため、2011年度前期(春学期)においては教員志望学生向けの「はじめよう　金融教育」は開設せず、その内容を一部取り込んで後期(秋学期)に「キャリアと人生設計(フィナンシャルアプローチ)」を実施しました。

そしてその後は、この方式が概ね継続され、現在に至っています。

次節では、現行の講義内容の詳細と、その成果等について述べます。

第2節　現行「学芸フロンティア科目D」の実際と成果

1　現行「学芸フロンティア科目D」の概要

　大学生向け金融教育として2007年10月に創設された「学芸フロンティア科目D」は、その後いくつかの変遷を経て、2017年度まで10年にわたり継続されてきました。受講する学生の反応を見ながら、その理解度、習熟度を推し量りつつ試行錯誤を重ね、現在も講義内容の改善に努めています。

　現在、東京学芸大学には8つの「学芸フロンティア科目」が設けられており、その呼称に「A」から「H」が付されています。先述の通り、この科目群は通常の講義とは違い、教員や社会人がその経験等を基に講義するというものです。たとえば、囲碁のプロ棋士をゲストティーチャーに招いたもの、外国人留学生とともに世界の教育についてディスカッションしながら情報共有するものなど、それぞれ非常にユニークで興味深い選択科目です。みずほFGによる金融教育の寄附講義は、8つあるうちの4番目（D）に割り振られています。

　以下では、その詳細について述べます。

(1) 現在の講義テーマ

　2017年度後期（秋学期。2017年10月〜翌年2月）の「学芸フロンティア科目D」の講義テーマは、図表7-2-1の通りです。大学生あるいはその先の社会人として、自分らしい人生をプランニングしていくための経済的な知識と基礎的能力の獲得を目指し、キャリア教育、経済教育、投資教育、消費者教育の視点を取り込んだ構成としています。各回講義から得られる知識を基に、最終的には、一生涯にわたる生活を具体的な金額をもとに設計して概観し、今後の人生に役立てるというものです。

　この講義のねらいと構成は、2007年度の創設以来一貫しており大幅な変更はありませんが、個別テーマ選定と各回講義の具体的内容については、講義中の学生の反応や学生向けアンケートの結果を勘案しながら、学生の興味・

図表7-2-1　2017年度「学芸フロンティア科目D」

第1回	「大学生のための金融教育」とは
第2回	金融の基礎知識、金融機関の役割、金融業界
第3回	金融犯罪に巻き込まれないために
第4回	生涯生活設計①（概論）
第5回	お金をためること（貯蓄）
第6回	経済・金融市場の変動と生活
第7回	お金を増やすこと（投資とリスク、金融商品の危険性）
第8回	お金に関する法律
第9回	お金と社会的信用（住宅ローン）
第10回	生活上のリスクと保険
第11回	収入と税金（所得税・社会保険料を計算しよう）
第12回	多重債務者にならないために
第13回	生涯生活設計②（生活設計をゲームで体験しよう）
第14回	キャリアデザインについて
第15回	まとめ（レポート提出）

関心とのミスマッチを防ぐよう努めています。

　たとえば、2015年度に実施した学生向けアンケートからは、以下の2点が判明しました。

　①テーマ「経済・金融市場の変動と生活」「収入と税金（所得税、社会保険料を計算してみよう）」の二つについては、多くの学生が「難解」と感じていること

　②本学の学生は、「起業」への興味・関心がさほど高くなく、受講後においても顕著な関心向上や印象改善は見られなかったこと

　①については、この講義の目的に照らし必要不可欠なテーマであり是非とも学生に理解し身に付けてほしい知識であるため、2テーマとも継続することとしましたが、改善策として、たとえば、経済指標の動きと学生生活との関連づけの明確化、税・社会保障分野の専門用語に対する補足説明等を施し、学生にとってより親しみやすく理解しやすいものとなるよう微修正しました。

　②については、学生の半数以上が教職に就くことを目指すという本学の特徴に鑑み「起業」はそのニーズに合致していないものと判断し、次年度以降は取り止めることとしました。

　また一方で、講義中の学生への直接の問いかけを通じ、生命保険・損害保険分野に関する基礎知識を補う必要性が感じられました。こうしたことから、2016年度のテーマ選定に際しては、「起業と資金調達」に替え、「生活上のリスクと保険」と題して、生命保険・損害保険分野の基礎を取り扱う講義回を新たに設けました。

　こうした経緯を経て、2017年度もこの構成を継続しています。

(2) 運営側からの各講師への要請

　「アクティブ・ラーニング」の有効性と必要性が言われている昨今、運営側から各講師に対し、学生と双方向のやりとりとなるような工夫を要請しています。具体的には、学生に質問を投げかける、挙手を求める、実際に計算してもらう等々です。

　さらに、「通常の講義と違い、社会人経験のある外部講師が講義する」という本講義の特徴を活かせるよう、講師自身の職業経歴、社会人として生活していく上での苦労話や体験談等、学生にとって興味深いエピソードを適宜織り込み「自らを語る」ことも、合わせて要請しています。

(3) 成績評価方法

　成績評価方法は、図表7-2-2の通りです。三つの観点で評価します。なお、第1回目の本講義概要説明時において評価方法を学生に対し明示し、学生はそれを了解したうえで履修登録をしてもらうこととしています。

1) 積極的な授業参加度

　発言やグループ学習への取り組み方、授業感想（授業後に提出する簡単なリアクションペーパー）などで評価します。なお、全15回のうち5回以上欠席となると、本学の規定により本講義の単位取得は認められません。

図表7-2-2　学芸フロンティア科目 D の成績評価

成績評価の観点	具体的内容
1) 積極的な授業参加度	発言やグループ学習への取り組み方、授業感想などで評価。全15回のうち5回以上欠席した場合は、本学規定により単位取得は認められない。
2) 提出課題の作成	・下記の2課題を紙面で提出。 　①生涯生活設計シート 　②試算表 ・提出日：第15回 (最終回) 講義時。
3) レポート提出	・第15回 (最終回) 講義時にレポートを作成し、提出。 ・テーマは自己設定。講義の中で、最も印象的であったこと、重要であると思ったこと、疑問や違和感を持ったこと等 ・最初に、選んだテーマに関するキーワードを記載。例えば「金融教育」「金融犯罪」「生涯生活設計」など。 ・答案用紙に記載 (1,000字程度)、作成時間約60分。 ・事前に用意した内容を答案用紙に転記しても可。

2) 提出課題の作成

　各回で学んだ個別の具体的な知識を基に、この講義の柱である「生涯生活設計」を実際に作成してもらい、講義最終回時に提出してもらいます。

　課題作成に当たり、まず、「自分はどのような人生を送りたいのか」を学生にイメージしてもらいます。そして、それを実現するために、就職後の収入 (年収)、住居にかかる費用、子どもをもうけた際の教育費 (学習塾や習い事を含む)、自動車所有等々について選択し、具体的な数値や金額を子細に設定してシミュレーションを行います。その結果を①「生涯生活設計シート」(図表7-2-3) に記入して提出する、というものです。

　その際の計算を簡便に行うため、表計算ソフトであらかじめ作成された②「試算表」を用いますが、この「試算表」電子ファイルは、学内 LAN を使用して履修学生宛に送信されます。この表の紙面での提出も必須としています。

3) レポート提出

　15回目の講義最終回において、それまで学んだことの中で最も印象的であったこと、重要であると思ったこと、疑問や違和感を持ったこと等について、テーマを各自で設定し1,000字程度のレポートを作成してもらいます。

学芸フロンティア科目「生涯生活設計シート」
学籍番号（　　　　　　　　　）氏名（　　　　　　　　　　　）
・夫の職業（会社員　・　教員　・　無職）、最終的な勤務地（　　　　　都道府県　　市区町村）
・妻の職業（会社員　・　教員　・　無職）、最終的な勤務地（　　　　　都道府県　　市区町村）
・子供の数（　　　　）人、うち男（　　　　）人、女（　　　　）人
・子供の学校種

	保育園	幼稚園	小学校	中学校	高等学校	大学
1人目	公・私・無	公・私・無	公・私	公・私	公・私・無	公・私・無
2人目	公・私・無	公・私・無	公・私	公・私	公・私・無	公・私・無
3人目	公・私・無	公・私・無	公・私	公・私	公・私・無	公・私・無
4人目	公・私・無	公・私・無	公・私	公・私	公・私・無	公・私・無
5人目	公・私・無	公・私・無	公・私	公・私	公・私・無	公・私・無

・上記を選択した理由

[

]

・夫婦のどちらかが65歳に到達した時点での
　　貯蓄額（　　　　）万円、負債額（　　　　）万円
・最終的な住居の所在地（　都道府県　　市区町村）
・最終的な住居の所有状況（　所有　・　賃貸　）
　　→　所有の場合（　一戸建て　・　マンション　）、購入時の年齢（　　　）歳
・購入価格（　　）万円、うち借入（　　　）万円、返済期間（　　）年
　　→　一戸建ての場合：敷地面積（　　　）㎡、間取り（　　　　）
　　→　マンションの場合：専有面積（　　　　）㎡、間取り（　　　　　　）

・生活設計を作成した意見・感想（スペースが足りない場合は裏面に）

[

]

図表7-2-3　提出課題①「生涯生活設計シート」

事前作成したレポートを持ち込み答案用紙に転記することを認めていますが、これは、①学生にこれまでの学びの振り返りを促し、書くべき内容を検討してまとめる時間をとること、②講義最終回時には学生向けアンケート記入等による時間的制約があることによるものです。

図表7-2-4　履修登録学生数 (過去3年間)

年度	学年	男性	女性	計
2014年度	1年生	70	65	135
	2年生	5	3	8
	3年生	10	5	15
	4年生	8	5	13
	計	93	78	171
2015年度	1年生	26	34	60
	2年生	4	2	6
	3年生	5	7	12
	4年生	9	8	17
	計	44	51	95
2016年度	1年生	25	26	51
	2年生	12	16	28
	3年生	3	5	8
	4年生	19	10	29
	計	59	57	116

(4) 履修登録学生数とその内訳

　実際に履修登録している学生数について見ます。過去3年間の学生数とその内訳は図表7-2-4の通りです。多少のばらつきはあるものの、毎年約100名の履修登録があり、多い年では150名を超えることもあります。本学に設置されている選択科目の中でも、比較的人気の高い講義となっています。

2　多く見られる学生の意見・感想等

(1) 提出課題で多く見られる意見・感想等

　提出課題①「生涯生活設計シート」(前出　図表7-2-3) の末尾において、課題作成後の意見・感想を自由記述する欄を設けています。例年、ここで多く見られる意見等は、大きく下記のようにまとめることができます。

・一生涯で必要となる金額に対する驚き

・その稼得の可否に対する不安

　加えて、自らが大学生となるまでに要した金額の多さと、それを賄ってくれた保護者に対する感謝や尊敬の念に触れる学生も相当数に上っており、効果的な振り返りにつながっているものと思われます。

(2) 最終回時提出レポートで多く見られる意見・感想等

　講義最終回時に提出してもらうレポートにおいては、総じて、下記のような記述が例年多く見られます。

・大学卒業後の社会人として自立した際の、具体的なイメージが持てた。

・特段の期待もなく受講したが、これまで学習したことのない内容であり、大変有意義な講義。後輩にも薦めたい。

・大学でこのような実用的な事柄を学ぶことができるとは思っていなかったので、この講義を受講してよかった。

・将来はどこで働こうか、どこに住もうか、どれくらいの規模の家に住もうか、といった将来の夢の実現のために、この講義で学んだことを活かしたい。

・人が生きていく上で、これほど多額のお金が必要なのかと驚いた。目的に合わせ、計画的に貯蓄していきたい。

・これまでの自分の人生を見つめ直した。親の人生や苦労も考えられるようになった。お金のことについて親と話せるようになった。

・「キャリアデザイン」の回でのグループディスカッションによって、人それぞれ将来のプランが大きく違うことを実感し、自分の就職を強く意識するようになった。よい刺激を受けた。

・金融教育として、講義で扱った内容を中学校や高校の段階から教えるべき。金融教育の必要性を痛感。将来教員になった際に役立てたい。

・経済や金融の分野は難しく苦手意識があり、これまで避けてきたところがあるが、今後は新聞やテレビのニュース等に関心を持ち継続

的に学んでいきたい。

・金融犯罪がこれほど身近な危険であると感じたことがなかったが、今後は危機感を持って対応したい。

・誰でも多重債務に陥る危険性があり、その怖さを知った。計画的にお金を管理していきたい。

・みずほで働く社会人の方々が、実際に自分の人生の歩みを紹介してくれたことで、社会人生活というものを具体的にイメージすることができた。

例年、このように、本講義に対しては肯定的な意見で占められています。講義内容の難解さを訴える意見や改善要望は散見されるものの、感情的な批判意見等は見られません。

3 講義に関する学生へのアンケート調査

「学芸フロンティア科目D」は現在全部で15回の講義で成り立っており、その最終回において、学生に向け「終了時アンケート」を実施しています。このアンケートでは主に、受講後の感想、各回講義の印象を尋ね今後の改善につなげるとともに、各講師や運営側への改善要望等を吸い上げることも目的としています。

なお、個人の特定はその主旨とするものではないため、学籍番号・氏名の記入は求めず学年と性別の記入のみとし、また、冒頭にて成績評価には一切無関係である旨、明記しています。

2016年度(2017年2月)に実施したアンケートの主な質問項目は、図表7-2-5の通りです。図表7-2-6は、その集計結果です(有効回答数：92(男性48、女性44))。

Q1　この「学芸フロンティア科目 D」受講後の感想として、近いものを下記の中から選んで、記号を〇で囲んでください。（複数回答可）

   a）これからの生活や仕事、将来設計に役立つと思った。
   b）就職先として、金融業界に興味がわいた。
   c）民間企業の社会人による講義なので、通常の講義とは違った知識や視点が得られた。
   d）「金融」や「経済」の分野を、さらに学びたいと思った。
   e）将来、自分が教師として金融教育をする際に、学んだことが役に立つと思った。
   f）来年度もこの講義があれば、友人や先輩・後輩に薦めたいと思った。
   g）履修登録時のイメージとは違い、期待外れだった。
   h）その他（　　　　　　　　　　　　　　　　　　　　　　）

Q2　下記の講義回の中で、
   ①「面白い」と思ったり、さらに深く学んでみたいと思った回
   ②あまり役に立たなかったり、よく理解できなかった回
　はどれですか（3 つまで複数回答可）。
　また、その理由もそれぞれ教えてください。

   ・第 2 回　金融の基礎知識、金融機関の役割、金融業界
   ・第 3 回　金融犯罪に巻き込まれないために
   ・第 4 回　多重債務者にならないために
   ・第 5 回　お金に関する法律
   ・第 6 回　生涯生活設計①（概論）
   ・第 7 回　お金をためること（貯蓄）
   ・第 8 回　お金を増やすこと（投資とリスク、金融商品の危険性）
   ・第 9 回　経済・金融市場の変動と生活
   ・第 10 回　お金と社会的信用（住宅ローン）
   ・第 11 回　生活上のリスクと保険
   ・第 12 回　収入と税金（所得税・社会保険料を計算しよう）
   ・第 13 回　生涯生活設計②（生活設計をゲームで体験しよう）
   ・第 14 回　キャリアデザインについて

図表7-2-5　2016年度　終了時アンケートの主な質問項目

〈Q１の集計結果〉

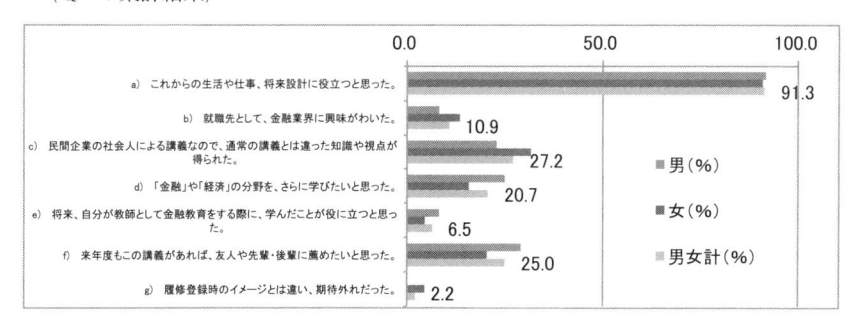

〈Q２の集計結果〉

上位５テーマ	回答数
第６回　生涯生活設計①（概論）	37
第13回　生涯生活設計②（生活設計をゲームで体験しよう）	31
第３回　金融犯罪に巻き込まれないために	22
第８回　お金を増やすこと（投資とリスク、金融商品の危険性）	19
第14回　キャリアデザインについて	17

図表7-2-6　2016年度　終了時アンケートの集計結果

　Q1の「a）これからの生活や仕事、将来設計に役立つと思った」を選択している学生が9割を超えており、高評価が得られていると言えます。また、「f）来年度もこの講義があれば、友人や先輩・後輩に薦めたいと思った」を4分の1の学生が選択していることからも、本講義の有効性を学生自身が感じているものと考えられます。

　Q2では、「①『面白い』と思ったり、さらに深く学んでみたいと思った回」と、「②あまり役に立たなかったり、よく理解できなかった回」を、それぞれ3つ選択してもらい、その理由についても尋ねています。

　〈Q2の集計結果〉は、①を「好評」と便宜上解釈して回答数をカウントし、上位5テーマを示したものです。

　「生涯生活設計」に関する2回の講義が二つとも上位にきていることから、

本講義の趣旨と効果は概ね学生に理解されていると思われます。「第13回 生涯生活設計②（生活設計をゲームで体験しよう）」は、学生に7〜8人のグループになってもらい、トランプのカードを引くゲームを通して生活設計を簡易に体験してもらう講義回です。そのなかで学生同士、各人の生活様式や金銭感覚について、いわゆる「わいわい、がやがや」と話し合いながらゲームを進めて行きますが、時折快活な笑い声や感嘆の声が上がるなど、講義教室の雰囲気が非常に盛り上がります。また、実際に手を動かし周囲とディスカッションをすることで、より能動的で深い学びの機会となっていることも、好評の理由と考えられます。

「第3回　金融犯罪に巻き込まれないために」も好評です。その理由を見ると、「金融犯罪のことを知り、怖いと思った」「自分の身をしっかり守りたい」といったものが多くなっており、身近な事例を挙げながら講義することの効果が出ているものと思われます。

一方、上位とはならなかった、法律（第5回）やマクロ経済（第9回）、税（第12回）を取り上げた講義回については、「馴染みがない」「経済用語には以前から苦手意識がある」「計算が複雑で難しい」といった声がいくつか上がっています。とはいえ、これらは、この「学芸フロンティア科目D」のラインナップにおいては外すことができない重要なテーマであるため、講義内容の伝え方について微修正を加えながら、改善を続けています。

4　成果と今後の課題

(1) 大学生向け金融教育としての成果

上述の通り、提出課題①「生涯生活設計シート」における意見・感想等の自由記述欄や最終回時提出レポートにおいて、多くの学生がこの講義の意義と効果を指摘しています。また、アンケート集計結果からも、それが裏付けられます。

こうしたことから、大学生向け金融教育としての本講義は、経済的な自立

を目前に控えた学生にとって重要な学びの場になっていると言え、一定の成果を上げることができているものと考えられます。

(2) 今後の課題

　学生の理解度や習熟度を観察しつつ適宜アンケート調査を実施するなどしながら試行錯誤を続け、10年が経過しました。のべ1,000名以上の学生が受講し、一定の成果を上げることができているとはいえ、課題もあります。

　各回講義内容のレベル設定や進め方に関しては、不断の見直しが求められますし、講師の話術を含む伝え方については、その努力に負うところが大きいものの、効果の高い講義とするためには課題の一つと言えます。

　また、金融を取り巻く環境変化に関する時宜を得たトピックを取り上げ、かつ、それを学生に分かりやすく伝えることも、職業人としての務めと考えます。たとえば、「FinTech」関連に対する基本的な理解は、今後、一人の市民としても教員としても、金融という営みの動向を知るうえでは必須となってくると思われます。講義中に言及される機会も増えてくるでしょう。

　もちろん、本プロジェクトが金融教育に関する共同研究を進めてきた中で表出した問題意識や蓄積された知見といった成果を、この「学芸フロンティア科目D」に還元していくことも、合わせて必要となります。

　これからもこうした諸課題を解決しながら、さらなる授業の質の向上を目指したいと考えます。

5　結びにかえて──「教えることは二度学ぶこと」

　みずほFGは、「金融教育への取り組みの継続的推進」を「2016 〜 2018年度グループCSR取り組み方針」における重点的な取り組みの一つに位置付けています。初等・中等教育分野では、教職員向け金融教育支援、小・中学生の職場体験受け入れ等に取り組んでおり、高等教育分野では、東京学芸大学の他にも寄附講義・寄附講座を継続的に設置しています。

　こうしたCSR活動の主眼は、次世代を担う人材を育成することを通じて社会に貢献することにあり、その成果に対する評価は多くのステークホルダーの方々に委ねられますが、その副次的効果として、実際に講義を担当する役職員の成長や満足度の向上にも役立っていると言えます。

　たとえば、講師が実際に講義するに際し内容を精査することは、自身の持つ知識の整理・再構築につながります。まさに、「教えることは二度学ぶこと」と言えましょう。また、多くの学生の前で講義する経験は、資料作成を含めた総合的なプレゼンテーションスキルの向上にも効果的です。さらに、大学での講義を通して社会貢献をしているという実感も得られ、CSR活動における従業員満足度の観点からも有効と言えます。多くの講師がこうした効用を認めており、運営側としてはその意をますます強くしているところです。

　加えて、この「学芸フロンティア科目D」は、いわば裏方である筆者にとっても、非常に意義深い活動となっています。学生のグループディスカッションの輪に筆者も加わり直接意見を取り交わすなかで、学生が教職に就いた際のことに思いを馳せ意欲を燃やす姿や、筆者の社会人としての生活ぶりに興味を示し将来像を具体化していく様子を見るにつけ、教育の現場に接することの魅力と責任を強く感じています。民間企業に勤務する者にとってはなかなかに得難い経験であり、学生たちの今後の人生に多少なりとも役立つことができているのであれば、これは筆者にとって望外の喜びです。

　こうしたことから、この、みずほフィナンシャルグループ寄附講義「学芸フロンティア科目D」は、今後も継続されるべき有意義な活動であると言えます。そして、このような金融教育に関するCSR活動を通して、広く社会に貢献し続けていきたいと考えます。　　　　　　　　　　（清水　幸治）

第8章　金融機関における金融教育実践

1　CSRの取り組みとして重点的に金融教育を実践

みずほフィナンシャルグループ（以下、「みずほFG」）は、「良き企業市民」として社会の持続可能な発展に貢献することは、企業理念におけるビジョンを実現し、企業価値創造に向けた基盤になると考えています。

図表8-1-1
〈CSRの中長期取り組み方針〉

本業	社会の持続可能な発展に貢献するビジネス推進の強化
基盤	社会の期待に沿った活動を支える基盤の強化
社会貢献	地域・社会のニーズを踏まえた社会貢献活動の推進

みずほFGは、「本業」「基盤」「社会貢献」の三つを柱としたCorporate Social Responsibility（以下、「CSR」）の中長期取り組み方針を策定し、様々な取り組みを推進しています。本章では、「社会貢献」の取り組みとして重点的に実践している金融教育についてご紹介します。

2　初等・中等教育における金融教育

初等・中等教育については、本プロジェクトにて開発した、教育現場のニーズを踏まえたテキストやDVDなどの教育ツールを、実際の職場体験や出張授業の場で活かしています。

(1) 職場体験
みずほFGは、国内において年間約90件の職場体験を全国のみずほ銀行

の本・支店などで受け入れており、
2006年度からの累計受け入れ人数は
約16,000人となりました。

職場体験では、児童・生徒たちが実
際に就業体験を通じ、働くことの意味
について肌で感じることができるよう、
みずほ銀行等の本・支店内部の見学や
行員との対話、ロビーでの声かけ体験
などのプログラムを提供しています。

図表8-1-2

職場体験の様子

図表8-1-3

〈職場体験で子どもたちに伝えたいこと〉

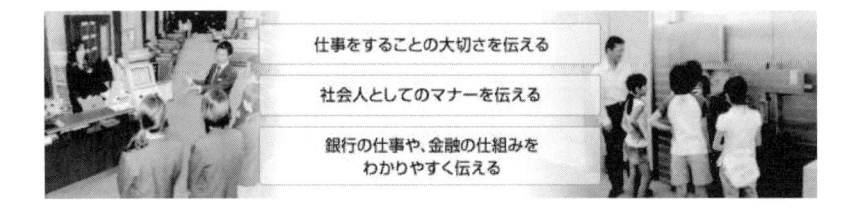

図表8-1-4

〈活動計画の例〉

項目	場所	内容
挨拶	支店長室	挨拶、当日のスケジュールを説明
仕事の説明	会議室等	銀行の仕事や店頭接遇対応を説明
店舗見学	ロビー 執務室等	ATM、総合受付案内、ロビー、受付窓口（ハイテラー/ローテラー）、運用等相談窓口（プレミアムサロン）、貸金庫、外貨両替、渉外課等の見学
仕事の体験	ロビー 会議室等	お客さまへの声かけ体験、札勘定体験 大口現金の重さ体験、店周清掃等
振り返り	支店長室	当日の感想や質問などの振り返り

図表8-1-5

〈初等・中等向け教材例〉

テキスト　　　　　　　　テキスト　　　　　　　　用語集

　また、本プロジェクトの成果等を踏まえ、地域社会の要請に応えていくことができるように、職場体験受け入れの際のポイントをまとめた社員講師向け映像教材や、銀行の役割を解説する児童・生徒向け映像教材等を作成しています。

図表8-1-6

〈社員講師向け映像教材〉

金融教育の心得（総論・スケジュール説明）　　　　金融教育の心得（ATMでの説明、まとめ）

図表8-1-7

〈児童・生徒向け映像教材〉

▍銀行のお仕事（トップページ）

▍銀行のお仕事（貸出）

▍銀行のお仕事（送金・両替）

(2) 出張授業

　出張授業では、学校の社会科やキャリア教育の授業などに協力し、ニーズに応じた様々な内容の授業を提供しています。

　2006年度からの累計授業参加者は約19,000人となりました。

　また、東日本大震災で被災した子どもたちの復興を願う気持ちに応えるべく、本プロジェクトで作成したテキストを仙台市の全公立小・中学校に配布したほか、岩手県大船渡市など被災地

図表8-1-8　出張授業の様子

図表8-1-9　震災被災地での出張授業

での出張授業を継続的に実施しています。

(3) 子どもサマー・スクール

　2011年度からは、夏休み期間中に全国のみずほ銀行の本・支店などで地域の小学生を受け入れ、お金の仕組みや銀行の仕事についてクイズやゲーム形式で学ぶプログラムを提供しています。参加者は年々増加しており、2017年度は全国107拠点で約1,800人の子どもたちが参加しました。

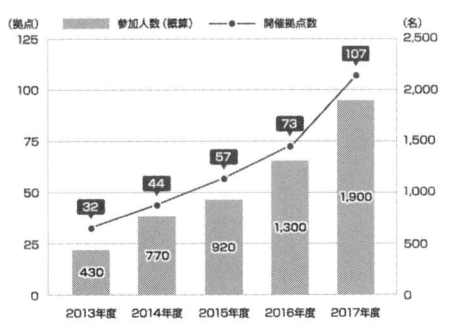

図表8-1-10　子どもサマー・スクール開催拠点数と参加人数の推移

図表8-1-11

〈プログラムの流れの例〉

開講 授業の流れを簡単に説明したのち、子どもたちはオリジナルの名刺を使って自己紹介をします	 開講挨拶	 名刺交換
職場体験 社員の説明を聞きながら店内見学や職場体験を行います	 ロビー見学	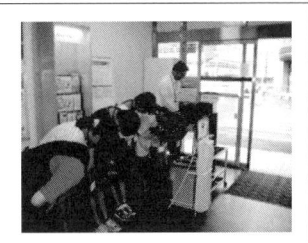 店頭挨拶体験

図表8-1-11（続き）

金融の学習 職場体験後、銀行の仕事やお金の管理について学習します	 レクチャー　　 札勘定体験  大口現金の重さ体験　　 ワークシート

図表8-1-12

〈参加した子どもたちの声〉

学年	感想等
小学3年生	・お金（大口現金）がとても重くてびっくりしました ・「おこづかい帳」をつけることが楽しみになりました
小学4年生	・銀行員の仕事は、お金を預かったり必要な人に貸したり、大切な仕事だと思いました ・お金の大切さなど色々なことが分かった
小学5年生	・金庫など普段見られない所も、みんなで楽しく見学できたので良かった ・銀行員は、お金を預かったり貸したりするだけでなく、お金に関するアドバイスもしていることがわかった

(4) 海外での金融教育

　みずほ銀行は、インド国内の5支店において、定期的に金融教育プログラムを実施しています。このプログラムはインド準備銀行（インドの中央銀行）の

金融包摂プロジェクトの一環として作成された金融教材に基づいています。

　アーメダバード、バンガロール、チェンナイ、ムンバイ、ニューデリーの5都市において、NGOや現地の学校と協働しながら、銀行に関する基礎知識や口座開設、偽造紙幣判別機能 (すかし) のほか、家計管理や浪費せずに貯蓄することの重要性を、生徒や若い世代に伝えています。

　そのほか、バンガロールにある「RBI金融包摂リサーチセンター」、チェンナイにある「デジタルギャラリー」、ムンバイにある「貨幣博物館」への見学のアレンジも行っています。

　また、社会サービスが十分に行き届いていない人々や女性向けにも教育セッションを実施しています。

図表8-1-13
インドでの出張授業の様子

3　高等教育における金融教育

　高等教育分野では、高度金融人材の育成を目指し、日本国内の複数の大学に寄附講義・講座を設置して、経験豊かな実務担当者を講師として派遣しています。本プロジェクトの一環としても、東京学芸大学の大学生を対象とした「学芸フロンティア科目D」(詳細:第7章) を開設しています。

図表8-1-14
東京学芸大学寄附講義の様子

4　教員等を対象とした金融教育 (公開講座)

　本プロジェクトでは、共同研究や研究授業の成果を教育現場で活かしてい

ただくため、2006年以降、学校教員および金融教育に関心のある方を対象とした「公開講座」を開催してきました。

図表8-1-15
公開講座の様子

5　おわりに

みずほFGは、CSRへの取り組みを強化するため、CSR推進体制の整備や中長期取り組み方針等を定めています。そのなかでも一貫して、金融教育を重点項目として取り組んできました。今後も地域・社会のニーズを踏まえながら、金融教育を企業文化に根付いたものにしていくとともに、経営資源を活かしたCSR活動として、継続的に取り組んでいきます。　　（東條　憲二）

第3部
教育と金融の観点から探る金融教育の未来

第9章　金融関係者の立場から見た金融教育への課題と期待

第10章　教育関係者の立場から見た金融教育への課題と期待

第9章　金融関係者の立場から見た金融教育への課題と期待

金融教育への課題と期待等をテーマに、みずほフィナンシャルグループとみずほ総合研究所(以下、合わせて〈みずほ〉)のメンバーでディスカッションを行いました。また、過去のメンバーからもアンケート形式でエピソードなどを聞きました。

1　本プロジェクトについて

(1) 本プロジェクトスタート時の様子

・本プロジェクトが発足する前の2005年夏、みずほフィナンシャルグループではCSRの重要テーマとして、大学での金融領域に関する寄附講義の開設と職員が小中学校に出張して金融に関する授業を行うことについて検討していました。そこでまず、グループ会社の中で金融機関職員に対する金融知識の教育を業務のひとつとしているみずほ総合研究所に相談し、寄附講義のカリキュラム作成と出張授業で使用する教材の作成に着手しました。そのような中で、せっかく小・中学生を対象とした金融教育を目指すのであれば、日本を代表する教員養成機関である東京学芸大学と連携したいという声が、みずほフィナンシャルグループから上がりました。これが本プロジェクトのスタートのきっかけだったと思います。

(2) 金融教育教材や教育プログラムの作成

・本プロジェクト開始当初は手探りでした。まずは、〈みずほ〉で出張授業を前提に検討していた教材の骨格をベースに、学校現場で小中学校の先生が利用する場面も想定し、お金の役割や銀行の仕事などを分かりやすく説明した教材である『お金のお仕事』の作成に、東京学芸大学の先生方と共同で取り組みました。本プロジェクトの正式なスタートは2006年4月ですが、その前から実質的な活動が開始されました。その成果として2006年8月に教材を発行することができました。

　次に、教育機関や金融機関の関係者などを対象とした公開講座を開催することとし、作成した教材のお披露目と、これを活用した授業実践事例を発表することにしました。限られた時間の中で、公開講座での発表にご協力していただいた附属学校の先生方など、とても大変であったと思います。

　さらに、この教材を補完するものとして、用語集、授業ガイドと、最初の1年間は関係書籍の作成が続きました。

・2010年頃の話です。特に印象深いことは、テキスト（『考えてみよう　これからのくらしとお金』）の作成にあたり、メンバーで集まり、読み合わせをしながら時には夜遅くまでに及ぶミーティングを毎週のように行ったことです。言葉の選び方やデザインなど、詳細にわたってこだわり、様々なバックグラウンドを持つメンバーがいることもあって、時には意見が対立することもありましたが、ようやく出来上がったときには本当に感慨深いものがありました。

・多くの学校現場の先生方と協働して、授業のニーズに合わせて様々なプログラムを作ったことも思い出されます。中学生向けの為替や企業経営にフォーカスした授業のほか、小学生向けにはお金の働きについて特化した授業も作りました。特に思い出深いのは、特別支援学校やチャレンジスクール、エンカレッジスクール向けにプログラムを提供したことです。それぞれの生徒たちの置かれた状況等を踏まえて、授業の進め方や内容も先生方と一緒に工夫し、生きていくために必要な金融教育というものを考え

させられました。

(3) 産学連携における戸惑い

・大学側と文化の違いを感じる場面はあったと思います。例えば、最初は大学側の意思決定のプロセスが分からず、困惑していた〈みずほ〉のメンバーが少なからずいたと思います。大学では、まず個人の思いが重視されます。参加者が多くなるほど、多くの思いが交錯するので、行動に移るまで、その調整に結構な時間が費やされます。一方、企業では指揮命令系統にしたがって、粛々と行動に移ります。この調整に要する時間の捉え方が、文化の違いを感じる最たるものではなかったかと思います。

　ただし、相手の文化を認め、お互いを尊重する姿勢を保ってプロジェクトに臨んできたがゆえに、共同研究をこれだけの長期間続けることができたのだと感じます。

・一方、〈みずほ〉側のプロジェクトの進め方やスピード、コンプライアンス面への考え方などに対しては、大学側に戸惑いがあったと思います。

・しかし、2011年頃になると、文化の違いはあまり感じられなくなっていました。もっとも、初めて会議に参加した時には、これまでの業務での会議にはない感じではありましたが。理由としては、本プロジェクト発足以降、おそらく最大の事業であった新テキスト(『考えてみよう　これからのくらしとお金』)作成時のやりとりで、お互いを理解したからだと推察します。先生方もその後「雪解け」「一体感の醸成・仲間意識」などと発言されていたと記憶しています。また、当時は、意見の食い違いから議論になることは当然あったものの、対立するようなことはなかったと思います。これは、新テキスト作成による「雪解け」も含め、先生方と〈みずほ〉が本プロジェクトを通じて目指すこと、実現したいことについて共通の認識を持ち、お互いを理解・尊重して活動していたからだと思います。

(4) 本プロジェクトを通じた新しい気付きや印象深いこと

・金融グループ傘下のシンクタンク（みずほ総合研究所）に所属して金融機関や一般事業法人向けの教育事業を行っている立場からみると、同じ「教育」という括りながら、日々の業務とはまた違った新鮮な気付きがありました。例えば、早い段階からの金融教育の必要性です。金融機関で日々業務を行っていると否応なく「リスク」と向き合うことになります。そして業務を行う上で「リスク」は低減させて、無くしていくことが求められます。これは一般の会社などでも求められることではあると思いますが、殊に「お金」そのものを取り扱う金融機関では顕著です。

　金融機関に就職すると「お金」に関わる契約や手形・小切手・クレジットカードなど、普段の生活やビジネスで使うもののすぐ隣にある「リスク」を学んでいくことになりますが、実はこれまで教育を受けてきたなかでは、明確には教えられてきていないということに気が付きます。例えば、契約をするという行為はどういうことなのか、手形や小切手の裏に名前を書くということはどういう効果をもたらすのか、債務保証とはどういう行為なのか、連帯保証人と保証人はどう違うのか、その行為に初めて出会うまでに正確に知っていた人はどれだけいるでしょうか。

・本プロジェクトに参加した当初、特別支援学校での金融教育の授業実践をいくつか参観しました。銀行には様々なお客さまが来店される中で、特別な支援を必要とされている方々も数多くおられたという支店時代の経験を思い出しました。そういったお客さまは、新規口座の開設や、お振込をする際、非常に苦労されていたのをよく覚えています。

　特別支援学校での授業実践では、銀行サービスの具体的な利用方法を解説するDVDの視聴や、〈みずほ〉職員が銀行窓口担当者役となって口座開設をロールプレイング方式で生徒に体験してもらったりするなどの指導手法がとられています。私見ではありますが、支店時代の経験に照らし合わせたとき、こうした手法は非常に有効だろうと思います。

・本プロジェクトに参加してほどなく、「附属の中等教育学校でクレジット

カードとＦＸ取引 (外為証拠金取引) についての実践授業を」との話をいただきました。先生方は、おそらく教育の専門家として直観的にそれらのツールや商品に潜むリスクを感じ取られたのだろうと思います。実際、クレジットカードは自分で意識しないうちに借金が増えていくのと同じ状態になるおそれもあるものですし、レバレッジ効果のあるＦＸ取引では損失が出た際に予想を上回る金額の追加証拠金を請求されることがあります。授業では、それぞれの仕組みや商品性、メリット・デメリットを伝えるとともに、内包する「リスク」についても言及しました。二つの実践授業を通して見えたことは、生徒たちは授業の内容をとても素直に吸収する傾向にあるということでした。例えばクレジットカードについてお金を借りているのと同じ状態になっていることを詳しく説明した授業では、一部の生徒たちの感想として「危ないので将来クレジットカードを使うのは控えようと思う」「面倒くさそうなのでクレジットカードを使うのをやめようと思った」などがありました。またＦＸ取引については「やらないようにしようと思う」との感想が多く寄せられました。これらの感想は、私の授業での説明から「リスク」を強く感じ取ってしまったが故に、必要以上に「リスク」を回避するようになってしまっているものだと思います。その一方で「クレジットカードは便利ではあるが、危険な面もあるのでよく考えてから使おうと思った」「ＦＸ取引は面白そうなのでやってみたい」との感想もあって、同じ授業でもこのような受け取り方の違いがありました。必要な情報を理解できるレベルで正確に伝えるということがいかに困難であるかを感じた場面でした。

　実践授業のみではなく、金融機関の職員は独自に出張授業等を行っていますが、教育者としての専門的な訓練は受けていないことから、先ほど述べたような状況に陥りがちなところがあると思います。

・忘れられないエピソードを一つ。中学 3 年生の総合的な学習の授業に参加した時の話です。中学卒業を控えた 2 月頃、ある学校から出張授業の依頼がありました。窓口となった先生の話では、「子どもたちは高校に行くと

アルバイトができるようになる。だからお金についての理解を深めておきたい」とのことでした。私からは、「先生の授業の趣旨に沿った授業を、共同で組み立てていきましょう」とお話しながら内容を打ち合わせ、授業当日を迎えました。その先生の専門は国語で、国語を導入に用いた金融・キャリア教育の授業を行う、本プロジェクトとしては初めてのケースでした。

　お金に関することわざを用いながら、働くことの意義やお金の大切さを教えるとても印象深い授業になりました。

(5) 長期にわたり共同研究が続いた理由

・少なくとも、第1〜第3フェーズの各終了時点では、共同研究を終了させるという考え方は大学側にも〈みずほ〉にもなかったと理解しています。基本認識として、発足当初から10年は継続しようという考えが、参加メンバー全体の頭にあったと思います。また、研究が進むにしたがって、次々と新しい課題ややりたいことが出てきました。そのような状況で終了してしまうのはもったいないという共通認識があったと思います。

　発足直後から、長く続けるべきプロジェクトであるという土壌が出来ていたのだと思います。

・少なくとも自分が知る限りでは、〈みずほ〉全体として本件への取り組み意義などは正しく理解・評価されていたと思います。直接、収益につながる取り組みではないものの、グループ全体の企業価値向上に資するものであって、CSRの一環でやっているという共通意識でつながっていたと感じています。そのような理解があるからこそ、学芸フロンティア科目D（東京学芸大学への寄附講義）に対してグループ職員を講師として派遣するよう要請した際に、毎回快く引き受けてもらえたのでしょう。

・本プロジェクト開始時から大学側と「金融教育は現在の子どもたちに必要である」、「教育現場の子どもたちや教職員にフォーカスを当てた活動を行っていく」といった共通認識があったからこそ、ここまで続いたのでは

ないかと思います。ほとんど毎月、時には月に複数回、企業と大学の先生方が膝を突き合わせて議論していたというのは、改めてすごいことだなと思います。

2　今後の金融教育への取り組みについて

(1) 継続的な金融教育の必要性

・子どもたちにフォーカスした活動の一つに出張授業が挙げられます。授業を行うにあたっては、子どもたちの実態を踏まえてどのような内容を取り扱うかについて先生方と事前に調整したうえで、授業に臨んでいました。具体的には、通帳や印鑑、暗証番号の管理といった銀行の基本的な利用方法や、キャッシュカードとクレジットカードの違い、一人暮らしにおける資金管理のシミュレーションなど、様々な内容を取り上げました。こうした内容については、銀行員が講師を務めることで臨場感がある授業となり、子どもたちの理解はより深まると思います。一方で、銀行員による授業を受けなくとも、社会に出る前に学校での授業を通じて習得できていれば良いなと思います。引き続き、学校・企業を含む社会全体で金融教育に取り組んで行く必要があると思います。

・本プロジェクトで実践して研究してきた指導方法が、教育の現場に広がって、そこで学んでこれから社会に巣立っていく子どもたちの自律した社会生活の実現に役立つということを切に願っています。また同時に、〈みずほ〉に身を置くものとして、継続的な金融教育への取り組みに対する責任をますます痛感しています。

(2) 東京学芸大学への寄附講義の継続

・みずほフィナンシャルグループの寄附講義である「学芸フロンティア科目D」の内容は、一言でいえば、社会に出る前に身に付けて欲しい金融リテラシーです。大学生が自分の思い描く人生を歩んでいくために必要とな

る、経済的な知識と基礎的能力の獲得を目指しています。具体的には、キャリアデザイン、人生設計、経済・金融の基礎、投資とリスク、住宅ローン、保険、税などのテーマで構成されています。受講した学生からは、高い評価を得ることができていますので、大学生向け金融教育プログラムとしては非常に有効だと言えます。本プロジェクトが終了した後も、引き続き多くの学生に学んでほしいと思います。

・本プロジェクト終了後も、引き続き、金融教育への取り組みをみずほフィナンシャルグループのCSR重点目標として推進するとともに、可能な限り東京学芸大学で実施している寄附講義は継続したいと思います。

・寄附講義である「学芸フロンティア科目D」の継続と他への展開の可能性について話したいと思います。みずほフィナンシャルグループのCSR活動として、引き続き東京学芸大学への出講は、意義のあることだと思います。今後も継続していくことが望ましいと考えています。それに加えて、この講義の内容を他の大学へ展開することも視野に入ってくるのではないでしょうか。また、高等学校への展開も考えられると思います。

　実際に受講した学芸大生の意見や感想には、「もっと早くから知りたかった」「高校生の段階から学ぶべき」といったものがいくつかありました。高校生でも理解しやすいよう内容を簡略化するなどのレベル調整は必要でしょうが、このプログラムの"高校生バージョン"作成の可能性を探ることも、今後は議論してもいいのではないでしょうか。その際は、授業時間の絶対的な制約があるなかで、どこまで内容を充実させられるかが論点となりそうです。

・さらには、社会人向けプログラムも考えられます。私自身、こういった金融リテラシーを体系的に学ぶことなく社会人となりました。20数年の社会人生活を送るなかでその都度必要に迫られて、経済や金融に関する知識をバラバラに身に付けてきたように感じます。その弊害か、あるいは私の能力不足かは定かではありませんが、実際、この「学芸フロンティア科目D」の企画をする際に、私自身に理解の不十分な点があることに気付いて、専

門書で調べたりして慌てて知識を補充したこともありました。体系立てて学びたい、あるいは、学び直したいという社会人のニーズは、それなりにあるのではないかと思います。

(3) 今後への期待

・本プロジェクトでは、これまで長年行ってきた授業実践や多数の児童・生徒へのアンケート結果を踏まえて、発達段階に合わせた金融教育カリキュラム案を作成しています。政府が貯蓄から資産形成へとの方針を打ち出しているなかで、正しい金融知識を適確な時期に理解しやすい形で伝えていくことが必要だと思います。研究者や教員の方々の知見に金融の専門家としての知識を加えたカリキュラムやテキストの作成などを行う本プロジェクトは、まさにその方針に適う取り組みだったと思います。12 年間という長い期間続いた産学連携による本プロジェクトにほんの少しでも貢献できたのであれば非常に光栄ですし、これを端緒に同じような取り組みが様々な方面にも広がっていくことを願っています。

・新テキストや特別支援テキストは無料で配布していて、お送りした学校等からは毎回のように感謝されていましたので、大変良いものを作ることができたと思います。一方で、金融教育の教材は、認知度や普及の度合いも含めてまだまだ不足しているということかもしれません。こうしたことを踏まえると、本プロジェクト終了後も、作成した教材等の成果が継続して社会に還元されれば良いなと思います。また、〈みずほ〉は、本プロジェクトでの活動を通じて金融教育に関するノウハウや実績を積み上げており、〈みずほ〉にとって大きな財産だと思います。本プロジェクトが終了しても、〈みずほ〉として金融教育への取り組みを通じた社会への貢献を続けていきたいと思います。　　　　　　　　　　（構成：東條　憲二）

第10章　教育関係者の立場から見た金融教育への課題と期待

　本章では、この金融教育プロジェクトに関わった大学教員メンバーによる座談会 (2017年8月19日、東京学芸大学において実施) の模様を再構成したものです。教育に関する研究者の立場から、本プロジェクトにおいて印象深かったこと、この共同研究を通して得られた成果、そして金融教育の課題が語られています。自らの具体的な経験や実感にもとづいて本プロジェクトが振り返られます。

　参加者は以下の通りです。

　大澤克美 (代表・全体統括、社会科教育研究担当)

　松尾直博 (副代表・全体統括、道徳科教育研究、アンケート調査担当)

　大竹美登利 (家庭科教育研究担当)

　伊藤友彦 (特別支援教育研究担当)

　永田繁雄 (道徳科教育研究担当)

　林安紀子 (特別支援教育研究、アンケート調査担当)

本プロジェクトで印象深かったこと

大澤　それでは、はじめに2006年から現在まで、12年近くに及ぶ研究ですといろいろあっただろうと思うのですが、このプロジェクトに参加して印象深かったこと、あるいは思い出に残っていることについてお話しいただければと思うのですが、いかがでしょうか。

大竹　私にとって最も印象深かったのは、このプロジェクトに参加し始めた頃の体験です。2006年、本プロジェクトでは授業実践をベースに研

究を進めており、家庭科においても学校現場の先生に授業を実践してもらい、それを撮影し、11月の京都の公開研究会で発表する予定で進んでいました。私は当初このプロジェクトのメンバーでなかったのですが、家庭科の実践をしてくださる先生と連絡調整がうまくいかなくなり、11月の研究会に報告する実践を急遽、別の方にお願いする必要が生じました。家庭科の現場の先生との連携が比較的できている私に、発表に間に合うように家庭科の授業を実践してもらえないかという依頼が2006年6月にありました。本プロジェクトの責任者から突然呼び出されて依頼されました。ただ事でない雰囲気を感じ、その足で附属中の家庭科の先生の所に走って行きました。

　私の専門が家庭経済・経営で、中学校家庭科での金融教育の授業アイデアがあったので、粗々の授業内容を提案しました。授業内容をどうするかから考えてくれと言ったら、引き受けてもらえなかったと思います。私の必死な依頼を感じ、引き受けてくれることになりました。しかしすでに年間指導計画は立ち、授業は進んでいて、急に計画外の授業は入れにくい。そこで全学年・全クラスの時間割が書いてある黒板の前でパズルのような予定表を2人で眺め、他教科の先生にお願いして1時間融通してもらえそうな所を見つけ、7月最後に授業を行うことになりました。それから指導の流れと教材づくりに奔走し、授業実践のビデオ撮りを終えたという、非常に印象に残るスタートでした。このことは、附属の先生たちが一丸となって大学のプロジェクトに協力するという体制固めができるきっかけになりました。

　印象深いもう一つの出来事は、本プロジェクトを〈みずほ〉との共同研究としては1年間お休みしたことです。その時副学長として大学としての決断をしなければならない立場にあり、皆様にはご苦労をおかけすることになりました。ただそれまで築いたお互いの信頼関係の中でそれを乗り越えて、今回まとめる成果を上げられたのは本当に良かったと思っています。

松尾　プロジェクトに参加した当初は全体像を掴むのに少し時間がかかったんですけれども、徐々にわかってきて学ぶことも多かったかなという気がします。今から振り返ってみれば、2000年代に入ってから徐々に、同じ研究領域、同じ講座だけで仕事することがほとんどなくなって、いろんな専門、いろんな講座の先生と仕事をすることが増えていったように思われます。附属学校の先生と仕事するのも当たり前になっていきました。さらに、このプロジェクトに関しては産学連携ということで、みずほフィナンシャルグループとも関わりましたが、こうした様々な分野の人と研究をしていくというプロジェクトが、本格的に始まっていった時期かなと思います。その後、大学全体で取り組んだり、他大学と連携して取り組むような大きなプロジェクトが始まっていくんですが、ますますだんだん同じ講座の先生と話すのは教室運営の話ばかりで、研究に関しては違う領域の方と話すことが増えてきて。でも、これからはこういう時代なんだろうなということを感じました。

　このプロジェクトに参加することによって、専門性が広がるというか、なるほど同じことに関してもほかの分野からだとこういう研究があるのか、こういうことをしている附属学校の先生がいるんだというのを知ることができたのは、非常に自分としての財産になったなと思います。それから、違う立場の人と関わっていくマネジメント力がついたのは、現在関わっている他のプロジェクトでも非常に役立っていると思います。

　もう一つ、国際比較調査ができたというのはすごくよかったなと思います。とても個人ではできるような規模ではなかったですし、探り探りでやっていったシンプルな研究ではあったんですけれど、ブータンであるとか中国であるとか韓国であるとか、そういうデータがとれることによって日本の子どもたちを相対的にもう一回見直すきっかけにもなりました。他国の状況が、同じアジア圏でもこんなに違うんだというのは非常に驚きでしたし、参考になったなと思います。

大澤　道徳つながりで永田さん、いかがでしょうか。

永田　私も感じたことが二つあります。

　　　一つは、合理的な論理が優先しがちな企業と、その逆の部分が強調されがちな教育現場の、いわゆる「異文化」が協働すると、また新しいものが生み出せると感じたことです。教育は非合理的な世界だ、測り切れないものだと考えがちです。しかし、それでは数値的な目標を挙げにくく、生産性が上がらない。教育に携わる私たち自身も、その視点で考え方をリセットしていくべきと感じられることが多くありました。

　　　そしてもう一つは、私自身、道徳教育に関心をもち続けましたが、道徳とお金の近さについてほとんど考えなかったんですね。道徳という内面的な問題と現実生活のお金の問題は、本プロジェクトの最初の頃に教材などで問題提起されたように、相反する視点も多いと受け止めがちでした。実際に、道徳授業でもお金の問題を題材にした実践をほとんど見ることがなかった。しかし、お金についての積極的な受け止めや生かし方が子どもの豊かな生き方につながるというように、道徳教育観を大きく広げるきっかけになってきたと感じました。

大澤　ありがとうございます。では林さん。

林　　私がこのプロジェクトに入ったのはテキスト作成が終わってからでした。私よりも先に本プロジェクトに参加されていた伊藤さんから、「企業人と大学人が協働する作業はとても大変だったが勉強になった、そういう経験はなかなかできないので、是非あなたもプロジェクトに参加した方がよい」、と誘っていただきました。

　　　私が関わったこととしてはアンケート調査が挙げられます。本来の流れとしてはテキストを作成する前にやるべきことだったのかもしれないですけれど、テキストを活用していく上で、実際の日本の子どもたちの意識の変化を発達的に探るということが必要ではないかということになりました。着手段階では、探索的・パイロット的な研究

ととらえていたので、もっとじっくり考えなければいけないアンケートだったとの反省もあります。でもプロジェクトメンバーの力で全国的な調査、さらに海外の調査にまで広がりました。皆で集まってやることの意義というのはこういう展開のしかたにもあるのだということがとても勉強になりました。

　私自身は乳幼児から小学校低学年への移行期あたりの発達や発達支援に関する研究をしていますので、乳幼児期の生活におけるお金の扱いの重要性を再認識しました。特別支援教育の視点からは、多様性という意味で、いろいろな子どもたちや家族がいる中、お金の問題がそれぞれの人生に関わる重要なことであることを、改めて感じましたし、様々な立場の方がこの問題に興味を持ってくださっているということがわかりました。

大澤　伊藤さん、お願いします。

伊藤　テキストを作るときの思い出が私は一番強いです。思い出といえばすぐそれが出てきます。その中でも私が一番覚えているのは授業支援DVDの作成です。文字から情報が入りにくい子どもたちのために音声の読み上げ機能を付け足したんですね。その準備も大変だったんですけれど、最終的に音声を入れていってチェックする作業は膨大なものでした。そのときに、〈みずほ〉や出版社の方に本当に助けられました。異なる組織の人が参加しているという意識はほとんどなく、仲間に助けてもらったという印象が強く残っています。ところで、大澤さんがこのプロジェクトに関わられたきっかけはどのようなものだったのでしょうか。

大澤　私は、所属長の先生に呼ばれて「このプロジェクトに参加してくれないか」といわれたのですが、金融について良いイメージを持っていなかったので、「嫌です」と言うと、「嫌だと言うような人がいないと駄目でしょう」と言われ、渋々参加することになりました（笑）。

　でも皆さんのお話にあったように、一緒にやっていく中で、これは

意外に奥が深いと感じ、教育の新たな面が見えてくるなと思いました。最初は右も左も分からない状況だったのですが、実際に取り組む過程でこういうことについて自分はあまり考えてこなかったことに気付きました。社会科は経済を教育内容にしているのですが、経済のシステムや概念は語っていて、個人と金融の内実については意外に語っていない、考えてないのではないかと思えたことが、とても大きいことでしたね。

当初、〈みずほ〉側と大学側で対立点は多々あったのですが、異文化の人たちが集まっていることの意義を強く感じていますし、一山越えるごとにこのプロジェクトらしい力が確かなものになってきた気がします。

そういう力は、新しい世界に自分の目を向けてくれましたし、個人ではなしえない成果を生み出す源となりました。あらためてすごいなと思っています。ただ、すごいがためにあれもやれる、これもやりたいという意見が次々出てきて、後半は特に、誰が考えても大変だということでさえ、このチームならなんとかなるはずということで、附属の先生方にもずいんぶん協力していただきながらやってきました。

その原点はやはりテキスト作りにあったのだろうと私も思っていますが、国際調査にしても日中韓シンポにしても、そうそう簡単にできないことだと思います。皆さん忙しいといいつつ、それに取り組む貪欲さがあり、なおかつゴールを高く高くというふうに自分たちで設定し、それをやってきたことは、ある意味で自分にとってすごく自信が持てる研究・実践活動だったという想いがあります。

プロジェクトの成果

大澤 これまで授業実践研究を中心に、テキストや報告書など様々なもので社会に発信してきたわけですが、改めて研究面から見た成果について、不十分な部分もあればそれも含めて、お話しいただければと思い

ます。

大竹　一つは、家庭科の授業実践をテキストにまとめたことです。家庭科はマイナーな教科なので取り組みから外れることが多いのですが、本プロジェクトではその一翼を担わせて頂きました。

　家庭科では生活者すなわち消費者の立場で社会を見ていますので、金融教育と言うより消費者教育に近い取り組みが多いのです。

　ただ、金融広報委員会が提案している金融教育は、消費者教育なんですね。すなわち金融庁などが必要としている教育は、金融商品を購入する消費者が巻き込まれる問題を回避できる力を育む教育であることが分かりました。社会のシステムとしての金融は社会科で、それを個々人の生活に活用することは家庭科で。両教科が連携してはじめて金融教育が成立すると思います。そういう意味で家庭科も金融教育の担い手になり得るということが納得できました。

　二つ目として、家庭科は生活弱者の問題に対応する教科という側面があることが挙げられます。法律上雇用者は非正規でも雇用保険でカバーすることになっていますが、現実はその法の網から外れている。そうした生活弱者に目を向ける教材を開発したのですが、法律違反を教材に取り上げるのは好ましくないと言われました。金融機関の立場上はそうかなと納得した次第です。でも現実をどう教えていくかは未解決で、難しいと思っています。

　三つ目は、金融に関する意識調査に協力でき、また各学年の家庭科の授業実践の取り組みを見直すことができたことです。当初私は、〈みずほ〉の人たちが行っている出前授業に参加した児童・生徒に授業後に書いてもらっている感想文などを分析し、授業改善などを考えるのが良いと提案しましたが、実現しなかった。その後、小・中学生に金融に関する意識調査をすることになり、さらに海外にも対象者を広げていきました。私が、教員養成カリキュラム開発研究センターのセンター長をしていて、中国などからの客員教授にお願いするルートを

持っていて、調査の一翼を担うことができました。さらに中国と韓国
で金融教育の授業実践をお願いし、多少なりとも貢献できたのはよ
かったと思っています。

大澤　では、先程の順番でご意見をよろしくお願いします。

松尾　研究的側面についてですが、一つはテキスト作成、それに伴う研究授
業で、附属学校の先生方がこちらのお願いに対して非常に柔軟に応え
てくださったことが大きいと思います。永田さんもおっしゃったよう
に、お金と道徳、金融と道徳というものをどう絡ませていくのかとい
うこと。どちらかというと今までは、単純にお金を使わないことが美
徳であるような授業等は多かったんですけれども、実際にはそれだけ
ではないというところがあると思っていました。そのような問題意識
に応えてくれた附属学校の先生方が、子どもたちの年齢に応じた教材
を非常に柔軟な発想で新たに開発してくださったというのは大きい
かなと思います。

　個人の幸せ、社会の幸せのためにお金を有効に使うというのも、今
日的なあるいはこれから先には道徳で考えていかなければいけない
ことだなと考えることもできましたし、子どもたちも非常にそれを感
じていたなというのがありました。

　調査研究に関しては、日本の子どもたちの特徴や課題が、他国と比
較することで、明らかになってきたなと思います。他国との比較で言
うと、日本の子どもたちは慎重というか保守的というところが強い。
それはよさでもあるし、ひょっとしたら経済的なあるいは金銭的な自
立の遅れにつながるのではないか。他国の調査結果あるいは国際シン
ポジウムやその打ち合わせ、またそれぞれの国の先生との雑談を通じ
て、韓国の子どもたちや中国の子どもたちはこんなにお金を使ってい
たり、銀行へ行ってお金をおろしたりしているということを聞いて、
けっこう衝撃的でもありました。

　発達に関しては、小学校低学年の子どもたちはむしろお金は欲しい、

お金はいっぱいあったほうがいいと感じる傾向がアンケート調査の結果から読み取られたのですが、小学校高学年になるとお金は清らかに使わなければならないという気持ちが強くなります。中学生になるとその気持ちも残っているんですけれど、現実的には欲しいものも増えていろいろなことにお金を使い始めているという発達の特徴が見えてきたところが非常に興味深かったと思います。その結果を限定的ではありますが、各附属の先生方が授業に生かしてくださったというのは、本プロジェクトの可能性を感じたところでした。

大澤　永田さん、お願いします。

永田　道徳教育の視点では、その成果として、金銭感覚の同心円的な広がりに即して、多彩な教材を整理できたことが挙げられます。

　　　例えば、本プロジェクトで作成した『考えてみようこれからのくらしとお金』には『よくかんがえて』というカエルたちが買い物の仕方を工夫する話があります。家庭の生活自立にもかかわる題材です。そして対人関係に関わっては、『三枚の銀貨』という話で、悲しみに暮れる相手に気持ちを表す際、お金をどこまで有効に生かせるかを問う教材での実践を試みました。さらに、社会参画意識を考える題材としては、働くこととお金の関係を考える『かじ屋のそうべえ』、社会貢献の在り方を考える『ウインフィルの夢』などでの実践があります。いずれも、今までにない感覚の教材で、いわば、生活自立から、人間関係の中で社会的自立へとつなげる流れを金銭教育の面でも押さえることができました。

　　　その一方で課題として感じたことがあります。道徳授業はどうしても孤立しがちな面があるのですが、もっと現実や生活実践とのつながりを考慮していくべきと感じることもあったことです。

　　　例えば、キャリア教育と道徳教育とのかかわりです。生き方教育の視点では両方は十分に重なっているのに、必ずしもその関連性が十分には意識されてきていない。国が示すキャリア教育の資質・能力観と

道徳教育の内容項目などでそのつながりをイメージするのが困難なことがその背景にあると思います。

　また、実際にお金を使って活動することもある特別活動での指導の意義を必ずしも十分に考慮することができなかったことも課題として残りました。実際に児童会や生徒会などで募金や廃品回収をやってきた経緯もあります。今、そのような実践的な教育を含めたカリキュラム・マネジメントが一層重要になってきていると感じています。

大澤　ありがとうございます。では、林さん。

林　特別支援教育の観点から考えることの一つは、特別支援学校での授業のように、知的障がい、聴覚障がい、視覚障がいといった障がい種別に応じて子どもたちに教えるべきこととしてのお金・金融に関する教育の内容や方法に関わることです。もう一つは、普通学校の通常の学級の中で、多様な子どもたちに対して、お金・金融に関する内容を扱っていくときの配慮についてです。各単元のねらいそのものが伝わりにくい子ども、テキストなど教材自体が合わない子ども、生活経験が不足している子どもなど、様々な子どもたちが通常の学級で学んでいます。

　多様な子どもたちの個性に応じた、いわゆる最近で言う「合理的な配慮」につながるようなことが、金融教育の場合にはすごく広い。さらに、これまでの家庭生活、その子の発達段階など、背景要因がたくさんあります。それらを考えながら、通常の学級で金融教育を取り込んで実践していくことは学校の教員にとっても意識改革につながるよい題材であると思いました。

　実は、私自身も本プロジェクトに刺激を受けて、担当していた学部1年生対象の特別支援教育の共通科目の授業において、特別な教育的支援ニーズのある子への金融教育をアクティブ・ラーニング的に扱ったことがありました。障がいの有無にかかわらず、多様な子どもたちに対してお金に関することを教えるということをイメージしてもら

う内容は、学生にとってもインパクトがあったようです。当時の学生が学部の4年生になっていますが、今でもその授業をとった学生たちに「(授業のねらいだけでなく個々の子どもたちに合わせた環境設定などについて) 考えたことがなかったので印象に残っています」と言われることがあります。

大澤　伊藤さん、お願いします。

伊藤　このプロジェクトの最大の特徴は、当初このプロジェクトを始めた方々が、テキストが大事だということと、こういう共同研究は10年ぐらい続けないと駄目だと考えていたということだと思います。これは非常に大事なことで、そういう意味では、我々の成果も、研究的側面としてはテキストの開発を中心に、10年以上にわたって共同研究を続けてきたという点にあると思います。

　このプロジェクトに、特別支援教育を専門とするメンバーが加わっていた意義は、金融教育の対象として、多様な子どもたちがいることを忘れずに研究を進めることにあったのではないかと思っています。私がここに参加している意味はそこにあるだろうとずっと思ってきました。私の専門は金融教育とはまったく関係がないので、このプロジェクトからの脱出を何度も試みてきましたが、そのたびに大澤さんも含む歴代のプロジェクト代表に、駄目だ駄目だと言われて最後まで来てしまいました (笑)。

　金融教育に限らず、何を教える場合も、どういう子どもたちがいるかを押さえておく必要があると思います。例えば今回、授業支援DVDを開発し、合成音声を使用して、音声を入れてみたのも、音声からの情報は入るけれども文字からは入りにくい子どもたちなどの存在を考慮したためです。いずれにしても、多様な子どもたちの存在を意識したテキスト作りに挑戦してみたことが今回の共同研究の成果の一つではないかと思います。

大澤　私は、今の皆さんのお話を聞いて自分の見解もほぼ同じだなと思いま

した。私自身は社会科をこれまでやってきましたので、家庭科と近い
ところがあるということは承知していましたけれど、実際にそこに踏
み込んで何かを考えることは実際にはできなかったんですね。道徳
は、創設の経緯からしても社会科と関連をもつことは当然で、公民的
資質と呼ばれる目標についても道徳性が関わっていることは間違い
ありません。そういう関連はわかっていたのですが、このプロジェク
トに参加してみて、理屈だけではなく、実践と議論を伴って捉えるこ
とができてきたというのが、プロジェクトの大きな成果かなと思って
います。

　先のお話にもありましたように、私たちは社会科も家庭科も道徳も
そうですけれど、社会的弱者の人たちのためになる教育をという思い
を強く持っているわけです。家庭科の消費者市民社会という概念も、
恐らくそういうものを含んでおり、社会科でいう開かれた市民社会も
そうした目的と重なってくるのは当然だろうと思います。恐らく、皆
さんそれぞれ専門外の分野との関連についての気づきがあったと思
います。

　そうしたことは、このプロジェクト全体が共有してきた財産だと思
うので、最終的な公開講座のときに、その辺りのつながりをプロジェ
クトとしてどう皆さんに見えやすい形で成果として示していくかと
いうことも課題だなというふうに、今のお話を聞きながら感じていま
した。

金融教育の課題

大澤　最後に金融教育に関して、もっとこんなことが金融教育でできるので
　　　はないか、ということについてご意見をお聞かせください。まずは私
　　　から申し上げると、金融教育プロジェクトに関わるなかで感じる課題
　　　として、例えば先ほどの投資をどう学ぶかという問題が挙げられま
　　　す。投資は危ない、とよく言われますが、本当にそのとおりで確かに

リスクがある。でも、そうした投資の危なさで、社会的に意義のある投資、例えば復興・振興のためのクラウドファンディングなどまで全否定することでよいでしょうか。投資の中身を調べ判断することなく、投資＝危険というイメージだけが広がることは、かえって危険であり、自分や社会のためにもならないはずです。「投資」という言葉のイメージで避けるだけでは、問題は解決しないでしょう。

　そう考えていくと、そういったことについて金融教育は「貯蓄から投資へ」というスローガンを掲げているだけでいいのかという問題があるだろうと思っています。そこには金融界、企業としての論理や、国の政治の論理が働いているのですが、それらを前提にしつつも、教育はまたそれとは違う論理で動いていくわけです。「投資しましょう」と単に呼びかけることはあり得ないとしても、投資の教育をどう考えていけばいいのかというのは、私自身が金融教育でこれから考えていかなければならない一つの課題であろうと思っているところです。

　金融教育には希望も心配もあるという状況でしょう。皆さんが本プロジェクトのみならず金融教育について考える課題をお話しください。

大竹　金融機関が大学と連携して行うCSRの多くは、一般教養として経済学講座を開講するにとどまり、内容まで大学と一緒に創り上げるということはしないと思います。それに対して本プロジェクトは、教員養成大学という特長を生かして、他の金融機関が取り組んだことのない小中高での金融教育の授業開発という特徴ある取り組みを行いました。その方針をはじめに提案して取り組んだ先駆者の先見性を尊敬します。本プロジェクトでは、違う領域どうしが交じり合って、皆が手探りで一緒に金融教育に取り組んで来ました。まだまだ相互に理解不足や課題もあると思いますが、一定の成果がでました。この経験を次のCSRの取り組みに生かしていってほしいと思います。

大澤　では、松尾さん。

松尾　いろいろ社会情勢が変わり、今の子どもたちや若者たちがこれから
キャリア形成していくなかで、労働や雇用の形も大きく変わるんじゃ
ないかと言われている。その中でお金のことをどうしていくかという
問題に取り組むことは、今まで以上に必要になってくると思うんで
す。我々からするとリスキーだったりよくないんじゃないのかと感じ
られる金融に関する知識が、今の子どもたちが生きていくために必要
な知識となる可能性がある。その辺りはプロジェクトを通じて感じら
れたなと思います。そういう現在、未来のニーズに合った産学連携や
金融教育のこれからを考えていかなくてはいけないと思います。

大澤　では、永田さん。

永田　私は、大きく三つのことを感じています。

　　　一つは、お金が見えなくなっていく時代の金融教育の在り方の問題
です。ある小学生は1か月分のお小遣いを400円もらったら、2〜3
日のうちに全部使ってしまって、次にもらう時まで何も使わない。そ
れでも生きていけると言う子どもに、目に見えるお金の使い方をどう
育てるか。一方、中学生、高校生になると、目に見えない電子マネー
が増えて現実にお金を動かさないことが急増する。そんな時代の金融
教育の在り方に目を向けなくてはいけないという印象を持ちました。

　　　もう一つは経済的な格差の課題に関してです。貧困の問題、あるい
は正規雇用と非正規雇用などの現実的な問題を置き去りにして、きれ
いごとだけで金融教育は語れません。働き方改革も関わってお金に対
する感覚も少しずつ変わっていくことを見据える必要があると感じ
ています。

　　　そして三つ目は、新しい学習指導要領の資質・能力観で、「社会に
開かれた人間性」「よりよい人生を送る」という観点の中核的な位置
付けを意識することです。金融教育は、子どもを社会とつなぐ、社会
に開かれた教育の重要な一翼になっていくはずです。その意識をもっ
た取り組みがさらに重要になってくると感じています。

大澤　ありがとうございました。林さん、いかがでしょうか。

林　大人になって自分が自分として幸せに生きていくために、早期の経験のなかでお金というのは結構大きな要素を占めるところだと思います。保護者がどういうふうにお金を捉えているのかというのも重要です。

　　そうすると、教育の中でのお金・金融についての扱い方は、当然、教科横断的というか、領域がかぶさることになりますし、単に学習の積み上がりなど連続線上では押さえ切れない、生涯にわたる発達を見据えて、お金・金融に関する大事なポイントや時期があるのではないかと思います。早期から、お金を体験的なところから学ぶことはすごく大切だと思います。でも、それはいろんな格差だとか経済状況だとか文化差だとかに左右されるわけですけれど。今後、このプロジェクトの成果を踏まえてさらに研究していかなくてはいけないところだと思っています。その知見が学校教育に活かされたり、ライフスパンを通した学習につながっていくとよいと思います。

伊藤　これからの金融教育を考えるうえでも、いろいろな子どもたちがいることを前提とするという当たり前のことが大事なんだと思います。特に、自立した生活ということが大事だとされていますが、お金をどう使うかということについて本人の判断が難しい場合、高齢になった場合も含まれると思いますが、どういう人がどういうふうに支援するかというシステムの構築が大事になってくると思います。そういうことも含めて、多様な人たちがいるなかでの金融教育を考えていく必要があると思います。

　　もう一つ挙げるならば、これからの、産学連携による共同研究を考えた場合、今回のプロジェクトのように、目先の利益にとらわれないということが大事だと思います。地味であっても将来を見据えた取り組みが大事じゃないかなと思います。

大澤　少子高齢化が進み、退職後は年金で楽しい老後という状況にならず、

自分が生きていくために、お金について考えざるを得ないのが現状です。もちろんお金を上手に使ってお金にも働いてもらい、少しでも幸せな生活ができるようになることも大事ですが、どのような社会にしていくかという議論は金融教育においても重要でしょう。お金には直接関わらないけれど、どういう社会にしていけばよいかということに金融教育の学びがどうしても必要になるんですね。社会をデザインするというか、漠然と社会を考えるのではなくて金融教育で学ぶ、例えば金利や年金についての学びを生かしながら、よりマクロに社会のありようと、個人としての自分のありようを考えていくことが必要。言葉で言うのは簡単でも、それをどう教育の形、具体として出していくかは難しい。そこはまだ十分に取り組んでこられませんでした。

　みずほフィナンシャルグループは、このプロジェクトのみならず銀行の支店における見学、本店での夏休みイベントなどで多くの子どもたちに対応しています。改めて調べてみたら、出張授業を受けた人もこの試みが開始されて以来およそ 19,000 人にも上りました。金融教育で関わりを持った人は多く、その範囲は相当に広いわけです。みずほフィナンシャルグループはこのプロジェクトが終わっても、本業を通して広く教育に関わる力を持っており、プロジェクトで一緒にやってきた成果なり課題なりを生かして CSR としての金融教育を広く進めてくださるでしょう。私たちも引き続き、金融教育のプロジェクトから受けた問題意識や課題を大切にしてまいります。皆さん、本日はありがとうございました。　　　　　　　　　　　（構成：山名　淳）

終章　金融教育の新たな展開

第1節　国際比較調査と国際シンポジウムをもとに

1　国内調査から国外調査へ

　本プロジェクトで目指されてきたのは、教育の主役である子どもたちを起点とした金融教育を構想することでした。この目的を達成するための地固めの一環として、金銭や金融に関する意識や行動に関する子どもたちのアンケート調査が実施されました。金銭・金融に関する子どもたちの意味世界を知ることは、具体的な授業づくりにとっても重要であると考えられたからです。

　まずは日本の子どもたちを対象として調査(2012-13年度)が行われましたが(P.252「成果物一覧」[18]参照)、経済のグローバル化が叫ばれるなか、それでは国外の子どもたちはどうなのだろうという疑問が次第に私たちのうちに湧き上がりました。日本における調査の結果をよりよく解釈するためにも、その比較項として海外での調査は有意義であろうという見解のもとに、ともかくも国際比較をできるところから始めてみようということになりました。

2　はじまりはブータン王国

(1) ブータン王国の特徴

　本プロジェクトにおいて国外調査を初めて試みた国は、ブータン王国で

した。ブータン王国は、中国とインドという二つの大国に挟まれるような場所に位置し、九州ほどの面積を有している小国です。人口は、日本の都道府県において人口が二番目に小さい島根県と同程度の約70万人です。本プロジェクトのメンバーである筆者 (山名淳) が、公益財団法人三菱財団の支援のもと、京都大学大学院教育学研究科におけるブータン人間形成調査グループ (杉本均氏、西平直氏、南部広孝氏、筆者) による同国の調査滞在 (杉本・西平 2015) の機会を得た際に、日本で実施された金融教育アンケート調査票 (A票、選択式調査用) を使用した試行的な調査を同国で実施しました。

　一方において、ブータン王国は「幸福の国」としてよく知られています。1972年、第四代国王としてジクミ・シンゲ・ワンチュクが即位したとき、彼は経済的な富よりも人びとの幸せを優先するという哲学を表明しました。この考え方は、1976年に第5回非同盟諸国首脳会議という公の場において、「国民総幸福量 (GNH)」という語でもって表現されました。心身の健康、コミュニティの活性度、文化や教育、環境の保持や多様性、生活レベルなどを具体的な指標としつつ、それらをないがしろにするような経済発展を抑制するような統治に努めています。20世紀のとりわけ最後の四半世紀において経済発展を優先させてきた「先進国」の現状に疑問符が打たれ、「持続可能な発展」が国際的に重要なテーマとみなされるようになるなかで、ブータン王国における副作用なき近代化の発想および計画が以前よりも脚光を浴びる機会が多くなりました。

　他方において、その同じブータン王国は、目下のところ、かつてないほどの経済成長を経験しつつある国でもあります。IMF (国際通貨基金) の調査では、2011年から2012年にかけてのGDP成長率は8％であり、2012年から2013年においては12.5％に達しています (世界で4番目に急速な成長をみせている国に相当)。首都ティンプーでは、大きなデパートやスーパーマーケットが建ち、かつては入手困難であった物が現在では手に入りやすくなっています。自動車は増加し、住宅の建設ラッシュが続いています。

　経済最優先ではない統治を目指しつつ、けれども同時に経済成長の急激な

発展を経験している国であるブータン王国。時代の変化に敏感に反応すると考えられる子どもたちは、金銭についてどのような感覚をもち、また実際の生活においてどのように金銭とふれあっているのだろうか。そこから翻って、日本の子どもたちに対するアンケート調査との比較において私たちには何が示唆されるのだろうか。そのような関心をもってブータン王国でのパイロット的な調査に臨みました。

(2) ブータン王国での調査

ブータン王国における調査は、2校の公立小学校において実施しました。一校目は首都ティンプーにあるリンチェン・クェンペン小学校 (Rinchen Kuenphen Primary School, 2013年9月24日) で、100名の小学5年生が調査に参加しました。二校目は、ティンプーから西方およそ30キロメートル離れたところにあるパロという都市にあるタジュ小学校 (Taju Primary School, 2013年9月25日) で、小学5年生41名の回答を得ました。回答者は両校合わせて141名 (有効回答数は136) でした。年齢別にみてみると、9歳が4名、10歳が40名、11歳が57名、12歳が16名、13歳が17名、14歳が1名、15歳が1名となりました。日本における小学5年生との比較対照を試みるため、このうち10歳および11歳の児童の回答を抽出し、97名 (男子42名、女子55名) を分析対象としました。

調査結果の詳細については、すでに公にされている報告書 (P.252「成果物一覧」[18]参照) を参照していただくこととします。私たちの関心から最も興味深かったのは、「お金はたくさんあるほどよいか」という設問に対する回答です。「はい」と答えた児童は、日本よりもブータン王国の方が圧倒的に多くいました (日本では、男子児童で約30%、女子児童で20%弱であったのに対して、ブータン王国の児童は男子児童で60%近く、女子児童で70%近くが「はい」と回答した)。ブータン王国が経済成長よりも国民の幸福度を優先するという方針を打ち出していることや仏教的心性の浸透した国として有名であることにもとづいて私たちは当初「金銭にこだわりのないブータン人」というイメージを抱いていまし

たが、この調査結果はその点で意表をつくものでした。また、同アンケート調査では、お金に関する情報を知りたいという意識に関する12の問いを設けましたが、日本の児童よりもブータン王国の児童の方が、高いポイントを示しました。とくに「会社を作ること（起業）について知りたいか」という問いに対しては、ブータン王国では男女ともに全員が「はい」と答えています。

　その一方で、「好きな物ほしい物にお金を使うことは大切か」を問うたときの回答では、「いいえ」と回答した児童の割合はブータン王国の方が顕著に大きいという結果となりました（日本が約25％であったのに対して、ブータン王国では男子児童が約60％、女子児童が約70％）。お金が多いほどよいという意識が高いという先の結果は必ずしも物欲の高さをそのまま表していない、との解釈もできそうです。

3　東アジアではどうか——比較調査の試みと国際シンポジウム

(1) 国際比較調査の観点

　ブータン王国において子どもとお金の間を観察すること。それは、とりもなおさず、貨幣経済に覆われていなかった世界からそれなしでは生活できない世界へ移行していくときに、子どもたちがどのように変化していくのかを見守ることにほかなりません。日本においては実現できないこうした観察が、今まさにブータン王国において可能となっています。お金をめぐる行動と関心についてブータン王国の子どもたちは日本の子どもたちに近づいていくのか、あるいは独自の変化をしていくのか。ブータン王国の行方を知るためには、定点観測的な継続した調査が行われることが必要となります。ただし、それは本プロジェクトの目的に直結するものではありません。

　私たちにとって重要であったのは、ブータン王国における試行的な調査をもとにして、さらなる国際比較調査を試みる際に用いられるべき観点の見取図を作成することでした（図表 終-1-1）。まず、他国で金銭・金融に関する子どもたちの意識や行動に関する調査実施とかかわって、大きく分けて三つの

活動（意識・行動調査の①結果分析および②解釈、またそれをもとにして③これからの金融教育を展望すること）を行うことになりました。

　意識・行動調査を解釈するためには、アンケートの結果を眺めるだけでは不十分であることが容易に予想されました。というのも、その国々に特有の

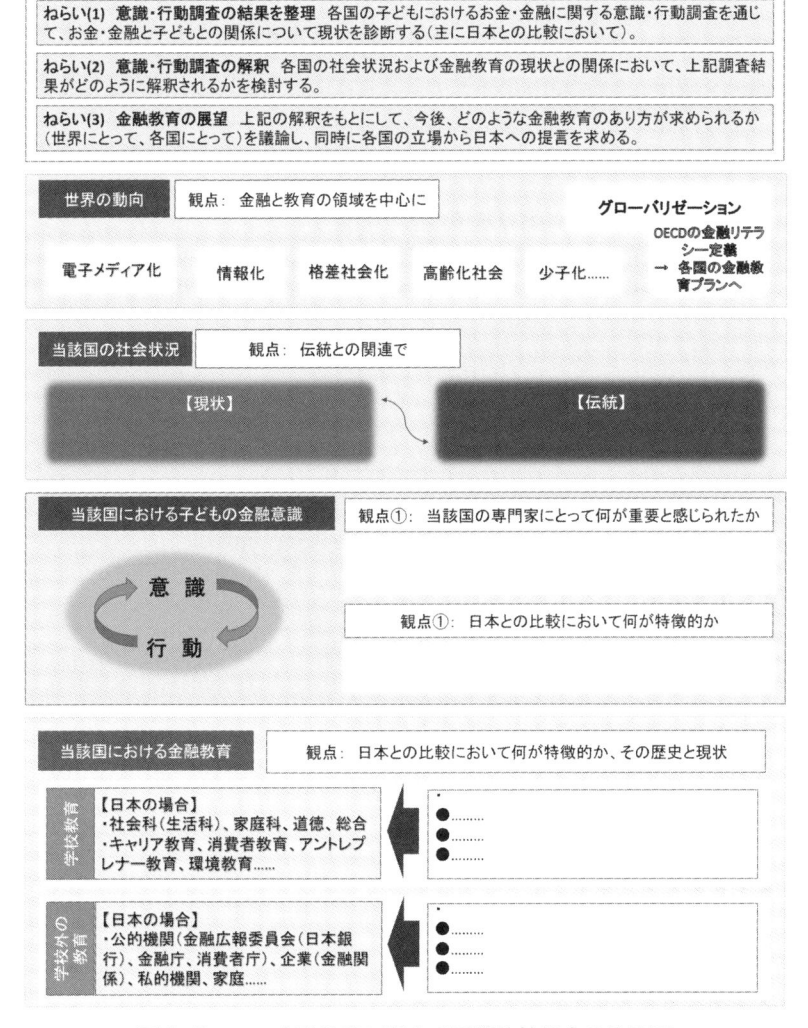

ねらい(1)　意識・行動調査の結果を整理　各国の子どもにおけるお金・金融に関する意識・行動調査を通じて、お金・金融と子どもとの関係について現状を診断する（主に日本との比較において）。

ねらい(2)　意識・行動調査の解釈　各国の社会状況および金融教育の現状との関係において、上記調査結果がどのように解釈されるかを検討する。

ねらい(3)　金融教育の展望　上記の解釈をもとにして、今後、どのような金融教育のあり方が求められるか（世界にとって、各国にとって）を議論し、同時に各国の立場から日本への提言を求める。

世界の動向　観点：金融と教育の領域を中心に

グローバリゼーション
OECDの金融リテラシー定着
→　各国の金融教育プランへ

電子メディア化　　情報化　　格差社会化　　高齢化社会　　少子化……

当該国の社会状況　　観点：伝統との関連で

【現状】　　　　　　　　　　　　　【伝統】

当該国における子どもの金融意識　　観点①：当該国の専門家にとって何が重要と感じられたか

意　識　行　動

観点①：日本との比較において何が特徴的か

当該国における金融教育　　観点：日本との比較において何が特徴的か、その歴史と現状

学校教育　【日本の場合】
・社会科（生活科）、家庭科、道徳、総合
・キャリア教育、消費者教育、アントレプレナー教育、環境教育……

学校外の教育　【日本の場合】
・公的機関（金融広報委員会（日本銀行）、金融庁、消費者庁）、企業（金融関係）、私的機関、家庭……

図表 終-1-1　金融教育に関する国際比較調査の見取図

伝統・慣習および社会状況があり、そのような文脈において初めてアンケート結果の〈意味〉が浮かび上がると考えられたからです。その一方で、現代社会にはおおよそどの国にも共通した「グローバル」な傾向もみられます。金融教育に関していえば、電子メディアの発達や格差問題の深刻化などが、各国に共通する重要な動向として点滅します。そのような時代の流れとの関連においても、アンケート調査の結果は観察されなければなりません。社会の文脈との関係で調査結果を解釈するためには、当該国の状況に精通した専門家に協力を求めることは不可欠のように思われました。

(2) 日本・中国・韓国における子どもとお金

　本プロジェクトで検討した結果、地理的にも近く、また漢字文化圏として伝統を共有する部分をもつ東アジアの国々で比較検討してはどうかということになりました。日本の比較対象として、中国および韓国が選定されました。まずは協力していただける学校を募り、小学2年生、小学5年生、そして中学2年生を対象とした調査を実施することになりました。2015年度から中

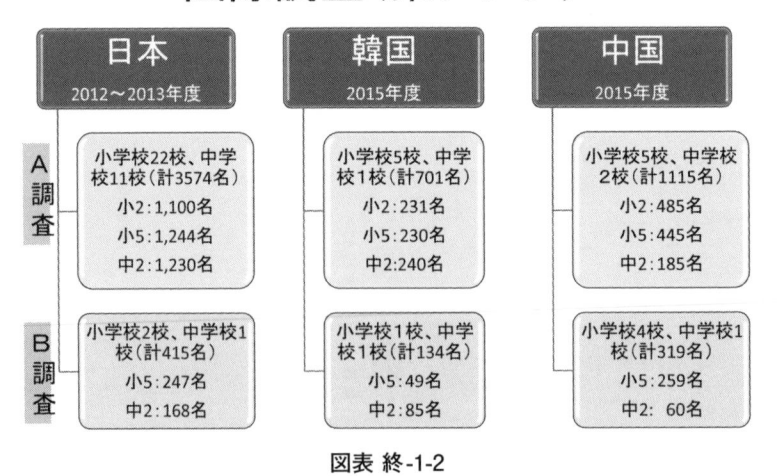

図表 終-1-2

国と韓国の教育研究者及び学校関係者の協力を得て、日本で行ったアンケート調査票（A票およびB票）を用いた調査を実施しました（図表終-1-2）。「グローバル時代と呼ばれる現代においてもなお、金融・金銭に関する子どもたちの意識や行動はまだまだ場所に応じて多様である」。ブータン王国の調査によって実感されたそのようなイメージが東アジアの国々でも実感されるのかどうかが注目されました。

　2016年11月12日、東京のみずほ総合研究所セミナールームにおいて本プロジェクトの第12回公開講座が開催されたとき、日本・中国・韓国で実施されたアンケート調査をもとにした国際シンポジウム「グローバル化と各国・諸地域で期待される金融教育の構築」のなかで同調査の結果が公表され、その解釈を各国の専門家が試みました（日本については林安紀子氏、中国については賀暁星氏、韓国については柳鍾烈氏）。合わせて、中国および韓国における金融・金銭に関する特徴的な授業実践が紹介されました（中国については夏鵬翔氏、韓国については鄭暁静氏）。

　紙面の都合により、調査結果を詳述することはここではかないません（P.252「成果物一覧」20参照）。以下では、今回のアンケート調査中国と韓国との比較において日本の特徴として挙げられる三つのポイントを挙げてみようと思います。

(3) 保護の度合いが高い日本

　日本の特徴として第一に挙げられるのは、文房具などを一人で買いに行く子どもたちが比較的少ないということです。なかでも、中国との相違が顕著にみられました。日中比較の観点から教育の減少を解釈する教育社会学者の賀氏は、この点について中国の保護者たちが子どもの買い物に対する躊躇が少ないのは、子どもの行動力、計算力、金銭意識の向上にとってそうした活動が肯定的に働くと期待しているからではないかと指摘しました。また、日本で子どもが一人で買い物をする割合が小さいことの遠因として、地域社会における生活スタイルと変化があるのではないか、と賀氏は推測しています。

かつて地域共同体に小さな店舗がたくさんあった時代には子どもによる買い物の機会が身近にあったのに対して、現代の機能分化的な都市形成が進むにつれて「買い物の郊外化」が進み、家族皆で買い物に行く機会が増えると同時に一人で買い物に行く機会が減ったのではないか、というわけです。ちなみに、ブータン王国ではいわゆる「駄菓子屋さん」が今もなお多くみかけられ、そこで子どもたちが買い物をする場面に出くわすことも少なくありません。買い物を通して金銭のことを知るという明確な目的のあるなしという問題とは別に、そもそも子どもにとって適切なサイズの消費の場所が身近にあるかどうかという点は重要であると考えられます。

　第二に、日本の子どもたちは友だちとのお金の貸し借りに慎重であるということが、アンケート調査の結果から見て取れました。ここでも顕著な相違がみられたのは中国です。たとえば、小学5年生を対象とした調査では、「あなたは、友だちの間で、お金の貸し借りをしてもいいと思いますか」という問いに対して「いいえ」と答えた子どもたちの割合は、日本では89.3%、中国では23.7%でした。ここでみられた日中の大きな違いは、私たちを驚かせました。一体この違いは何に由来するのか、と。

　先述の賀氏によれば、中国には「お金は体温をもつ」という考え方があるそうです。中国にはお金よりも人間関係を重視する文化的伝統があり、友人などを助けたり友情を深めたりするためにこそお金はあるのだという感覚がかつて強かったということが述べられました。日中の子どもたちで金銭の貸し借りに対する態度に大きな隔たりが存在するのは、おそらくその辺りの感覚が作用しているのではないかと推測されました。松尾氏、林氏は、この点に関して、日本では友だちとのトラブルを回避するようにまずは家庭で教えられることが多く、そのことが日本の子どもたちにおける貸し借りへの忌避感と結びついているのではないかと指摘しました。

　第三に、金銭や金融に関して知っている言葉を調査したところ、韓国の子どもたちはよく知っており、それに比べると日本の子どもたちはお金に関する言葉への親密度が低いという結果が認められました。ちなみに、アンケー

ト調査によれば、日本の子どもたちは相対的に経済や金融に関する関心が小さいという結果も指摘されます。韓国ではいわゆる「韓国通貨危機」(2008年)以降、金融に関する意識が高まり、そのことが韓国の子どもたちにおける関連用語の習得と関連しているのではないかという意見がシンポジウムの議論において柳氏から示されました。かたや中国では、お金よりも大切なこと(＝人間関係)があるという伝統があるにもかかわらず現状では経済がますます重視される傾向があり、そうしたなかで子どもたちは金融や金銭の知識を求めているのではないか、と賀氏は指摘しました。

　アンケート調査全体から浮かび上がってきたのは、金融・金銭の世界に対する保護の度合いが強い環境のうちにある日本の子どもたちの姿です。自立した消費活動から距離を取り、子どもたちにおける金銭のやりとりも忌避される傾向が強いということが、その理由の例として挙げられます。このことが悪いとか、あるいはよいということは、一概には言えません。ただ、こうした保護の度合いの強さが、金融や金銭に対する関心の相対的な弱さにつながっている可能性は否定できないように思われます。

　一般に教育は、子どもたちを保護しつつも、守られている環境から徐々に見知らぬ人びととの関係性へと導き、社会において自立した生の営みができるように支援することを重要な役割としています。金銭や金融に関する教育についてもそのことは言えるでしょう。ただ、金銭や金融に関する子どもたちの意識や行動は、彼ら彼女たちが所属する文化や地域によって様々です。同一の文化的土壌をある程度共有していると思われた東アジアの国々においても相違がみられることが、今回のアンケート調査でも示唆されました。たとえ金融や経済の世界が国の壁を超えてますますシステムの均一化の度合いを高めていったとしても、当面は子どもたちの世界にはそれぞれの国や文化によって均一になるようには思われません。韓国の柳氏の言葉を借りれば、それぞれの状況に応じた「オーダーメイド金融教育」のかたちを模索することが重要であるように思われます。

　金銭および金融に関する子どもの意識と行動に関する調査を研究レベルへ

と引き上げていくためには引き続きの努力が必要となりますが、今回の調査は以上のようにまずは東アジアにおける対話の礎となりました。今後、この土台の上でさらに対話を継続していくことが求められます。

付記　この原稿の執筆時期と前後して、子どもによる「おこづかい」の付き合い方に関する国際的な比較調査を文化発達心理学の観点から行う調査が行われていることを知りました（高橋・山本 2016）。私たちの目的や関心とは必ずしも一致しているわけではありませんが、お金を媒介にした人間関係の築き方やお金をめぐる規範構造に注目している点などは本プロジェクトとも近親性があります。将来的にはこうした隣接の研究調査との突き合わせを行うことも必要でしょう。また、国際的な比較調査と並行して、日本におけるお金に関する教育の歴史についても目を向けていかねばらないという思いも強くなってきました。今回はこの点を掘り下げていくことはできず、今後の課題として残されています。なお、歴史的な観点からの近年の興味深い研究成果として、たとえば吉川 2016があります。

文献
杉本均編 (2016)『ブータン王国の教育変容』岩波書店
高橋登・山本登志哉編 (2016)『子どもとお金──おこづかいの文化発達心理学』東京大学出版会
山名淳 (2016)「ブータン王国の「大都市」における人間形成──首都ティンプーの若者」杉本均編『ブータン王国の教育変容』岩波書店、141-177頁
吉川卓治 (2016)『「子ども銀行」の社会史──学校と貯金の近現代』世織書房

（山名　淳）

第2節　インクルーシブな社会と金融教育

　近年、様々な分野で「インクルーシブな社会」というキーワードを耳にする機会が多くなりました。これは、「あらゆる人が孤立したり、排除されたりしないよう援護し、社会の構成員として包み、支え合う」という「ソーシャル・インクルージョン（社会的包摂）」という社会的理念にもとづくもので、インクルーシブな社会を構築することは、世界各国の社会政策における重要な課題です。我が国でも、教育、福祉、医療、労働など様々な分野においてイ

ンクルーシブな社会の実現に向けた取り組みが求められています。また、イ
ンクルージョンと並べて用いられることが多いキーワードとして「ダイバー
シティ」があります。ダイバーシティとは「多様性」と訳されることばです。
性別、人種、宗教、価値観、障がいなど様々な違いを持つ人々で構成される
社会において、個々の違いや多様性を受け入れ、個々が正当に評価され、さ
らにその多様性が活かされること（ダイバーシティ・マネージメント）によって、
社会全体が成長していくというとらえ方に広がりをみせており、インクルー
シブ社会の実現において重要な概念といえます。金融教育においても、今後、
このような視点を踏まえた展開が必要となるでしょう。

　そこで本節では、障がい者福祉や教育分野におけるインクルージョンへの
取り組みの現状と課題について概観し、生涯にわたる発達支援の視点から、
学校や家庭、地域における金融教育の意義について考えます。

1　共生社会の実現に向けたインクルーシブ教育システム構築への方向づけ

　障がい者福祉に関わる最近の大きな国際的動向として、2006年の国連総
会で「障害者の権利に関する条約」（障害者権利条約）が採択されたことがあげ
られます。この条約では、「障がいは社会が作り出している」という社会モ
デルからの障がい観、平等・無差別と個に応じた合理的配慮の提供（提供しな
いことは差別であるという考え方）、意思決定過程における障がいのある当事者
の関与などが重視されています。我が国でもこの採択を受けて障がい者に関
わる様々な法的整備を行い、2014年に批准し、2016年4月から「障害を理
由とする差別の解消の推進に関する法律」（障害者差別解消法）が施行されてい
ます。

　このような流れの中で、「インクルーシブ教育システムの構築」について、
文部科学省中央教育審議会初等中等教育分科会のもとに「特別支援教育の在
り方に関する特別委員会」が設置され、2012年に「中教審報告：共生社会の

形成に向けたインクルーシブ教育システム構築のための特別支援教育の推進」としてその検討結果が示されました。その中で、今後の特別支援教育では、本人や保護者が希望した学校で基礎的環境整備や個別の合理的配慮の充実をはかり、「同じ場で共に学ぶことを追求するとともに、個別の教育的ニーズのある幼児児童生徒に対して、自立と社会参加を見据えて、その時点で教育的ニーズに最も的確に応える指導を提供できる、多様で柔軟な仕組みを整備することが重要である。小・中学校における通常の学級、通級による指導、特別支援学級、特別支援学校といった、連続性のある『多様な学びの場』を用意しておくことが必要である。」という方向づけが示されました。

　このように、これからの特別支援教育は、特別な場だけで行われるものではなく、全ての通常の学級で障がいのある子もない子も共に学ぶなかで、実践されていくのだということを教員も保護者も認識していくことが重要です。また、学校教育においても、一人ひとりの子どもを生涯発達の視点からとらえ、本人や家族の意向も踏まえた将来的な自立と社会参加に向けた目標を設定し、個の発達段階に応じた適切な指導を行うことが必要とされています。

　そこで次項では、特別支援教育の視点から、通常の学級での金融教育の授業実践における配慮と、障がいのある子の自立や社会参加に向けた生涯発達支援における金融教育の意義について考えていきます。

2　通常の学級における金融教育の授業実践——想定される配慮について——

　特別な教育的支援ニーズ（支援ニーズ）のある子どものタイプは様々です。文部科学省が2012年に全国の小・中学校の担任教員に行った調査によれば、通常の学級で学ぶ児童・生徒の6.5%が、学校での集団活動において、学習面や行動面の各領域で著しい困難を示しているという実態が示されました。また、その困難さの特徴を、「聞く・話す・読む・書く・計算する・推論する」といった基本的学習能力のうちのいずれかに著しい困難が認められる子ども、

通常の学級の子どもたち

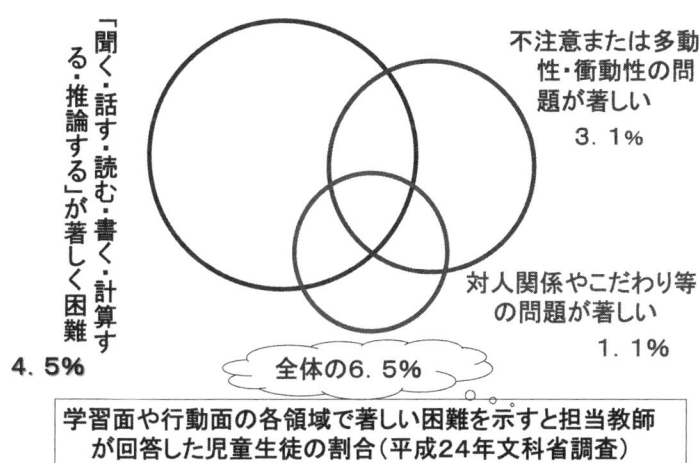

「聞く・話す・読む・書く・計算する・推論する」が著しく困難
4.5%

不注意または多動性・衝動性の問題が著しい
3.1%

対人関係やこだわり等の問題が著しい
1.1%

全体の6.5%

学習面や行動面の各領域で著しい困難を示すと担当教師が回答した児童生徒の割合（平成24年文科省調査）

図表 終-2-1　通常の学級で学ぶ特別な教育的ニーズのある児童生徒の実態

不注意または多動性・衝動性など注意や行動コントロールの問題が著しい子ども、対人関係やこだわり等の問題が著しい子どもの三つのタイプに分類して、その割合についても示しています（図表 終-2-1）。図表 終-2-1をみると、一人の子どもでも複数の問題を併せ持っている場合が少なくないことがわかります。また、図表 終-2-1で示されるような困難は、一定の基準で切り分けられるものではなく連続的なものであり、実際には、この6.5%の枠内に入らない児童・生徒においても集団活動において何らかの困難を抱えている場合もあると考えられます。このように、個々の子どもたちが示す困難さの内容や程度は多様であり、いわゆる発達障がい（学習障がい、注意欠如多動性障がい、自閉症スペクトラム障がい、発達性協調運動障がいなど）の診断があるなしに関わらず、様々な支援ニーズを持つ子どもが通常の学級で学んでいるという認識を持つ必要があります。

　そこで、通常の学級における金融教育の授業実践において、支援ニーズのある児童・生徒への配慮事項を、図表 終-2-2のようにまとめてみました。

図表 終-2-2　通常の学級で学ぶ特別支援ニーズのある児童・生徒への配慮事項

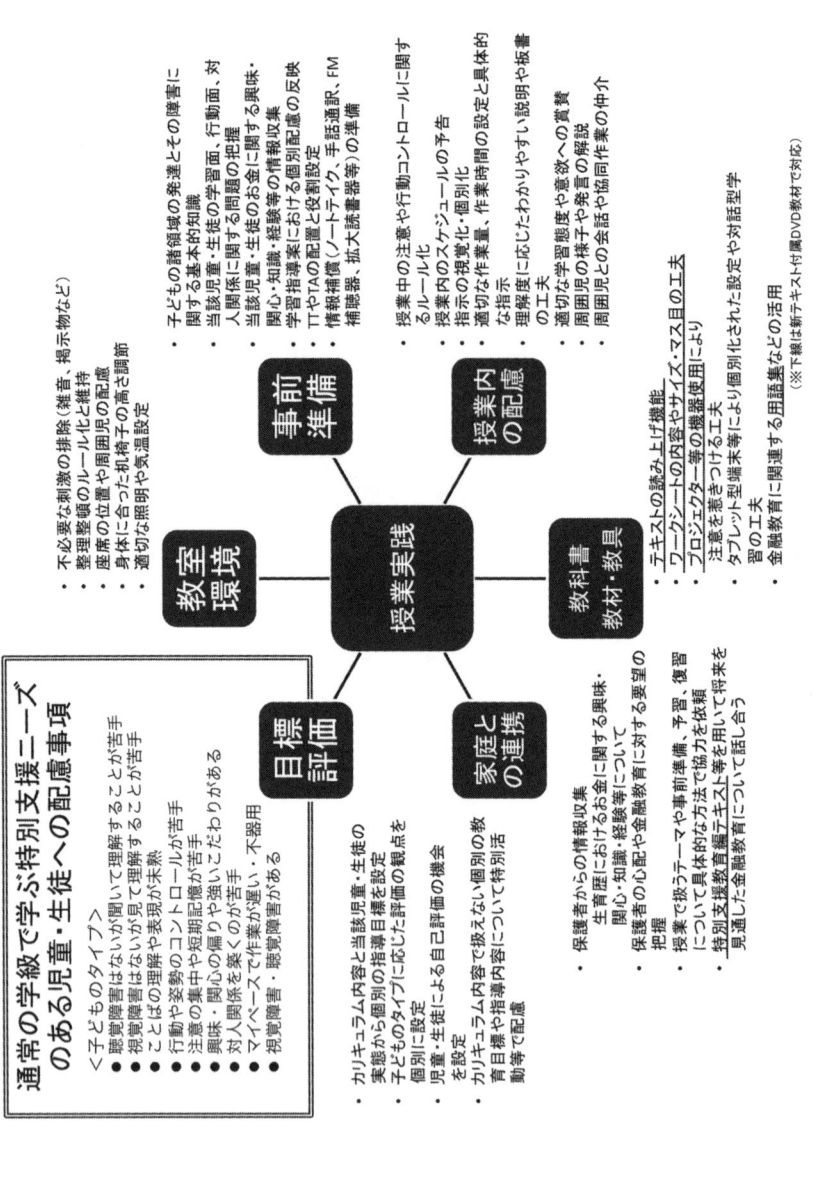

（※下線は新テキスト付属DVD教材で対応）

ほとんどの項目は、金融教育に関する授業だけでなく、全ての教科の授業や特別活動、生活指導などにあてはまることです。以下に、図表終-2-2の各配慮事項について順に解説していきます。

(1) 教室環境

　教室環境の整備とは、子どもの障がい特性に応じた、掲示物の配置、座席の位置、騒音、照明、室温調整などの工夫に関することです。教室内には、様々な掲示物が貼られ、他の子どもたちが椅子を動かしたり、鉛筆を落としたりする音や、教室外からも交通騒音や校庭で活動する他学級の子どもたちの声などの環境音が聞こえてきたり、調理中の給食のにおいが漂ってきたりと、多種多様な刺激があふれています。注意のコントロールに苦手さがある子どもの場合には、それらの掲示物や騒音、臭いなどが気になって授業の内容に集中できないことがあります。不必要な刺激に惑わされやすい子どもがいる場合には、授業中はそれらの刺激を排除することが子どもの集中を高め、授業への参加の意欲を促進することにつながります。例えば、授業中は黒板周りの掲示物をカーテンで覆ったり、各自の机の上には必要最低限の文房具や教科書だけを置くように指示したり、教室の天井や床の反響を押さえたりなどの工夫があります。最近、発達障がいのある子に感覚処理の障がい（感覚の過敏さや鈍感さ）を併せ持つ割合が多く、そのことが日常生活、学習、対人関係を阻害する要因となっていることが指摘されています。ほとんどの教員や子どもたちにとっては、特段気にならないような室温や湿度の変化、照明の明るさやちらつきの変化、臭い、音などが、感覚過敏のある子どもにとっては大きな苦痛になっていることもあります。注意深く子どもたちの様子を観察したり、困難を抱える本人や周囲児の要望を聞き取ったりして、本人だけでなく、クラス全員が心地よく、集中できる教室環境や学校全体の環境を整えていくことが必要です。

(2) 事前準備

　授業の事前準備として、教員が子どもの発達や障がい特性についての基本的知識を得ておくこと、当該児童・生徒の学習面、行動面、対人関係面などに関する困難さや課題を客観的なアセスメント（心理検査や行動観察など）に基づいて把握しておくこと、当該児童・生徒の興味・関心・知識・経験等の情報収集をしておくことなどがあげられます。この場合、子どもの苦手なこと、できないことのみに目を向けるのではなく、何がどこまでできているか、適切な支援があればできることはどこまでか、得意なことや興味のあることは何かということを調べておくことが、授業の中での質の高い個々の学びにつながります。また、学習支援員が配置されている場合には、子どもの実態に応じた効果的な関わりや教員との役割分担などを事前に検討しておくことで、当該児童・生徒のみならず、クラス全体の子どもたちにとっての授業の質を高めることができます。聴覚障がいや視覚障がいなどがある子どもに対しては、情報補償としてノートテイクや手話通訳、拡大読書器等の準備も必要となるでしょう。

(3) 授業内の配慮

　注意行動のコントロールの特性、認知的特性、不器用さ、対人関係能力など、当該児童・生徒の特性に応じた具体的でわかりやすい授業の工夫が必要です。例えば、教員の話や他の子どもの発言に注目するべきときの合図や、子どもが発言したいときの方法（挙手をして先生に指名されてから立ち上がって発言する）などをクラス全体でルール化し、そのルールを掲示物などに図示して視覚化しておくことが効果的な子どももいます。また、授業内の活動の段取りが理解しにくい子どもには、スケジュールを予告し、そのつど個別に声掛けしていくことが必要でしょう。集中できる時間が限られている子どもの場合には、作業量や作業時間の配分を調整したり、こまめに子どもの活動する態度を励ましたり、賞賛したりすることで達成感を与えることができます。また、当該児童・生徒だけに向けた対応のみでなく、周囲児への配慮や、周

囲児との会話や協同作業の調整をすることが大切です。

(4) 教科書・教材・教具

　本来、授業を効果的にすすめるために活用されるべき教科書・教材・教具が子どもにとって理解しにくい内容であったり、文字が小さすぎたり、挿絵などの妨害刺激が多すぎて混乱してしまったりするような場合があります。聴覚障がいや視覚障がいがなくても、文字の読み書きや注意のコントロールの苦手さがある場合には、文字情報を音声情報に変換したり、大きなスクリーンに映写して注意を惹きつけたりする工夫が効果的なこともあります。また、最近は個々の子どもにタブレット端末が用意されている学校も増えてきましたので、タブレット端末から個々に応じた様式で、テキストや教材を提供することもできるでしょう。なお、本プロジェクトにおいて作成したテキスト『考えてみよう これからのくらしとお金』には、授業支援DVDが付属しており、テキストの音声読み上げ、ワークシートのサイズやマス目の調整、補足解説などの機能を付加しています。

(5) 家庭との連携

　授業外の配慮事項として、日頃から保護者とのコミュニケーションを密にし、家庭での子どもの様子や保護者の要望について聞き取ること、家庭学習について協力を得ることなどが必要でしょう。特に、金融教育に関わる経験は、家庭や地域での活動と密接に関連するものなので、保護者との連携が重要です。毎回の授業に子どもが意欲的に参加できるようにするには、授業で扱う具体的なテーマや題材を保護者に事前に伝え、生活の中での体験のさせ方や、予習・復習の内容ややり方について具体的に協力を依頼すると保護者が取り組みやすいでしょう。また、保護者にとって、子どもとお金との関わりは将来にわたる主な心配事のひとつです。例えば、授業で用いる教科書以外に、本プロジェクトで作成した特別支援学校向けテキスト『くらしとお金』を家庭での副読本として紹介するなど、保護者への情報提供を行っていくと

よいのではないでしょうか。

(6) 目標・評価

　授業案作成とその実践にあたり、カリキュラム内容と個々の児童・生徒の実態とをすりあわせ、授業案に個別の指導目標や評価の観点を設定することが重要です。支援ニーズのある子どもの中には、自己理解や自己評価が苦手なために、対人関係にトラブルが生じたり、学習意欲が低下したりしている場合も多くみられますので、子ども自身による自己評価の機会を設定することも必要でしょう。また、授業内で扱いきれない個別の目標や指導内容については、特別活動等に組み入れていくような柔軟な対応ができるとよいと思います。

　以上、(1) 〜 (6) までの配慮事項について簡単に解説しました。子どもたちの困難さの実態、学年、学級風土、家庭環境などさまざまな要因を考慮し、試行錯誤しながら具体的な手立てを工夫していくことになると思います。子どもの成長を、学校、家庭、地域の大人たちが連携して見守っていきたいものです。

3　障がいのある子の自立や社会参加に向けた生涯発達支援における意義

　本項では、障がいのある子ども、特に知的な障がいを併せ持つ子どもたちの生涯発達を見据えた支援における、金融教育の関わりや意義について考えます。

　知的障がいの支援における目標として、適応スキルの獲得と改善が重要であるといわれています。適応スキルとは、AAMR第10版 (2001年、アメリカ精神遅滞協会、現AAIDD：アメリカ知的障がい・発達障がい協会) では、概念的スキル、実用的スキル、社会的スキルの3領域に階層的に分類されています。「概念的スキル」には、ことばの理解と表現、読み書き、金銭の概念、自己管理等

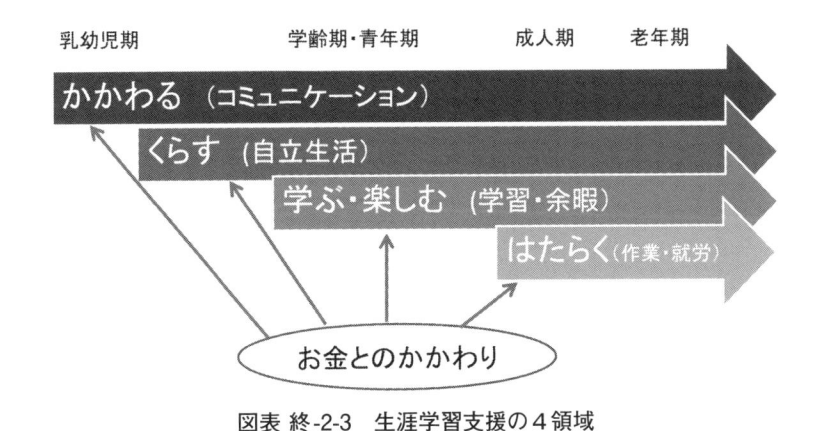

図表 終-2-3　生涯学習支援の４領域

が含まれます。「実用的スキル」には、食事・身支度・排せつ等の基本的生活習慣、家事・移動・電話やお金の使用等の日常生活活動、職業的スキル、安全確保等が含まれます。そして、「社会的スキル」には、対人関係、責任性、自尊感情、騙されやすさ、無邪気さ、遵法性、被害者となることを避ける等があげられています。

　これら３領域の適応スキル全てに共通して、お金に関わる項目が含まれています。すなわち、お金の概念についての理解、お金の適切な使い方と就労、お金に関わる人間関係やトラブル対処が、知的障がいの人たちの自立や社会参加のために必要なスキルであり、生涯を通じて学習する機会が提供されることが求められているといえるでしょう。

　菅野(2014) は、知的障がいのある人たちの生涯発達支援と地域生活支援に向けた「生涯学習支援」の必要性をあげ、その支援領域として、「学習・余暇 (学ぶ・楽しむ)」「自立生活 (くらす)」「作業・就労 (はたらく)」「コミュニケーション (かかわる)」の四つの領域を提案しています。これらの領域は、乳幼児期から成人期までのライフステージに合わせた支援目標の立案や、広い意味での特別支援教育におけるキャリア教育の観点として、とらえることができるのではないでしょうか。特別支援教育において、金融教育をこのような生涯学習支援の４領域に関連づけてプログラム化していくことは意義のある

展開であると考えます (図表終-2-3)。

　知的障がいに限らず、障がいのある子どもを持つ親への調査では、将来に向けた心配事として、「本人の金銭管理能力」や「親なきあとのお金に関わる問題」が必ず上位を占めています。その一方で、家庭ではほとんどお金に接する経験をさせていないこと、お金に関する指導をしたいがそのやり方がわからないという保護者が多いことが指摘されてきました。

　このような本人や家族のニーズをさらに明らかにすることによって、生涯発達支援の観点から、学校、地域、企業などがそれぞれの立場や強みを活かし、障がいのある人への金融教育に貢献していくことが期待されます。

文献

　菅野敦 (2014)「知的障害者のための生涯学習支援」発達障害学会発行『発達障害研究』36 (3)、233-245

(林　安紀子)

第3節　金融教育の未来へ

1　教育の哲学と貨幣の哲学の対話へ

　金融教育に対する私の最初のイメージは、非常に素朴でした。お金が社会をめぐることを促す何かしっかりとした仕組みが世の中にはあって、そのことを伝えていくことが金融教育なのだ、という程度のものでした。しかし、本プロジェクトに参加し、いろいろと検討を行うにしたがって、それとはまったく異なる、というよりもそれとは正反対の印象を金融教育に対して抱くようになりました。私たちは、ひょっとしたら何か教えられないことを教えようとしているのではないか、という感覚さえ湧き上がってきたのです。

　お金がめぐることを教えることの難しさと奥深さは、とりわけ倫理や道徳にかかわってこのテーマに接近しようとするときに実感されます。お金は

人々の欲望、とくに所有欲を駆り立て、そのことによって人間にとってもっと大切なこと、お金に代えがたいことを看過させてしまうのではないか。そのような問いを投げかけることによって、お金を脇役としつつ、それよりも大切な〈人間的なもの〉の価値の方へと人びとを誘うことが試みられるとします。そうすると直ちに、次のような疑問が生じるかもしれません。「たしかに『愛情』とか『思いやり』とか、お金に代えがたいものがたくさんあるけれど、もしお金が世の中に存在しなければ、『愛情』やその反対の『憎しみ』などが人間同士の関係に押しよせてきて、それはそれで生きづらい状況を生み出すのではないか」と。

　よく考えてみれば、私たちは本来的に何にも代えがたいものに囲まれて生きているといえるかもしれません。上述したような感情にかかわることだけでなく、たとえばモノ——自分が愛着をもつ持ち物からミュージアムの芸術作品に至るまで、またそうした人工物から自然環境に至るまで——などにも代替不可能と感じられるものはたくさんあるでしょう。もしそれらのすべてが何にも代えられることもなく、比べることもできないとしたら、人はどのようにしてコミュニケーションを果たすのでしょうか。人と人とが「かけがえのないもの」をめぐって直接に接触するかわりに、お金が人間関係の緩衝材のようなものとして作用することによって、人と人が繋がれるのではないか。さらにいえば、贈り物や寄付などのようなかたちで、お金は「愛情」「希望」「夢」などを代理し、そのことによって「社会」と私たちが呼んでいるものを支えるのではないか。そのような考え方が浮上します。

　お金は他のモノやコトを代替し、保存したり流通させたりすることを可能にし、そのことによって人と人を繋ぐことを可能にする。一応はそのように主張できるとします。そのような機能性にもかかわらず、お金が唯一の価値とみなされてしまうことはやはり危険というほかはありません。お金によって代替されたかにみえるモノやコトが本来的に代替困難であるという認識が根底にある場合とない場合とでは、人生観、社会観、そして世界観は大きく異なってきます。お金は人間によって生み出され、そして人間の身近にある

にもかかわらず、その価値をめぐる絶えざる自問を私たちに求めます。そのような意味において、お金は人間がすべてを理解しえない不可思議さを内包している、と感じられます。

　ところで、学校教育にもそれと似たような不可思議さが含まれているように思います。児童・生徒のそれぞれは、いうまでもなく誰にも代えがたい存在です。それにもかかわらず、試験や成績簿をはじめとするさまざまなツールが、各々の能力や人となりを数値などに置き換え、比較可能にし、そのことをとおして人を選んだりグループをつくったりする際の基盤を形成しています。ここにもまた、代替困難な存在とそれを代替しようとする人間の営みとの緊張関係がみられるのです。そのようなことを念頭に置いて、教育という営みにお金やお金がめぐること（金融）というテーマが学校教育のうちに導入されることの意義について思いを馳せるとき、「金融教育とは、お金が社会をめぐることを促す何かしっかりとした仕組みについて伝えることだ」と断言してその目標に向かって突き進むことがためらわれるのです。

　以上のように述べたからといって、「金融教育は不可能である」と主張したいわけではありません。教育は意味の世界へと人びとを誘う性質を基本的にもっているといえますが、それと同時に「当然」とみなされている意味の世界を解きほぐし、ときとして「常識」を揺さぶる役割も担います。「金融教育」は、「金融」の不思議と「教育」の不思議の交点に位置することによって、考えようによってはそのように意味の世界を揺さぶる領域になる可能性があると私は思います。こうしたことをもっと正確に述べるためには、教育の哲学と貨幣の哲学との対話が求められるのではないでしょうか。　　　（山名　淳）

2　金融機関の存在価値と金融教育

　国内外における経済・社会の構造変化によって、私たちは時代の大きな転換点に立っており、幅広い視野と柔軟な発想を持つ必要があります。また、気候変動や格差と貧困の問題、先進国の少子高齢化や人口減少、グローバル

化、世界的な地政学的リスクの高まりなど、様々な社会課題への対応も求められています。加えて、デジタルテクノロジーの革新は、あらゆる産業のIT化を加速させ、次々と変革が起こっています。昨今、Finance（金融）とTechnology（技術）を組み合わせたFinTech（フィンテック）といわれる情報通信技術を活用した新しい金融サービスや、そのサービスを提供する企業等が登場しており、金融機関のビジネスモデルにも影響を与えています。

　このように、お客さまや金融機関が置かれた状況は時々刻々と移り変わっていますが、そうしたなかでも金融機関には普遍的な存在価値があると思います。〈みずほ〉では、基本理念として「いかなる時代にあっても変わることのない価値を創造し、お客さま、経済・社会に〈豊かな実り〉を提供するかけがえのない存在であり続ける」ことを掲げ、お客さまの夢や希望、あるいは課題や悩みにしっかり寄り添い、それらを支え、それらを解決へ導く優れたパートナーであることを存在価値の一つと考えています。誰もが、それぞれのライフスタイルや人生観に応じて、将来への夢や希望、あるいは解決すべき課題や悩みがあり、金融機関による金融教育は、その課題解決の一助になるものと思います。特に、子ども時代からの金融教育は、お金に関する正しい知識や金融の仕組みの理解を促進するとともに、金融犯罪等の被害から身を守ることにもつながると考えています。

　最近、新聞等でESGという言葉を目にする機会が増えました。主に、投資家等が、環境（Environment）、社会（Society）、ガバナンス（Governance）の観点を投資の判断材料の一つとして用いるようになったためです。〈みずほ〉においては、このESGへの対応を、中長期的な観点も踏まえCSR（企業の社会的責任）への取り組みとして戦略的に推進しています。このうち、社会（Society）面の取り組みの一つとして、地域社会のニーズを踏まえた社会貢献活動を積極的に推進しています。地域社会は、役職員一人ひとりの行動や企業活動を通じて深い関わりを持つ、〈みずほ〉の存立基盤です。〈みずほ〉と社会の利益を調和させつつ事業活動を行い、地域の発展に貢献する活動は、お客さまや地域社会との信頼関係の強化や社員の成長・社会性向上にも資す

ると考えています。特に、金融教育は、総合金融サービスの提供を通じて培っ
てきた金融に関する幅広い実務知識やノウハウを活かした金融機関ならでは
の社会貢献活動として国内外で積極的に取り組んでいます。

金融業界全体においても、CSRへの取り組みとして、金融教育が各地域
で活発に行われています。例えば、全国銀行協会のウェブサイトには「全国
銀行金融教育活動MAP」が掲載されており、100を超える金融機関が、講師
派遣、銀行見学、教員支援、学校連携、就業体験、教材提供などに取り組ん
でいます。

国連に加盟している193か国が、2015年に全会一致で採択したSDGs
(Sustainable Development Goals)は、持続可能な社会を実現するために様々な社
会課題を解決するというもので、2030年までに達成すべき国際目標です。
貧困や気候変動問題など従来の取り組みだけでは解決が難しい課題に対し、
あらゆるステークホルダーが連携しつつ、それぞれの強みや事業特性等に応
じた解決力を発揮することで起こるイノベーションが期待されています。
SDGsへの取り組みは任意ではありますが、多くの企業がビジネスチャンス
と捉えています。2017年1月のダボス会議では、SDGsへの取り組みは「2030
年までにエネルギー、都市、食料、農業の各分野で、少なくとも12兆ドル
のビジネス機会をもたらし、3.8億人の雇用を生む」との報告も発表されま
した。社会課題解決と企業価値向上を両立させるCSV(Creating Shared
Value)の考えにも通じるものです。社会課題の難度や規模は異なりますが、
本プロジェクトを通じた産学連携のプロセスや成果は、SDGsへの取り組み
を考える上で、貴重な財産であると考えています。 (東條 憲二)

---

3 これからの金融教育に求められる2つの視点、消費者市民社会 と持続可能な社会

「金融教育」は、金融庁のみならず様々な関連機関と協働で構成されてい
る「金融広報中央委員会」の下に設置された「金融経済教育推進会議」で取り

組まれています。「金融広報中央委員会規約」によれば、その目的は「国民に対し中立公正な立場から金融に関する広報又は消費者教育活動を行う」こととされています。すなわち、金融教育の第一の目的は消費者教育にあります。

　この金融教育の背景には、次のような見方があると考えます。

　経済の自由競争の中で、世界の、日本の経済は飛躍的に発達しました。しかし、自由競争では、経済活動のエキスパートである企業も、素人の消費者(生活者)も対等の競争の下に投げ込まれます。そうした場合、消費者は知らないうちに大きなトラブルに巻き込まれ、社会問題化します。そこで、トラブルに巻き込まれない賢い自立した消費者に育てることが「金融教育」の第一の目的になったといえます。こうした経緯から、経済的に大きな力を持つ企業に対して弱者の消費者を保護する立場から様々な法律ができました。しかし企業と対等な立場になり得る消費者は、単に保護される立場だけでなく未来の経済社会をリードする担い手となることもできます。その力を期待されているのが消費者市民社会の形成と持続可能な社会の形成です。ここではこの二つを取り上げて、金融教育の未来に消費者として関わる可能性を述べます。

(1) 消費者市民社会

　「消費者教育」は「消費者教育の推進に関する法律」（平成二十四年法律第六十一号、以下「推進法」）に基づいて「消費者教育推進会議」が消費者庁に設置され、消費者教育の推進について継続的な審議が行われています。「推進法」は、消費者被害の防止にとどまらず、自立する消費者となること、さらには、消費者が「消費者市民社会」を形成する一員となっていくことにより、経済、地球環境をより良くし、人や地域、地球がより幸せになる社会を作っていくことを目的として、機動力のある消費者教育を展開していくことをうたったもので、消費者教育の対象を「消費者市民社会」形成への参画に視野を広げたことを特徴とします。

　「推進法」によれば、「消費者市民社会」とは、「消費者が、個々の消費者の

特性及び消費生活の多様性を相互に尊重しつつ、自らの消費生活に関する行動が現在及び将来の世代にわたって内外の社会経済情勢及び地球環境に影響を及ぼし得るものであることを自覚して、公正かつ持続可能な社会の形成に積極的に参画する社会をいう」と定義されています。

　現在の経済社会は高度情報化やグローバル化、ボーダーレス化が進展し、生活財だけでなく専門知識が必要で複雑化した金融商品なども消費対象となり、さらに成年年齢引下げにより経済的力量が弱い若年層にも社会的責任が重くのしかかるようになり、賢い消費者となるためには、高度で専門的な知識がますます必要になります。そこで、受け身の消費者ではなく自立した消費者として、トラブルに直面したときに消費者自身が自分の問題として正面から捉えて社会的機関を利用すると同時に、そのことが被害の拡大防止に役立つという社会性を持つことを理解し、さらに自らの消費行動が社会に影響を与え得ることを認識して、消費者市民社会の一員として行動する消費者市民が求められています。

　具体的には国際消費者機構 (CI) が1982年に提唱した8つの権利 (①生活のニーズが保証される権利、②安全への権利、③情報を与えられる権利、④選択をする権利、⑤意見を聴かれる権利、⑥補償を受ける権利、⑦消費者教育を受ける権利、⑧健全な環境の中で働き生活する権利) と5つの責任 (①批判的意識を持つ責任、②主張し行動する責任、③社会的弱者への配慮責任、④環境への配慮責任、⑤連帯する責任) が遂行されるように、主体的に社会へ働きかける消費者像であるといえましょう。

　特に責任の実行は重要です。例えばすぐ壊れてしまったおもちゃ、手を挟みやすく怪我しやすいパンチなど、日常的に起こる軽微な問題は、何も行動を起こさずに諦めてしまいがちです。しかし消費者市民社会の一員として、それを販売者に申し出たり、消費生活センターや法テラスなどの公的機関に相談するなど「主張し行動する責任」を果たすことで、その問題が社会的に取り上げられ商品の改善につながります。投資商品を「儲かる」「優れたもの」と美辞麗句を並べて売り込まれたとき、「批判的意識を持つ責任」を果たして本当かな？　と考えることで、売り手も簡単に騙せなくなり、騙しがはび

こる社会を変えていける可能性があります。一人で行動するのには勇気がいりますが、「連帯する責任」を行使して、同じ問題を持った人々が連帯して訴えたり、消費者センターに相談することでセンターに多くの事例が集まり、問題解決の糸口になります。これからの社会は、こうした行動を起こす消費者から構成されている市民社会を目指しています。

(2) 「持続可能な社会」

持続可能な社会とは、将来の世代の健康で文化的な生活を保障しつつ、現在の世代の健康で文化的な生活も保障する社会をさします。

持続可能な社会の形成には、どんな経済社会を形成するかとに深く関わっており、それはとりもなおさず、どのような経済社会をつくっていくか、そのためにどのような金融政策をとるかという金融本来の目的と深くつながっています。

日本では戦後の高度経済成長の頃から、大量生産大量消費の生活様式の中で大量のモノに囲まれ、さらに新しいモノを求め、少し古くなったモノは惜しげもなく捨てるといった生活を繰り返してきました。この傾向は日本ばかりではありません。世界中がこうした生活を豊かと考え、モノがあふれる生活を追い求めてきました。そのおかげで、世界経済は急速に成長を遂げ、技術革新が進み、便利な世の中になりました。しかしその恩恵は一部の地域の人々にとどまり、地球規模で資源が枯渇し、その資源を奪い合って南北問題が発生し、多くの貧困者を産み、地球温暖化問題などが発生し環境を破壊してきました。このままの生活を続けていくと将来の生活は立ちゆかなくなります。こうした経済社会のあり方を見直さなければなりません。そこで、1980年頃から、世界の国々が調和的にどう取り組むかを考える国際会議が開かれ、一定の方向を示してきました。

1992年にブラジルのリオ・デ・ジャネイロで開催された環境と開発に関する国際連合会議（UNCED）の「リオ宣言」を皮切りに、私たちの記憶に残るものでも、1997年の国連気候変動枠組条約第3回締約国会議（COP3）の「京

都議定書」、2001年に策定された「ミレニアム開発目標（MDGs）」、2002年の「持続可能な開発に関するヨハネスブルグ宣言」、2015年の国連気候変動枠組条約第21回締約国会議における「パリ協定」、2015年「国連持続可能な開発サミット」での「我々の世界を変革する：持続可能な開発のための2030アジェンダ」（SDGs）など、持続可能な社会に向けた取り組みの国際的合意を繰り返し結んできました。

　最も新しい「SDGs」では、持続可能な世界を実現するための5つのP、17のゴール、169のターゲットを示し、地球上の誰一人として取り残さないことを誓っています。

　5つのP、17のゴールとは次のようなものです。People 人間（G1：貧困をなくそう、G2：飢餓をゼロに、G3：全ての人に健康と福祉を、G4：質の高い教育をみんなに、G5：ジェンダー平等を実現しよう、G6：安全な水とトイレを世界中に）、Prosperity 豊かさ（G7：エネルギーをみんなにそしてクリーンに、G8：働きがいも経済成長も、G9：産業と技術革新の基盤を作ろう、G10：人や国の不平等をなくそう、G11：住み続けられるまちづくりを）、Planet 地球（G12：つくる責任つかう責任、G13：気候変動に具体的な対策を、G14：海の豊かさを守ろう、G15：陸の豊かさを守ろう）、Peace 平和（G16：平和と公正をすべての人に）、Partnership（G17：パートナーシップで目標を達成しよう）です。

　SDGsは南北問題とも関連が深く、発展途上国のみならず、先進国における開発・貧困解消と環境保全のために政府開発援助や国境を越えた直接投資、環境保全を理由とした貿易制限（関税、非関税障壁）といった経済協力のあり方も重要で、日本の対応の仕方も国際的に注目されるところです。

　将来に向けて日本国内でも解決すべき多くの問題を抱えています。世界で有名な「カローシ（過労死）」は持続可能でない働き方の象徴であり、人間らしい雇用（ディーセント・ワーク）の促進（G8）が求められるところですし、昨今話題の子どもの貧困、特に母子家庭の子どもの貧困（G1）は深刻な課題であり、そのためにはすべての人々に健康的な生活の確保と福祉を推進し（G3）、教育を確保し（G4）ジェンダー平等と女性少女のエンパワーメント（G5）を推進しなければなりません。気候変動やその影響と闘う緊急な行動（G13）、海

洋資源の保存および持続的な活用 (G14) はエネルギー問題とも密接に結びついており、現在のCO_2削減だけに目を奪われることなく、将来の世代の環境保全に資する取り組みが求められています。そうした経済社会をつくるために、消費者は自分の生活を見直すとともに、社会に働きかける必要があります。こうした自立した消費者を育むことが、金融教育に求められています。

(大竹　美登利)

4　今後の金融教育に期待したい社会的な「投資」の学習

「生きる」ことが多面性をもった営みなのは当然ですが、多くの人にとってその基盤は食べること、社会で生活することであり、働き楽しむことでしょう。そのためには、お金を得て使うこと、今後のために残しておくこと、可能ならばより多くの福利を得るために増やすことが必要になります。

生きていくためにお金をどのようにして得るか、何を考えいかに上手く使うか、どうすれば安全に貯蓄したり、増やしたりすることができるかは、キャリア教育、消費者教育、金融経済教育等々と広く関わる課題であり、私たちの取り組んできた金融教育の課題でもありました。今、振り返って見るとそうした一連の取り組みの中で不十分だったことの一つは、多様な福利を生み出す「投資」に関する学習であろうと思います。

投資情報の収集・解釈に限界のある一般の人々にとって、損益はいわば偶然に左右されてしまう場合も多く、お金は無駄遣いせず預金するという意識が強かった日本では、ともすると投資もギャンブルの同類と受け取られることがあったのではないでしょうか。

ただ、これまでも言われてきたことですが、投資は単に金銭的利益だけを求める行為ではありません。現在も損益が予見しにくい状況は変わらないものの、値上がりを期待して株や債券などを購入することのみが投資と考えられていた時代とは異なり、社会問題等の解決・改善と関連した多種多様な投資が行われていることにより注目すべきであろうと考えます。

　金融教育の学習でこれまで以上に重視して取り上げたいのは、「社会的企業」です。最近広く知られるようになった社会的企業とは、一般的に事業を通して社会的課題の解決を目指すと同時に、営利を追求することにより事業の継続・発展を目指す企業やNPOなどを指します。事業の対象は、福祉、教育、環境、貿易など多岐にわたり、地域の活性化を意図した起業なども含まれます。原子力発電所を少しでも減らすなどの目的から、再生可能エネルギーの固定価格買取制度を活用し、太陽光や風力による発電所が各地の有志によってつくられましたが、これなども社会的企業の一例です。こうした社会的企業も事業の準備や展開に資金を必要としていることから、創業者のみならずその事業に賛同する人々からの投資を必要としています。

　このような社会的企業では、事業目的が公共性を持つ具体的なものであり、経営方針や事業内容もわかりやすいことから、事例を活かして金銭的利益を含めた投資の意味や意義を考える機会をつくることができます。そうした学習では、金銭に換えられない価値、金額では表せない価値があること、あるいは投資が、住民・消費者・市民・国民である自己の理念や想いを示す一つの手段となることにも、気づく機会が生まれるのではないでしょうか。

　東日本大震災からの復興に関連して、地元企業の再生などで話題となったクラウドファンディングは、アスリート等の支援や社会的企業でも使われる資金調達手段となっており、事業の理念や目的等に賛同した人は、少額からでも出資できるケースが増えてきました。投資はもはや大きな金額でしかできないものではなく、手元にある少ない資金でも可能なものとなっています。投資を通した社会への参加・参画は、子どもにも開かれたものとなっているといえますが、それ以上に重要なことは、社会的企業やその出資者の存在から当事者性の持ちにくい社会問題を具体的に理解したり、社会のありようや動向に対する関心を喚起したりすることだと思います。

　自然災害や社会貢献の事実を知ることで心を動かされ、少しでも役に立ちたいとして寄付をした体験を持つ人は大変多いと思いますが、とかくそこでの関心は日を追って失われていくのに対して、金額にかかわらず投資をする

と、対象となった企業や事業と共に、そこにある問題、課題に関心を持ち続ける人は多いはずです。これからの金融教育には、投資の意義を知り、社会に関心を持って資金をつくり、合理的な判断のもと投資ができる自律した社会人の育成を目指す投資の教育が期待されると考えます。そのためには、「投資」に纏わり付いたイメージを払拭する学習が必要なのかもしれません。

（大澤　克美）

5　児童・生徒の発達の支援と金融教育

　平成29年版学習指導要領が示され、2020年代の新しい学校教育が始まろうとしています。小学校での英語、道徳の教科化、カリキュラム・マネジメントなど、様々なことが脚光を浴びています。その中で、あまり一般的には脚光を浴びてはいませんが、私が注目して、期待している改訂点があります。それは「発達の支援」という考え方が新たに強調されている点です。

　小学校学習指導要領・中学校学習指導要領の第1章総則、第4に「児童の発達の支援」「生徒の発達の支援」という項目が新たに設けられています。基本的な構造は以下のようになっています（下記1の（1）（2）（3）見出しは筆者が付けたもの）。

　第4　児童（生徒）の発達の支援
　1　児童（生徒）の発達を支える指導の充実
　（1）学級経営、ガイダンス、カウンセリングの充実等
　（2）生徒指導の充実等
　（3）特別活動、キャリア教育、進路指導の充実等
　（4）学習活動、指導方法、指導体制、個に応じた指導の工夫改善・充実等
　2　特別な配慮を必要とする児童（生徒）への指導
　（1）障がいのある児童（生徒）などへの指導

（2）海外から帰国した児童（生徒）などへの学校生活への適応や、日本語の習得に困難のある児童（生徒）に対する日本語指導

（3）不登校児童（生徒）への配慮

　これまでの学習指導要領では全く触れられていなかった内容もありますし、これまでの学習指導要領で触れられていたことでも、さらに詳しく述べられているものも多いです。それだけ、児童・生徒の発達を支援することの必要性が高まっていると言えるでしょう。

　「1　児童（生徒）の発達を支える指導の充実」では、「（3）児童（生徒）が，学ぶことと自己の将来とのつながりを見通しながら，社会的・職業的自立に向けて必要な基盤となる資質・能力を身に付けていくことができるよう，特別活動を要としつつ各教科等の特質に応じて，キャリア教育の充実を図ること」と書かれています。社会的・職業的自立においては、お金や金融に関する資質・能力が欠かせません。特別活動を要としつつ、キャリア教育をどのように図っていくか、本書、本プロジェクトでの成果をさらに発展させる必要があるでしょう。

　「2　特別な配慮を必要とする児童（生徒）への指導」の（1）では障がいのある児童（生徒）などへの指導が述べられています。本書の至る所で触れていますが、障がいのある児童・生徒への金融教育は、極めて重要なことです。（2）では、海外から帰国した児童・生徒、日本語の習得に困難のある児童・生徒への指導が述べられています。本プロジェクトでは、このような教育課題についての研究、実践はあまり行えませんでした。今後、発展が期待される領域だと思われます。

　そして、「（3）不登校児童（生徒）への配慮」では不登校児童・生徒への支援が述べられています。学習指導要領で不登校の児童・生徒への支援が述べられたのは初めてだと思われます。平成28年12月14日に公布された「義務教育の段階における普通教育に相当する教育の機会の確保に関する法律」では、不登校児童・生徒が学校以外の場で行う多様で適切な学習活動の重要性

や、休養の必要性について述べられています。不登校児童・生徒への支援の中心は社会的自立を促進していくことです。学校に通うことができなくても、多様で適切な場で学ぶことができれば、社会的自立を促していくことが可能になります。そして、社会的自立のためには、お金や金融に関する資質・能力の育成が重要になります。学校という場にはなじむことができずに通わなくなったけれど、その後ビジネスなどで成功した人などは世界中にいます。不登校児童・生徒への金融教育については、本プロジェクトではほとんど扱えませんでしたが、今後重要になってくる領域だと思います。(松尾　直博)

6　インクルーシブ教育を目指す時代の金融教育

　ここでは金融教育の未来を展望し、今後の研究課題を一つ述べたいと思います。最初に、教育の歴史上、現在はどのような時代であるかについて簡単に触れ、本プロジェクトでは子どもの多様性に配慮したテキストの開発を行ってきたことを述べます。つぎに、今回の取り組みの中で、障がいがある子どもたちの保護者からうかがった貴重なご意見を紹介します。それを踏まえて、最後に、学校教育以後の金融教育の充実が今後の課題であると指摘します。

　教育の歴史上、現在はインクルーシブ教育を目指す時代であるといえるでしょう。スペインのサラマンカ会議(1994)から、国連の「障害者の権利に関する条約」(2006年)を経て、我が国において2016年4月から施行されている「障害を理由とする差別の解消の推進に関する法律」に至る流れは、世界がインクルーシブ教育を目指す時代を迎えていることを示しています。「共生社会の形成に向けたインクルーシブ教育システム構築のための特別支援教育の推進(報告)」(中央教育審議会、2012)のタイトルには、我が国が共生社会の形成を目指すことが明示されています。したがって、我が国の学校教育においては、障がいがある子どもたちのみならず、様々な多様性への対応が今後ますます求められると思われます。

　本プロジェクトには、特別支援教育を専門とするメンバーも加わっていました。また、文字からは情報が入りにくい子どもたちが在籍していることを踏まえ、音声読み上げ機能付きのテキストの開発を行いました。まだまだ十分とは言えませんが、本プロジェクトの研究成果は、多様な子どもの存在を考慮したテキストが必要であることを示すことができたのではないかと思われます。

　本プロジェクトの活動の中で、障がいがある子どもたちの保護者の方にプロジェクトの研究成果の一部を報告する機会がありました。その際に保護者の方から金融教育にかかわる貴重なご意見をいただきました。そのご意見によって、障がいがある子どもたちは、働き始めたときに、お金にかかわる現実の様々な問題に初めて直面することがわかりました。たとえば、給料をもらったときに、その給料を、（1）預金するのか、（2）使うのか、使う場合は、（3）何に使うのか、（4）どのような方法で使うのか、などを決めなければならないことが問題になるといいます。（4）には、現金ではない支払いシステムを使用するにはどのような手続きが必要なのか、などの具体的な問題が含まれていました。

　ご意見の中でもっとも重要な問題だと思われたことは、上記のようなお金にかかわる問題が生じた場合に、本人や保護者が気軽に相談できるところがなく、問題の解決が保護者の力量のみにまかされているという現実があることでした。その結果、保護者の方々は、学校卒業後の子どもたちのお金にかかわる事柄に大きな不安を抱いていることがわかりました。

　上記の保護者の方のご意見から、卒業後にこそ、お金にかかわる教育が重要であることが明らかになりました。保護者の方のご意見にありましたように、金融にかかわる知識や情報が実際に大きな影響を生活に与え始めるのは、子どもたちが卒業した後であると思われます。

　自立ということばが最終的に目指すものの一つとして様々な領域でよく使われます。しかし、障がいがある方のみならず、特別な配慮が必要な方の場合、支援者がいる状態での自立という考え方が大事になってくると思います。

したがって、特別な配慮が必要な方を含め、学校教育を終えた人を、お金への適切な対応の仕方に向けて支援するシステムの構築が、インクルーシブ教育を目指す時代の金融教育の課題の一つになると思われます。**(伊藤　友彦)**

おわりに

　本書では金融機関と大学が密接に連携し、子どもたちの「生きる力」を育む金融教育のあり方を追求した軌跡を述べてきました。長期にわたり連携し、様々な成果を生むに至ったポイントは、異業種である両者が対話を続ける中で、金融教育の普及と質の向上を実現させるためには、「金融教育を学校教育に適切に展開するための具体的な方法を追求することが必要」という想いを共有したことにあると思います。

　昨今、電子マネーに代表される新しい仕組みが登場し、子どもたちも手軽に「お金」を扱えるようになりました。また、今後も「FinTech（フィンテック）」と呼ばれる人工知能などの技術を使った革新的な金融サービスの拡大が期待されています。一方で、若年層が被害者となる金融犯罪も増加しています。そのため家庭や学校教育などの現場では、子どもたちにお金の大切さや基本的な仕組み、お金についての正しい知識を継続的に学んでいただくことが求められています。本プロジェクトで生み出された教材等が、その一助となれば幸いです。

　最後になりましたが、東京学芸大学に関係する小・中学校、高等学校、特別支援学校など、附属学校の研究成果を生かした実践研究が行えたことも、本プロジェクトの重要な特色でした。ご協力いただいた附属学校の先生方、また、本プロジェクトに参加してくれた子どもたち、海外の協力学校や先生方、事務局メンバーなど、様々な場面でご支援をいただきました皆さまに、この場を借りて深くお礼を申し上げます。

　また、本書の出版を快く引き受けていただいた下田勝司様はじめ、株式会社東信堂の皆さまのご尽力に心より感謝いたします。

東京学芸大学・みずほフィナンシャルグループ

　　金融教育共同研究プロジェクトメンバー※今年度のメンバーは254頁に掲載

【東京学芸大学関係】

及川研

久保田慶一

田中敬文

中田正隆

長谷川貞夫

元川ゆかり

【みずほ関係】

足立康徳

池田孝則

石川順一朗

受川修

卜部周子

江川透

大石秀一

金子哲哉

齊藤貴之

坂口琢也

佐古智明

柴山裕樹

宿利敬文

春原健二

高野秀一

高橋直人

田中理一郎

中尾俊明

長友國男

成瀬智沙子

橋村明彦

林敏朗

原直己

廣瀬仁美

渡邉直子

【東京学芸大学附属学校等協力者】

小倉勝登

小野恭子

喜多尾哲

酒井やよい

清水保徳

竹井秀文

長谷川智大

藤田和美

三浦佳

吉野聡

（五十音順・敬称略）

成果物一覧

【ＤＶＤ】

1「銀行のお仕事　預金　貸出　送金　両替　4つのしごと」
　　製作　みずほフィナンシャルグループ　コーポレート・コミュニケーション部
　　　　ＣＳＲ推進室
　　監修　東京学芸大学　久保田慶一教授・大澤克美教授
　　2009年3月作成

2「金融教育の心得　職場体験受け入れ時の対応ポイント　社員視聴用」
　　製作　みずほフィナンシャルグループ　コーポレート・コミュニケーション部
　　　　ＣＳＲ推進室
　　監修　東京学芸大学　久保田慶一教授・大澤克美教授
　　2009年3月作成

【Webサイト】

3金融教育　東京学芸大学と〈みずほ〉の共同研究
　　https://www.mizuho-fg.co.jp/u-gakugei/index.html
　　2007年1月から

【テキスト等】

4「お金のお仕事」
　　2006年8月24日発行

5「小・中学生用　私たちのくらしとお金　用語集」
　　2007年3月7日発行

6「お金のお仕事　指導案」
　　2007年12月7日発行

7「はじめよう金融教育」
　　2008年6月19日発行

8「くらしとお金　お金はゆたかなくらしのパートナー」
　　2008年11月15日発行

9「職場体験受け入れハンドブック」（みずほ役職員向け）
　　2009年度

10「考えてみよう　これからのくらしとお金」DVD付
　　2011年4月1日発行

11「考えてみよう　これからのくらしとお金　授業ガイド」
　　2011年7月31日発行

12「考えてみよう　これからのくらしとお金　【改訂版】」
　　2017年10月1日発行

13「考えてみよう　これからのくらしとお金　授業ガイド【改訂版】」
　　2017年11月1日発行

【報告書】

14「東京学芸大学とみずほフィナンシャルグループによる金融教育に関する共同研究
活動報告書 (2006年度)」
2007年12月7日発行

15「東京学芸大学とみずほフィナンシャルグループによる金融教育に関する共同研究
報告書」CD-ROM付き (内容:「お金の仕事」指導案6、公開講座 (2008年11月)
指導案21)
2009年3月31日発行

16「東京学芸大学とみずほフィナンシャルグループによる金融教育に関する共同研究
報告書2009年度〜2011年度」
2012年3月31日発行

17「子どもたちのお金・金融に関する意識とその発達に関する調査報告書 (中間まと
め)」
2013年11月9日発行

18「東京学芸大学とみずほフィナンシャルグループによる金融教育に関する共同研究
報告書2012年度〜2013年度」
2014年3月31日発行

19「お金・金融に関する子どもの意識に基づく金融教育の授業構想―アンケート結果
を踏まえたカリキュラム試案の検討―2014年度〜2015年度」
2015年3月30日発行

20「お金・金融に関する子どもの意識に関する日本・中国・韓国の比較調査 (中間報告
書) 2015年度〜2016年度」
2016年6月1日発行

20K韓国語訳版

20C中国語訳版

20CA中国語訳版＋海外調査協力校一覧 (中国語) を追加したもの

【公開講座配布用小冊子】

21「2008公開講座 (東京) 学校でとりくむ金融教育」
2008年11月15日

22「2010公開講座 (東京) これからの金融教育を考える―新学習指導要領への対応と
金融教育テキストの活用―」
2010年11月20日

23「2011公開講座 (東京) 金融教育の可能性を探る―新しいテキストと授業支援DVD
―」
2011年10月1日

24「2012公開講座　第9回　心とくらしを豊かにする金融教育」
2012年11月11日

25「2013公開講座　第10回　子どもの意識をふまえた金融教育の展開」
2013年11月9日

26「2015公開講座　第11回　金融リテラシーを育む金融教育カリキュラムの検討―
アクティブ・ラーニングを重視する授業の研究―」

　2015年11月14日
27「2016年公開講座　第12回　グローバル化と各国・諸地域で期待される金融教育
　の構築－調査からみた東アジアの子どもの金融意識と授業実践－」
　2016年11月12日

【その他】
28「金融教育通信」の発行2007年1月より
　（3か月ごと）
29「実践から考える金融教育の現在と未来
　2018年1月発行

実践から考える金融教育の現在と未来

2018 年 1 月 25 日　　　初版第 1 刷発行

〔検印省略〕
定価はカバーに表示してあります。

東京学芸大学・みずほフィナンシャルグループ
金融教育共同研究プロジェクト

編者代表Ⓒ大澤克美・松尾直博・東條憲二　　発行者 下田勝司　　印刷・製本／中央精版印刷

東京都文京区向丘 1-20-6　　　郵便振替 00110-6-37828
〒 113-0023　TEL (03) 3818-5521　FAX (03) 3818-5514

発　行　所
株式
会社 東信堂

Published by TOSHINDO PUBLISHING CO., LTD.
1-20-6, Mukougaoka, Bunkyo-ku, Tokyo, 113-0023, Japan
E-mail : tk203444@fsinet.or.jp　http://www.toshindo-pub.com

東信堂

〒113-0023　東京都文京区向丘1-20-6　TEL 03-3818-5521　FAX03-3818-5514　振替 00110-6-37828
Email tk203444@fsinet.or.jp　URL:http://www.toshindo-pub.com/

※定価：表示価格（本体）＋税